贵州大学文科重大项目阶段性成果

贵州大学历史与民族文化学院

学术文库

杨军昌　崔海洋◎主　编

传统村落的当下生境

——黔西南鲤鱼村调查

何茂莉　著

知识产权出版社
全国百佳图书出版单位
—北京—

图书在版编目（CIP）数据

传统村落的当下生境：黔西南鲤鱼村调查 / 何茂莉著 . — 北京：知识产权出版社，2020.11
（贵州大学历史与民族文化学院学术文库 / 杨军昌，崔海洋主编）
ISBN 978-7-5130-6726-3

Ⅰ . ①传… Ⅱ . ①何… Ⅲ . ①村落—调查研究—黔西南布依族苗族自治州 Ⅳ . ① K927.35

中国版本图书馆 CIP 数据核字 (2020) 第 006038 号

内容提要

本书以黔西南鲤鱼村为例，是一本以全景式的姿态展现当代单个村落面貌的村寨志，将传统村落视为一个开放的聚落系统，从自组织理论的角度出发，通过实地访谈调研法对其建筑遗存、非物质文化遗产以及村落生态环境的现状进行实地调研，结合我国传统村落营建中朴素的系统思想，探讨传统村落自组织更新演化的内在规律；分析了背后存在的问题和值得借鉴的经验；通过挖掘民族文化和地方性知识，为建设产业兴旺、生态宜居、乡风文明、治理有效、生活富裕的乡村提供可视性观察。为传统村落科学合理地进行可持续发展提供参考。

责任编辑：王 辉　　　　**责任印制：**孙婷婷

贵州大学历史与民族文化学院学术文库
杨军昌 崔海洋 主编

传统村落的当下生境：黔西南鲤鱼村调查

CHUANTONG CUNLUO DE DANGXIA SHENGJING:QIANXINAN LIYUCUN DIAOCHA

何茂莉 著

出版发行：	知识产权出版社有限责任公司	**网　址：**	http：//www. ipph. cn
			http：//www.laichushu.com
电　话：	010-82004826		
社　址：	北京市海淀区气象路 50 号院	**邮　编：**	100081
责编电话：	010-82000860 转 8381	**责编邮箱：**	wanghui@cnipr.com
发行电话：	010-82000860 转 8101	**发行传真：**	010-82000893
印　刷：	北京中献拓方科技发展有限公司	**经　销：**	新华书店及相关销售网点
开　本：	720 mm × 1000 mm　1/16	**印　张：**	15.75
版　次：	2020 年 11 月第 1 版	**印　次：**	2020 年 11 月第 1 次印刷
字　数：	260 千字	**定　价：**	72.00 元

ISBN 978-7-5130-6726-3

贵州大学历史与民族文化学院
学术文库学术委员会

前　言

本书是一本以全景式姿态展现当代单个村落面貌的村寨志，是宏观因素和微观需求相耦合的产物，是特定时代背景下国家政策导向、地方群体现状和笔者内心诉求合力的结果。

纵观百年中国乡村史，乡村建设总是在乡村凋敝、农民贫困及乡村资源（人才、资金、土地等）过度输出而影响国家整体发展时开启，然而当乡村建设稍微有点成绩时，注意力便从乡村转移。进入 21 世纪后，为扭转这一发展困境，国家提出了“社会主义新农村建设”战略，第一次将乡村建设放在了国家发展的高度。2017 年 10 月，党的十九大首次提出乡村振兴战略，这是在中国特色社会主义进入新时代的历史背景下乡村建设的必然需求。党的十九大报告明确地将乡村建设作为全党工作重中之重，乡村振兴战略进一步指出建设什么样的乡村，如何建设乡村。该战略指出：要坚持农业农村优先发展，按照产业兴旺、生态宜居、乡风文明、治理有效、生活富裕的总要求，建立健全城乡融合发展体制机制和政策体系，加快推进农业农村现代化。此外，2018 年中央一号文件《中共中央国务院关于实施乡村振兴战略的意见》明确了我国乡村振兴战略的目标：到 2020 年，有关乡村振兴的政策体系和制度框架基本制定完成；到 2035 年，乡村振兴取得决定性进展，农村农业现代化基本实现；到 2050 年，乡村全面振兴，农业强、农村美、农民富全面实现。同年 9 月中共中央、国务院印发《乡村振兴战略规划（2018—2022 年）》，该规划的任务和目标是细化实化工作重点和政策措施，部署重大工程、重大计划、重大行动，确保乡村振兴战略落实落地，是指导各地区各部门分类有序推进乡村振兴的重要依据。据上述可知，乡村的价值不容忽视，乡村建设仍需进行，且是一个持久的过程。

我国的农业、农村、农民问题将永远存在。依照国家计生部门的估算，中国在 2033 年人口将达到 15 亿，城镇化水平达到 70%，那时仍然有 4.5 亿人口将长期生活在农村。这部分人口的政治、经济、社会和文化生活仍需要由村庄来组织。乡村振兴既是国家现代化的一环，也是农民实现美好生活的途径。从宏观层面而言，本书是新时代背景下国家政策导向和知识阶层时代担当相耦合的产物。在乡村振兴战略的时代背景下，本书通过挖掘民族文化和地方性知识，为建设产业兴旺、生态宜居、乡风文明、治理有效、生活富裕的乡村提供可视性观察。

从经济全球化的历史、现状及其连带的文化现象可知，市场经济的触角已延伸至乡村社会的各个角落，在这一现状下乡村文化建设的同质性问题极速地扩张，而异质性不断地收缩，地方社会正逐渐处于“失语”状态。乡村社会主体与消费主义和享乐主义的捆绑关系正日渐密切，这导致的直接结果是乡村大量青年离开生于斯之地，而当地文化亦面临传承的困境。地方文化或地方性知识是社会主体在特定时代背景下与生境相耦合的结果，是地方群体发展、延续、认同的依据，是地方主体生活实践和社会交往的内在逻辑。然而，当今许多乡村文化和民族文化正处于分崩离析状态，保护和记载地方性知识和民族文化是当下文化传承的主要方式，以符号的形式将其留下以待后来人继续将其传承和发扬，目前乡村文化建设的同质化问题仅是某个历史时期的状态，而多元共生则是常态。

1990 年费孝通先生在做主题演讲时提出“各美其美、美人之美、美美与共、天下大同”十六字箴言，用以处理不同文化关系，建立多元共生共处社会。作为知识阶层，应努力追求多元共生的人类社会，从传统和当下看待未来，寻找民族文化发展的起点，在当下的语境下寻求地方文化和民族文化的定位，并探究其在当代社会中的意义。与此同时，知识阶层应在民族文化和地方知识的调查、访谈、记录、传承、发扬中承担相应角色，致力于乡村文化多元化发掘和乡村文化多样性的呈现。

目　录

第一章　田野点概况

第一节　历史沿革

一、位置与地势

鲤鱼村位于贵州省黔西南布依族自治州中心兴仁县的最南端，是典型的少数民族聚居村落。兴仁县位于东经 104°54′~105°34′，北纬 25°16′~25°47′。东临贞丰县，南接安龙、兴义两县，西抵普安县，北界晴隆县，东北隔北盘江与关岭县相望。[1]位于珠江流域的南北盘江分水岭上，是云南高原向广西丘陵过渡的斜坡地带，属于丘陵山区。县境有 226.1 平方千米属于南盘江流域、1558.9 平方千米属于北盘江流域。西南至东北向长约 78 千米，西北至东南向宽约 40 千米。地貌呈狭长状，西南高、东北低、中缓边峻的地势特点。

鲤鱼村，是兴仁县内第一大苗寨。距县城 15 千米，约 1100 户人家，人口约有 5000 人，由鲤鱼村、鲤鱼坝和狗咬寨三个寨子构成。鲤鱼村坐落于鲤鱼湖畔的群山环抱之中，与村前屯巴公路、北侧胡家庄石拱五孔大桥、鲤鱼村小学、屯脚中学、鲤鱼村龙泉矿泉水加工厂、冷水鱼饲养基地、贵州兴仁“八月八”苗族风情节广场等建筑，以及村子前面几百亩肥沃农田、村边龙潭、古树等自然风光交相辉映。鲤鱼村主要以苗族为主，布依族和汉族为辅，村民以族别为依据而聚居，其中苗族人口最多，占总人口 70% 左右，主要居住于鲤鱼坝，760 多户人家，主要由苗族王、吴、杨三大姓氏组成；布依族次之，主要居住于鲤鱼村，约 200 户人家，并以岑姓居多。鲤鱼村内约有 100 户汉族人家，悬居于狗咬寨，其

---

[1] 贵州省兴仁县编史修志委员会 . 兴仁县志［M］. 贵阳：贵州人民出版社，1991：1.

周围无任何其他民族居住。

二、气候与土壤

鲤鱼村主要表现为湿润季风气候，冬无严寒，夏无酷暑，无霜期限较长，雨热同季。一般情况下，春季冷暖气团会交替出现。天气表现极不稳定，常常会出现大风和倒春寒。而夏季多受东南面海洋湿空气环流的影响，表现为南风较多，空气湿度大，降雨较多，但热量强度较低。当西太平洋高压西伸和海洋台风在两广登陆时，会带来大范围降雨。秋季持续时间较为短暂、降温较快。北方冷空气较强时，南下形成秋风。当冷暖气流势均力敌时，常常会产生秋绵雨。冬季受西北和北方冷空气环流南下影响，表现为多北风，较冷的干燥大陆性气流湿度较低、降水较少，常常会出现“干冬”现象。冷气团南下路径较长，到达鲤鱼村时已减弱，影响并不严重，但也时有降雪、冰冻等极端天气。天气波动形成的灾害性天气主要有干旱、冰雹、倒春寒、暴雨、秋风和大风等。鲤鱼村常年平均气温在 18.7℃，7 月最热，平均气温在 23.6℃；1 月最冷，平均气温在 5.3℃。偶尔会出现极端气温，最高温度为 35.8℃，最低气温为 –8.9℃。全年高于 10℃的天数约为 236 天。

土壤的形成受地貌、气候、植被等条件影响，成土母质是形成土壤的物质基础。鲤鱼村的土壤主要由第四黏土母质发育而成。结合《兴仁县志》和村民的口述得知，黄壤、石灰土、旱作土和水稻土等类型在鲤鱼村均有分布，其中分布较多的是旱作土和水稻土。旱作土较多分布于鲤鱼村周围山坡或半山腰上等缓坡地段、盆地边缘和没有水质保障的槽谷地，由各类山丘自然土经人类旱作熟化而成，保留了山丘自然土的某些特征，主要种植玉米、花生、大豆、菜籽等粮食作物；水稻土较多分布在鲤鱼村鱼腹的位置，是由自然土和旱作土经过水耕熟化而成，多分布在水源便利、地势低洼的地带，在下雨时会有很多积水。整个鲤鱼村的水稻土被上游水库的水渠环绕，既方便了整个干旱季节的灌溉工作，又避免了在洪涝季节的排水工作，在 20 世纪七八十年代是整个村子主粮（大米）的主要来源地。随着 90 年代打工浪潮的影响，村中年轻人较多选择外出打工谋生，水稻田在村民的地位相应降低很多，但至今仍有很多留守在家做活路的年龄稍大些的村民在耕作，有些是通过租用家族中放弃的田地在耕种，并未有出现土地浪费的迹象。据鲤鱼村村委会最新统计显示，鲤鱼村现有在册耕地 3197 亩，其中水稻田 2504 亩，旱作地 693 亩，粮食作物主要有水稻、玉米、小麦等，经济作物主要有薏仁米、油菜、荸荠等。另有林地 4000 余亩，其中经果林 1000 余亩，主要有金秋梨、黄花梨、杨梅、板栗和枇杷等。有草地800余亩，适宜发展草地生态畜牧业。

三、交通与运输

从光绪年间到民国年间再到中华人民共和国成立后，兴仁县县政府陆续设立过建设科、公路分局、交通科、交通局等，管辖整个县的交通，鲤鱼村所属的屯脚镇也在其中。清朝末年时期，县境通往省、府、州、邻县的道路有6条，其中一条在县城南经望城坡—杨泗屯—夹山—羊场—屯脚—蚌街—安龙，长50千米，通往广西。这条道路也在后边的调研中，得到了证实，在屯脚老街的广场上，有两座铜像，上边写的茶、贡品荸荠粉。可见这一片在原来是有属于自己的特色产品且是贡品必走的一条道路，在过去俨然属于交通要道。中华人民共和国成立初期，为了让人民生活得更好，政府组织修建了运送粮食和牲畜的道路，其中巴岭—屯脚相连的道路穿鲤鱼村而过，道路长达15千米，屯脚—马路河道路长达8千米。现在鲤鱼村出门可以坐车或者开车前往巴岭、安龙等地，也可以乘坐中小型巴士前往兴仁县客运站，乘坐前往贵阳各地的大巴车。目前在鲤鱼村门前的路，有通往巴岭的，有通往安龙的。通往安龙的主要是将鲤鱼村附近投资的煤矿生产出来的煤运输出去，还有鲤鱼村自己生产出来的沙、水、鱼等，也是通过这条大路来运送。另外，在距离鲤鱼村20多千米的地方，有一片茶山、茶田，是由外地老板投资建设而来，乡亲说茶叶是大家都喜欢喝的，并不是私人老板承包之后大家才开始逐渐喝茶，这一情况也证实了屯脚之前有过驿道存在。而这些茶通过生产和采摘，也是通过鲤鱼村门口的一条大路运输送往贵阳等地的。从清末到民国再到中华人民共和国成立，鲤鱼村、屯脚镇始终都是整个地区运输的要地，当地的生活资源，生产资源都是通过这条道路而运往外地，可见鲤鱼村在交通运输中承担的重要地位。

第二节 村寨文化记忆

一、社会记忆

（一）鲤鱼村苗族的来源

苗族形成于黄河流域下游，语言是汉藏语系苗瑶语族苗语支。根据1985年版的《兴仁县志》和苗族寨子里一些老人的口述，在160年前左右，黔东南黄平县的苗族，开始陆续迁到鲤鱼村这块土地上。一个主要人口流动是乾嘉苗民起义失败，清朝政府强迫苗民迁徙；另一个主要人口流动是130年前黔东南张秀眉领导的苗民起义，持续20年之后失败，也是被迫迁徙。今天在鲤鱼村的黑苗，甚至还保留了一些在黔东南的苗族那里早已失去了的民族服饰的特点。这里的苗族有三个大姓，分别是杨、王、吴。三姓并不是同时迁来的，而是有先有后。据苗寨的一些老人回忆，他们的爷爷辈告诉他们，当他们的祖先从黄平县迁来这里的时候，那边已经有布依族的寨子了，不过人很少。最早迁来的是王姓，后来有不同宗的杨姓迁来。今天苗族寨子里区分都是杨姓但是不同宗的办法就是看族谱，有不同的字辈的班次就可以说明两个杨姓不同宗，可以通婚。后来苗族的寨子越发展越大，以王姓为主的一些家庭，就开始向南发展，一直延伸到布依族寨子的北边，就是龙潭的北面。所以出现了今天布依族的坟墓和苗族的一些房屋相隔很近的情况。而今天苗寨里还习惯称这条路以上的房屋群为大寨。鲤鱼村的黑苗主要是因为喜欢穿着黑色的服装而得名。民国二十三年（1934年）张俊颖纂写的《兴仁县志》（兴仁县档案局存有原本）中就曾提到黑苗的一些习俗和特点。现在在鲤鱼村的黑苗，使用苗语作为日常交流语言，男性服饰与汉族无二，女性则保留了苗族的服饰，有很强的民族特色。

（二）鲤鱼村布依族的来源

布依族是百越之后，是南方的世居民族，几千年来一直在南方繁衍。布依族有的自称“布越”，语言属于汉藏语系壮侗语族壮傣语支，方言和广西北部壮族使用的壮族方言十分相近。今天在鲤鱼村的布依族几乎已经没有人会使用布依语，全部都使用西南官话。只有一些六七十岁的老人，能听得懂一点“土话”，也就是布依语。服饰上不论男女已经同汉族几乎一模一样，少数男性老年人还保持着戴头巾的习惯。根据兴仁鹧鸪园增谱室编写的《黔西南岑氏族谱》，鲤鱼村的布依族是从几十千米以外的鹧鸪园那里作为一宗的分支迁来的，结合本地的情况，此一说应该是合理的。现在在鹧鸪园还有布依族的岑氏祖墓，在兴仁县还有岑氏祖祠。根据记载，最早从鹧鸪园搬来本地的是良字辈的一个叫良明的，后来生了两个儿子，一个是登元，一个是登才，到现在传了8世，分别是良、登、必、玉、维、发、育、万。这样算起来，大约有180年的历史。现在布依族寨子里最老的是发字辈的几位六七十岁的老人。登元和登才分为两支，一支的墓葬向寨子的北面发展，另一支向南面发展，所以形成今天布依族寨子的南北两头都是成片墓葬的格局。黔西南的布依族，同汉族接触并接受同化，采用汉姓，产生宗族观念并开始使用字辈排班，至少应该是在明初期的时候，距今有300年了。现在在鹧鸪园还有很大的布依族寨子，也就是这里附近其他布依族寨子的主要发源地。但是本地布依族普遍认同的族源，是来自前面提到的《黔西南岑氏族谱》中所提到的内容。说是源自周文王第四子，后来某一代被皇朝赐姓岑，到第三十二代岑彭，在汉光武帝的时候立了大功封为西南大将军，后被刺客所杀。这个岑彭是浙江余姚人，后来他的后代迁到广东，转到广西，最后定居在贵州。弱势的民族在强调自己来源的合理性的时候，往往容易偏向于寻求正统，依靠强势民族而说明自己的“名望”。不过无论从地方文献上还是从实际认同上，认为鲤鱼村的布依族是从鹧鸪园迁来的一支，应该是没有问题的。布依族最早来到了这个地方，就在水资源丰富的龙潭旁边定居，居住在龙潭的南边。到现在全寨子共有28户，人口发展比较慢，期间遇到了几次比较大的灾害，还有土匪的侵袭。中华人民共和国成立前的一次火灾，全寨子的房子被烧得精光，很多人就迁到了其他地方。所以尽管布依族是最早来到这个地方的，但是规模却远远不如后来迁来龙潭北方的苗族。

（三）鲤鱼村汉族的来源

现在在鲤鱼村的汉族，是几户陈姓的人家，和布依族一起编为鲤鱼村的第五组，据说是从屯脚镇上迁来的。有三户和布依族通婚，一户和苗族通婚。在苗族迁来五六十年之后，这一支陈姓的汉族也来到了这块土地上，居住的地方和布依族、苗族的寨子相望，中间隔着水田。于是这块地方鼎足之势形成，布依族的寨子叫作鲤鱼村，苗族的寨子叫作鲤鱼坝，汉族的寨子叫作狗咬寨。

二、口述史

从村民口中得知：鲤鱼村的苗族是从黔东南黄平、凯里、台江等一带迁徙而来的。据《兴仁县志》记载：第一个移居时期距今 300 余年，雍正年间黔东南苗族人民起义遭到残酷镇压，不少人被迫逃亡到此。第二个移居时期距今 200 余年，贵州苗族乾嘉起义失败，清军强迫苗族人民迁徙。第三个移民时期，距今 100~140 年，张秀眉领导苗族人民起义，斗争持续 20 多年后失败。贵州“上下游废田不下数百万顷，流亡可复者仅十之二三……降苗所存户口较前不过十之三”，“其民则逃亡转徙，百里无烟”。苗族人民扶老携幼，翻山越岭向黔西南迁移。[1]

例 1–1：杨 DA，苗族，男，82 岁，读过私塾和初中，现居住于鲤鱼村：我们那个时候就听老年人讲，我爷爷的爷爷的爷爷是从黄平那边逃难过来的，那个时候张秀眉起义在黄平、施秉一带影响很大，持续了一二十年，后来没有人力物力继续抵抗官兵了，很多苗民就带着父母、妻子和儿女逃难到了鲤鱼坝。之前的时候没有寨名的，到了每年涨水期在我们前面这块水田里都有很多鲤鱼的，村民做活路的时候就可以捉到很多，正好做完活路后就回家做鱼吃嘛，所以后来就叫鲤鱼坝了。而现在改名叫鲤鱼村是因为政府将鲤鱼坝、鲤鱼村和狗咬寨三个寨子的 28 个小组合并为现在的 5 个小组，为了方便管理，响应政府的缩减机构、精减人员的号召。现在办事效率也比以前快了好多。

例 1–2：王 C，苗族，男，49 岁，自由职业者，现居住于鲤鱼村：我给你讲啊，很久很久以前，在鲤鱼坝这个地方，当时还不叫鲤鱼坝，没有田，没有地，没有水，也没有人烟，只有满山丛生的荆棘、参天的古树和一片荒凉的草坝。有一年，来了一家苗族夫妇俩，他们是惨遭财主欺压，实在无法生活，从很远很远的地方沿路乞讨逃到这里来的。这家夫妇俩十分勤劳，来到这里后，先在那龙潭岩顶上（当时还没有潭）盖了几间茅草房，又去那荒凉的草坝里开了一片田地，种上庄稼，开始了自食其力的生活。夫妇俩辛勤地耕耘，由于他们吃苦耐劳，加上风调雨顺，在第一年里，他们获得了一季好收成，夫妻俩的生活渐渐过得好起来。可是到了第二年，正当禾苗抽芽成长的时节，遇到了特大旱灾，三个月不下一滴雨，土地开裂了，禾苗枯死了，辛勤的耕耘颗粒无收。面对这不幸的灾难，夫妇俩心里十分痛苦。没有办法，只好节吃少穿，勉强维持生活，准备等到来年再好好耕种，弥补损失。然而到了第三年，又遇到了与上一年一样规模的大旱灾，幼嫩的禾苗耷拉着头企盼着雨水的降临，勤劳的夫妇俩再也不忍心看着那绿油油

[1] 贵州省兴仁县编史修志委员会 . 兴仁县志［M］. 贵阳：贵州人民出版社，1991：106.

的禾苗一棵棵地干枯死去，他们担着木桶，穿着草鞋，翻山越岭，到相距十几里远的阴河里去挑水来浇灌禾苗。由于路途遥远，夫妇俩走得再快，每天起早摸黑也只能往返两次，但他们并不气馁，一直挑啊挑啊，挑了整整九十九天，肩膀挑肿了，腰杆压酸了，脚板磨破了皮，才总算听见了雷声，看见了密布的乌云，可那狠心的老天爷只降了一阵小雨就停下来，火辣辣的太阳依然傍晚从西边落下，早晨又从东边升起，筋疲力尽的夫妇俩又不得不继续担着木桶在那漫长崎岖的山路上艰难地爬着……

夫妇俩不怕吃苦，不畏艰辛，坚持与旱灾抗争的精神深深地感动了九泉之下的龙王爷，于是他就从清泉宫里把水引到了夫妇俩居住地的山脚下，在一天夜里托梦给他们说："在你们门前的石壁底下有一股清泉，里面还有很多很多的鱼，你们需要水就到那里去开挖，需要吃鱼就到那水里去捕捞。"夫妇俩第二天清晨醒来，都说昨晚做了这样的一个梦。男的说："可能只是一个巧合的梦吧。"女的说："既然做梦相同，也许是神灵有意相助我们，不妨去挖挖看。"于是夫妇俩就扛着锄头去门前的石壁脚下挖，才挖了几尺深，就看见有水溢出，越挖溢出的水越多，当他们把一块花纹斑斓的石板掀开时，一股清泉顿时喷涌而出，一会儿就淹了一大潭。随着那泉水涌出来的，是许许多多又肥又壮的鲤鱼，夫妇俩双双捧起清清的泉水，欣喜万分，他们急忙从山上背来石头，从田坝里挑来泥土，砌成土石坝，将泉水团团拦住，而后又用竹筒把泉水引到田里。从此，无论遇上多大的旱灾，他们的农田都不再干涸，庄稼也不会因缺水而枯死，夫妇俩再也用不着到遥远的阴河去挑水浇灌禾苗了。

有了水，夫妇俩更加勤劳了，他们把这长满茅草的坝子全部都开成了农田，又顺着山脚凿壁挖沟，把渠水引到田坝里，那些肥壮的鲤鱼便顺着浇灌水渠游到田里，每当雨季，河沟涨水，田水溢出，这些活蹦乱跳的鲤鱼，正如人们所说的"鲤鱼跳龙门"，从田里飞下河沟，从河沟跃向田里，从一块田又跃到另一块田，并在河沟及秧田里繁衍成长。田多，河沟多，鱼也多，夫妇俩每每种田收工回家，随手即可捞上几尾，提到家里做早晚饭菜。由于满坝子都有鱼，且大多是鲤鱼，鲤鱼坝也因此而获名。

三、民间文学

鲤鱼村人民在不断迁徙过程中，以辛勤的劳动和聪明的智慧，不断创造着物质财富的同时，也不断丰富着绚丽多彩的民间文学。由于历史等原因，这些民间文学并不是以文字记载的形式所流传，多是以口头传说、故事等形式进行传承，他们不断丰富和完善着文学艺术的海洋。在此分别选取了在鲤鱼村流传的创世神话、民间传说、英雄母题、婚姻爱情等几个方面，一些民歌是由鲤鱼村的村民演唱的，一些是访谈村民后抄在笔记本上的，还有一些是从兴仁县官方在20世纪80年代编写的故事集成里面选出来的，以下皆挑选出来作为说明例子。

（一）关于天地产生的传说

主要有《开天辟地》《打柱撑天》《射日神话》等。《开天辟地》说的是古时候，天和地是连在一起的，后有一位苗族英雄用大斧将天地劈开，把天往上顶，把地往下蹬，然后又打金银柱，从此才有天地。《射日英雄》说的是天地分开后，日月太多，共有九个太阳和九个月亮（也有很多人讲十七个太阳和十七个月亮、九十九个太阳和九十九个月亮的），白天太阳热量太大，庄稼全部被晒死，人们不敢出门劳动；夜晚月光过于明亮，大地像白天一样，人们没有办法入睡休息。后来有一位苗族英雄用弓箭射掉八个太阳和八个月亮，只留下一个太阳供人们白天取暖，留下一个月亮供人们夜间照明，从此庄稼才得以生长，人们白天才能外出劳作，夜间才能得到休息。

（二）关于人类起源的传说

主要有《洪水滔天》《兄妹成婚》等。《洪水滔天》讲述了古时候，洪水泛滥、人烟灭绝，仅有“阿石”“阿兰”兄妹幸存于人间，为繁衍人类，兄妹不得不结婚。有的版本还讲述了“阿石”与残暴的“雷公”进行种种斗争，最后取得胜利的故事。《兄妹成婚》讲的是洪水泛滥时期，人烟灭绝，唯有“ab veeb（阿石）”“ab laik（阿兰）”兄妹俩在洪水期间坐于葫芦内而得以幸存。为繁衍人类，兄妹俩按照天意抛针穿线、滚磨重合等方式结为夫妻，结果生了两个无头无脑、没手没脚的肉团，夫妻俩一怒之下将肉团砍为若干小块，分别挂在各种各样的树枝上喂鸟，不料这些肉块却变成了高矮不一、相貌各异的男男女女，后来这些男男女女相互结合，组成一户户人家，生儿育女。从此，人类才得以延续。

（三）关于与妖魔鬼怪和毒蛇猛兽作斗争的传说和故事

主要有《zuk gix zuk niel（九格九略）》《虎妻》《九重魔怪》等。《zuk gix zuk niel》是讲有一家父母双双外出“zuk gix”（跳芦笙舞），留下姐弟俩守家，不料被一只老虎精知道了，老虎精乘机变成一个老太婆到他们家谎称与姐弟俩一起守家，在夜间将弟弟吃了。聪明的姐姐发觉后将老虎精引诱入柜子中锁住后，请

“gangb lial lib”（格拉里）带信请父母返回，巧妙地用烧红的铧口将老虎精烙死。《虎妻》主要讲一个老虎精装扮成一位美女被一个叫“ab bib niox”（阿扁略）的人用计谋捉到后杀死，骗老虎精父母亲戚来吃肉，乘机打杀，唯有一只跛脚的老虎精逃脱。《九重魔怪》主要讲一个叫“九重魔怪”的妖怪装扮成一个弃婴，引诱年近六旬的无儿无女夫妇收养，趁机偷吃老夫妇家中喂养的鸡鸭、腊肉和寨子中的婴儿、小孩后被发现实情，老汉借办“月米酒”为名，请寨子中众人一起将魔怪丢到火堆中烧死。

（四）关于机智人物的故事

主要有《穷姑爷的故事》《相麻》《两兄弟分家》等。《穷姑爷的故事》主要讲一个苗族青年与丈人及姨兄斗智的故事，其中许多情节具有讽刺性，令人啼笑皆非，充分反映了苗族人民的聪明智慧。《相麻》讲的是有个叫相麻的人，极为机灵。有个财主想试一下他是否真正机灵，结果其所穿的洋缎裤和家中所喂养的大公羊都被相麻用智慧盗走，同时还被戏弄一番。《两兄弟分家》讲的是哥哥和弟弟分家后，哥哥分得一头牛，可以耕地犁田，耕种庄稼；而弟弟只分得一条狗，没法犁田耙地，但弟弟特别聪明，巧用荞粑引诱狗拉铧，说狗也能犁出耕地，并与商人打赌，赢得了两挑绸缎等。

（五）关于诚实善良的故事

主要有《石宝》《王大腿》等。《石宝》讲述了苗族青年石宝家世代住窝棚、吃菜根，过着衣不蔽体、食不果腹的生活。为了摆脱贫困，石宝不怕艰苦，离家寻找贫困的原因。途中，受人之托，要求解决困难，石宝首先关心的是他人，个人之事反而置之度外。最后帮助了别人也解决了自己的困难，并且娶上了媳妇。《王大腿》主要讲苗族青年王大腿原本是住山洞、吃野菜的后生，转眼间他家财万贯，但他富而不忘本，帮助救济身边贫穷的老百姓的故事。

（六）关于婚姻爱情的传说和故事

主要有《杨杏与李梅》《阿郎与阿妹》等。《杨杏与李梅》讲述的是杨杏与李梅自小青梅竹马，相互爱慕，然而其父母却早已为他们各自订了娃娃亲，两人长大后要求父母为其解除婚约，让他们俩结为夫妻，双方父母均不答应。同时还训斥他俩，杨杏与李梅为不能在一起而感到无限悲痛和绝望，双双殉情吊死在村外的一棵杉树下面。《阿郎与阿妹》讲的是阿郎与阿妹相爱，正准备办酒宴的时候，阿妹不幸被老虎掠走，阿郎历尽千辛万苦找到虎穴，将老虎杀死救出阿妹。随后二人成家立业，过上幸福生活。

第三节　民族文化与习俗

居住于鲤鱼村内的苗族都操黔东方言，属中部方言。鲤鱼村苗族先民们在长期生产斗争和社会交往中，不断丰富和发展着本民族的语言词汇。

苗文（中部方言）共有 26 个字母，32 个声母，26 个韵母，8 个音调。其中，声母中的“Y”和韵母中的 ao、ee、iao、iee、ui、aa、uai、an、da、m 都是用来书写汉字借词的，学会了全部声韵调和拼音，就可以读拼课文和写话。苗文是表音文字，在掌握苗语的基础上，只要写熟记熟声母、韵母和声调，就可以应用自如了。

根据苗语词的结合及在句子中的作用，苗语词类可分为名词、代词、指示词、数词、量词、动词、形容词、状词、副词、介词、连词、助词、叹词 13 类，其句式主要有：

主谓句：	mongx	mongl		
	你	去		
主谓宾句：	mongx	mongl	vua	liad
	你	去	放	牛
主宾谓句：	wail	yis	bat	aix
	我	喂	猪	了
主谓补句：	bak	vil	niangb	jid
	幺	叔	在	家
无主句：	nangx	gad	dat	
	吃	早	饭	
单词句：	eb（水）	del（火）		

苗文的标点符号有逗号、顿号、句号、分号和感叹号等，书写规则和英文、法文、德文相同。文章书写格式如下所示：

Zaid hmub

苗　族

Zaid humb dios bib zomgb gof bangf ib iaib saox sub

苗　族　是　咱　中　国　的　一　个　少　数

Minf cuf mai zab baf nof wangs naix

民　族　有　五　百　多　万　人。

苗语声母

b p m hm f hf w d t n hn dl hl l z c s hs r j q x hx y g k ng v hv gh kh h

苗语韵母

i e a o u ai ee ao ei en ang ong ia io iu ie iee iao in iang iong ui ua uai un uang

苗语声调

b x d l t s k f

一、居住格局

鲤鱼村形似鲤鱼，每家每户靠山而居，呈弧状分布。村民都认为居住在鲤鱼的脊背上，而鲤鱼腹则是几百亩肥沃良田，就是他们的食物来源地。鲤鱼村房屋建筑均依山而建，其材料基本上以石、木材为主。早期的房屋多为三间三柱头草房，房屋四周较为齐整，在屋檐下筑土墙或编竹篱笆糊泥浆或者牛粪遮风避寒，一般两头不封尖，上端多以竹篱笆、茅草等遮盖，只有经济稍好一些的户家才能住上石瓦房，在房屋四周砌上石块或者是砖块，并且两头要封尖。

目前由于经济的快速发展，鲤鱼村村民居住房屋发生很大变化，基本上都是以两层或三层现代化的楼房为主，仅剩下为数不多的传统房屋。但我们仍然可以从中看出些建筑特点来：传统苗族所居住的房屋多为三间房，两层，有三个卧室、一个客厅、一个厨房、一个火坑、一个院窝。也就是将中间的一间房屋分隔为三，中部为堂屋，前部为院窝，后部为小卧室（当地方言称“gak jdb dangx”，嘎甲当）。在堂屋中设有神龛，主要以敬奉、祭祀祖先，宴请宾客和家人平时就餐之用。两头的两间各分隔为两个部分，前两半间分别是厨房和火坑，后两半间均为卧室。在堂屋上方没有二层，只在两头两间有楼，由于上层比较干燥，多以存放粮食和杂物为主，并不住人。整个房屋，都是从院窝开启门廊，中部为大门，可以直接进入堂屋，两边为侧门，分别进入厨房、火坑和卧室。大门两侧上部都是古式固定木窗，并雕刻有各类图腾。在厨房、火坑及卧室都装有活动木窗。传统布依族房屋多以“吊脚楼”为主，他们的住房也是由木料和石头组成的青瓦房，为三开间一楼一底，有五柱八瓜，长有 8 米，开间有 4 米左右，一般堂屋在正中间，在当地人眼中堂屋是供奉祖先和接待客人的地方。左右两间各从中间隔开，成为前后各一格，这样前格就可以作为厨房或是火炉房，后格就可以作为卧室用。一般堂屋背后的房间是老年人的卧室。在厨房的楼上多放置粮食等，有利于保持干燥。火炉房多用于接待亲戚朋友待客之用，而其楼上则多放置临时所需的燃料等。

二、饮食习俗

鲤鱼村村民主要以大米、苞谷、小麦和糯米等为主食，并以肉类、豆类、小米、红薯、马铃薯和蔬菜等为副食。生活于鲤鱼村的苗族、布依族和汉族都对糯米产生了深深的感情，他们会在过年过节提前准备糯米饭接待回娘家探亲的姑妈舅爷、外出打工归来的儿子和儿媳妇、前来走亲戚的亲人。尤其在一些庆祝活动、祭祀仪式、去媳妇家定亲、姑妈回娘家等过程中都离不开糯米饭，很多时候还会将糯米碾碎经过层层工序加工成糯米粑粑。

例 1-3：岑 YL，布依族，个体户，现居住于鲤鱼村：你们讲起糯米饭，我们这里大节小节都是要用的，一年里的节日，比如说大年、正月十五、二月二、六月六、七月十五等都是要给祖先供饭的，必须用糯米饭。我们这里的布依族都认为只有糯米饭才能表达对自己祖先的敬畏，也只有糯米饭才能让祖先满意，才能得到祖先的保佑和庇护。这样才能一年里家人平安、身体健康、事情顺顺利利嘛！像在过清明节祭祖的时候要用黄色的糯米饭，提前去山上采摘这些植物，把其中的汁液挤榨出来，将糯米染成黄色之后再蒸煮。七月半的时候要用红色的糯米饭，制作工序跟黄色糯米饭一样，要在七月十四日那天晚上供饭，在十五日姑妈回娘家走亲戚的时候也要带上糯米粑粑。还有一些红白喜事的时候都要带上糯米或糯米饭。像家中有老人去世后，入殓前要在棺材里放上五样作物，糯米是绝对不能少的。所以糯米在我们鲤鱼村是很好用的嘞！

主要特色饮食有：

黄（花）糯米饭是鲤鱼村苗族饮食中的一大特色。一般在节日、喜庆活动和招待亲戚朋友的时候，鲤鱼村苗族村民都会煮糯米饭作为食物。黄（花）糯米饭的做法是用糯米饭花（一种植物的花）煮出花汁，去渣后，倒入桶中，经过冷却之后将糯米放在汁液中浸泡。等几个小时后将糯米捞出来，滤干，然后放置于蒸锅中蒸熟（为了促进糯米饭进一步柔和，中间过程中需要洒一遍水），就成了香味扑鼻、特别可口的黄糯米饭。花糯米饭的做法与黄糯米饭的做法一样，所不同的仅是染汁是红、蓝、紫、黑等几种不同的颜色。

酸汤在鲤鱼村苗族中较为常见，主要制作方法是将淘米水盛于陶缸中，掺入老酸汤作为酵母，等十天半月就可以食用。用酸汤来煮鱼味道极为鲜美，亦可煮酸汤火锅涮青菜、嫩豆腐、牛羊肉等，味道极佳。

因鲤鱼村盛产鲤鱼所以家家户户都会做酸汤鱼。酸汤鱼主要有以下几种不同做法：①酸汤煎鱼。先将鱼洗净，取出内脏、鱼鳃，大鱼须刮去鱼鳞（小鱼可不刮），并将鱼放置于煎锅中加入少许菜油慢慢煎烤，等一面烤到脆黄的时候再翻过另一面继续煎烤。煎烤时撒少许食盐，然后出锅放置在大碗或钵中，再用炒锅放适当猪油，将酸辣子和大蒜头先炒一下，然后加入适量水，同时将煎好的鱼放入，稍煮片刻后舀出，再放少许味精和香葱即可食用。这种做法，汤特别鲜美，鱼的味道也特别脆嫩可口。②酸汤煮鲜鱼。将鱼洗净，取出内脏、鱼鳃，用自制的酸汤加入生姜、大蒜等佐料将鱼煮熟即可，但必须在冷汤时将鱼放入，否则鱼容易煮烂。③鱼腥菜煮鱼。鱼腥菜在鲤鱼村是专门做煮鱼时用的一种蔬菜，此种做法只要以少许西红柿和嫩辣椒炒后加入清水做汤，将鱼煮至七八成熟后，再将鱼腥菜与大蒜叶、茴香菜等一并放入锅中，煮熟后即可出锅食用。

三、鲤鱼村黑苗服饰

兴仁县中部方言苗族服饰，是兴仁中部方言苗族以女装为主体从远古传承至今的服饰。主要传承于兴仁县巴铃镇、屯脚镇、李关乡等中部方言苗族。它反映和记载着古老的苗族文化源流和迁徙历史，展示了丰富多彩、长久不衰的苗族历史文化。兴仁中部方言苗族女子盛装十分艳丽夺目，主要分为头饰、衣、裙以及银饰品等。这样的苗族服饰尤以鲤鱼村黑苗最具特色。在鲤鱼村，苗族服装的挑花刺绣依照布料的经纬戳针，在绣法上多有变化，如平绣、数纱绣、织绣等，其纹样层层叠套，图案工整对称，绣技与织技完美统一，巧夺天工，具有很强的立体感，体现了鲤鱼苗族独特的正挑反针挑花、刺绣、织绣等精湛工艺。

鲤鱼村村黑苗的服饰因其古老和绣工技艺的精湛而堪称一绝。说到苗族服饰，在贵州很多少数民族地区都有苗族，但是各个地方的苗族都会有自己的服饰特点。据考证，鲤鱼村的苗族是从黔东南地区搬过来的，鲤鱼村苗族服饰是苗族人民在漫长、曲折、艰难的大迁徙过程中逐步形成的，在民族民间服饰中具有独树一帜的艺术风格。服饰主要由头帕、衣服、裙子、鞋子和银饰等组成，但对比黔东南地区的苗族服饰却发生了很大变化。

（一）头帕

鲤鱼村苗族女子的头帕（见图 1.1）主要由五块布料组成，包括边缘上的四块等腰三角形的棉布和正中的一块正方形棉布。

图 1.1　苗族女子头帕　　赵欢摄

第一块，位于头帕正前，方格棉布染成深紫和青色作底布，形状为一个等腰三角形，底长约 50 厘米，腰长约 30 厘米。在两腰边缘绣有红线和蓝线相间的花纹图案，主要是一些鸟类图案；中间部分镶嵌着一块红布，将整块青棉布遮住。

第二块，位于后脑勺部分，方格棉布染成深紫和青色作底布，形状为一个等腰三角形，底长约 60 厘米，腰长约 40 厘米。在青布上附着一块很薄的小红布，在两腰边缘绣一段约 2 厘米宽的绿色丝线图案，这样做既可以起到装饰的作用，又可以收紧布块，固定图案形状。在红布上还会嵌入一块蓝布，蓝布上绣有精致的正方形纹路图案。青、红、蓝三块布镶嵌一起，每块布的边缘都有各自的图案，不仅精美好看，还可以增加整块布的硬度，便于穿戴和观赏。这块布料的三角形顶角部分要延伸至后脑，布料是红、蓝、紫三色相间组成，图案很鲜明，做功很精细。这块布在戴上帽子时并不能完全遮住，差不多全部裸露在外，所以，在设计及制作时都需要花费心思，要做到美观大方。

第三块和第四块，同样是方格棉布染成深紫和青色作底布，形状为一个等腰三角形，底长约 50 厘米，腰长约 30 厘米。位于太阳穴两边，花纹和图案保持对称一致。布料上会嵌入红、蓝薄布，布上绣上石榴花的图案，图案周围绣入一条黄线，中间加入红蓝色线波浪纹，边缘镶入银泡。四块布用一些小碎布缝制连接在一起，虽是碎布，但仍然需要装饰精美图案，不仔细研究，根本看不出是拼凑连接的。

第五块，青色棉布作底布，位于头帕正中，起到连接其余四块布的作用。这块布是最大的一块，长、宽约 70 厘米。由于会被帽子盖住，整块布不用做任何装饰，但是这块布之所以这么大，是由于需要来回折叠 3 次，缝成一块布，增加厚度，不至于让其余四块布塌陷，起到支撑其余四块布成圆桶形的作用。布块之间的连接做功也需要很精细，针线缝补很密集，并加入一些碎布作为支撑，但是缝补完成后并不会看到碎布，只是一整块很精美的头帕。

头帕的五块布料边缘均绣有一段花纹，沿着头帕绕一圈镶上约 50 颗圆形银泡，把帽子戴上之后，头帕里的图案看不到，但是还可以看到头帕周围的圆形银泡。在五块布的边缘还会绣有两行宽约 3 厘米的锯齿形花纹图案和一行石榴花图案，锯齿形图案之间也是镶嵌着红、蓝、紫三种颜色，黄色丝线会在图案边缘部分加入。

头顶这块青色头帕在包上头部之前沿对角线对折，折过之后就形成一个直角等腰三角形，并且两边腰边都有穗子。这块青色帕子全是用蚕丝做成麻线纺织而成，布料质软而耐磨。头帕沿双耳向上有两个牛角形状的犄角，这其中暗含着鲤鱼村苗族人对牛的崇拜。犄角上依然会有很多穗须，全部是手工制作而成。

图 1.2　苗族男子服饰　　赵欢摄

（二）衣服

男子服饰较为统一（见图 1.2），常见的老年人头包鲤鱼村苗族自织自染的棉纱或蚕丝方格青色带领头帕，身穿青、蓝色长衣，腰系青色宽腰带，下穿青蓝色宽脚长裤，冬天系青色裹腿，脚穿草鞋或布鞋。中青年喜穿青蓝色对襟短衣，冬季或出门做客也穿长衣。女子的衣服较为有特点，并且难于制作。女子衣服所用布料，以方格棉布染成深紫和青色作底布进行挑花刺绣，挑绣均是依照布料的经纬戳针，因而曲线较少。在绣法上多有变化，如平绣、数纱挑绣、织绣等。其纹样层层叠套地组合，层次复杂，但图案工整对称，其织、绣技艺与针技和谐默契，巧夺天工。黑苗年轻女子的衣服是鲤鱼村苗族妇女最为骄傲的民间艺术品，尽管社会不断发展变迁，文化相互交融，她们仍然觉得传统的衣服最漂亮。

1. **年轻女子**（见图 1.3）

衣服为无扣右衽衣，衣服布料厚度约 3 毫米，重约 1.5 千克。衣袖、大领右衽及后背等均有挑花刺绣，在上衣后背及衣袖等处的绣花边沿上，分别镶嵌蓝、红、绿、黄等绸缎条作装饰。其中，蓝绸缎所占面积较宽。绣有龙、凤、犀牛和几何图案的绣片皆衬于深青色棉布上。挑花、绣花图案一般为二方连接和四方连接。整件衣以蓝色为基调，其图案纹样丰富多彩、布局合理，在阳光下熠熠

图 1.3　苗族妇女服饰　　赵欢摄

发光。衣领为竖立式领口设计，领高约 8 厘米；肩部设计有加厚麻布（肩托），厚度约 2 厘米，肩宽约 20 厘米；袖长约 50 厘米，袖口宽约 20 厘米；衣服上、下前襟各长约 70 厘米，宽度约 30 厘米，前襟总宽度为 60 厘米。衣襟胸前以五行蓝色长条花纹为基色，配以红色镶嵌青色布块，形成一条凤舞图案；在两侧条纹边缘各镶入 12 颗银泡片。在衣袖袖口处绣两行蓝色条纹，中间绣入方格纹和波浪纹，在纹路边缘绣黄色线条，显得高贵大气。从袖口到肘部一段是蓝色布料，绣以红、蓝条纹的方格图案，镶入一圈银泡，共 18 颗。肘部到肩部是整个袖子最为繁杂和最难绣的部分，在这段中间会以红色作为主基调，绣入花鸟图案，图案配以蓝色的花叶和红色的枫叶，色泽微红，透露出高贵典雅的气质。这块布是单独绣好之后，用针线细缝连接所成。衣服从中对折后，两边的图案、颜色都是一一对称的。

从距左前襟衣脚约 40 厘米的位置开始，从左至右缝了一条长约 85 厘米，宽约 8 厘米的花脚边。这条花脚边在右前襟时距衣边约 7 厘米，在左前襟时距衣边约 3 厘米，右前襟距衣边的位置比左前襟要多 4 厘米，这样做的目的是为了在空白段中加入新的花纹图案，使得整个右前襟的彩色花纹更具有视觉效果。

黑苗年轻女子的后衣片是做工最为精细、花费时间最多的部分。后衣片以黑色金绒布做底，在距离左、右衣边约 5 厘米，下衣边约 10 毫米的位置各围了一条宽约 4 厘米的蓝色缎面，在缎面的内左和内右各有宽 2.5 厘米的红、紫、蓝、黑、黄、绿的堆花花边，在缎面的内上和内下位置各有宽约 5 厘米，长约 30 厘米的青底红、紫、蓝、黑、黄、绿相间组合的横条纹边绣花边。图案很精美，做工须细致，是考验苗族妇女刺绣技艺高低最为重要的一环。

2. **老年妇女**（见图 1.4）

老年妇女的服饰其后衣片不绣花，用自织提花形图案衣料染成深紫色制作而

图 1.4　苗族老年妇女服饰　　赵欢摄

成，上衣是大领无纽扣，短衣系织绣花带于背后。绣花带花纹多为织绣结合，十分精细，飘带两头有五彩缤纷的丝线穗，也是苗族服饰制作工艺的重要特征和漂亮的装饰品。整件衣服多以黑色为主，配以蓝色和红色。胸前布料颜色和做工与年轻女子无异，但无镶嵌银泡片。袖子主要以红蓝相间的方格条纹为主，并附加黑色布块，显得更为暗淡；袖口绣以藏青色为主色调，袖口布料宽约 10 厘米，绣入花草图案，整个袖子无银泡片；从袖口到肘部为黑色布块，肘部到肩部为蓝色布块配以红色长条纹和波浪纹丝线，显得更加庄重。

（三）裙子

鲤鱼村黑苗的裙子称为“百褶裙”，百褶挑花裙。女子下身穿着百褶长裙，叫“灯亩”，这是女子盛装的一个重要组成部分。“灯亩”即花裙，这种花裙一般用料为 16~27 米，花裙的衣褶可达上百褶。“灯亩”分为“嘎项灯”——灯首、“硬希灯”——群身和“嘎杜灯”——裙脚三个部分组成，其中以“嘎杜灯”尤为重要。“嘎杜灯”从上到下由 4 道横向不同的刺绣纹样组成，第一道称为“嘎呆奶”，即小人花；第二道称为“亩打漏”，即雀翘形花；第三道和第四道称为“亩估基”，即龙花。第一、二道为刺绣纹样，第三、四道为编织纹样。裙脚织红、绿、黄三条彩虹，象征黄河、长江、清水江，是祖先迁徙过程中艰难跨越的三条江河。穿裙子还必须围腰帕，女童只围前花腰帕，包头妇女则前后都围腰帕，着盛装时围花腰帕。

如图 1.5 所示，年轻女子裙子重约 1.4 千克，裙子的主体部分一般由黑色棉布或缎子做布料，裙子属于长裙，垂到脚背，裙子不缝合，穿时把裙子从腰后绕于腹前，两条带子系于腰前，为了增加裙子的视觉效果和遮住未缝合处的接头，会在裙子的前面和后面系一块与裙子等长的长方形围裙，同时为了增加裙子的对称效果，在腰后也会系一块同款围裙。裙身打开约有 6 米，用不同的布饰与花纹图案组成。从腰部往下，分为五段：上腰段用一段白布做成，第二、四段由蜡

图 1.5　苗族年轻女子裙子　　赵欢摄

染图案或挑绣花组成，第三段用平绒布制成，第五段用大幅平绒黑布制作，穿着时用线把裙穿连、排齐。长裙从花纹到布料，做工都非常讲究，要求做到整齐，美观、适体，穿在身上给人一种飘逸的美感。整个裙子的尺寸大致如下：横向摆放的黑色或蓝色棉布一般横向长度约110 厘米，纵向长度约 20 厘米；裙身共有 11 弧组成，每个弧的弧长约 90 厘米，所以一件裙子底边大致的周长约为 990 厘米，每个褶宽约 1.5 厘米，则一件裙子约有 660 褶；裙脚宽约 15 厘米，上面绣有红、绿、黄三条彩虹，象征黄河、长江、清水江，这是鲤鱼村苗族妇女最为喜欢的部分。

（四）鞋子

鲤鱼村苗族中，以年轻女子的鞋最有特点。苗族年轻女子的传统鞋子一般有草鞋、绣花凉鞋、黑布鞋三种。黑布鞋的制作较为简单，纳鞋底同绣花凉鞋一样，只是鞋子脚背面的布料是一整块黑布，没有绣花纹图案。由于草鞋与男子的鞋子没有太大差别，且无多大特色，在此就不做赘述了。

黑苗年轻女子的绣花凉鞋是黑苗妇女最为得意的手工刺绣精品之一。绣花凉鞋属于草鞋的演变版，它的基本款式仍然是坚持草鞋的模样，只是鞋子的后脚面设计和所用材料有所不同。绣花凉鞋的鞋底制作就很讲究。鞋底全是由很多层毛边白色棉布钉在一起，厚度在 1.5~2.5 厘米；再用麻线将整个鞋底和鞋面缝钉一遍，密度很大，这样做既可以增加鞋底的硬度，又可以延长鞋底的使用寿命；设计者会在鞋面加一层白布将缝钉麻线疙瘩遮住，这样穿着走路时不会硌脚，使脚底更舒服。纳鞋底是考验苗族年轻女子手工活儿最基本的标准。现在，很多鲤鱼村苗族女子都不会纳鞋底了，多是使用市场上机械化制作的塑料凉鞋底。塑料鞋底的上面用白色或蓝色棉布做鞋面，再配以黑色或红色丝线缝补固定。鞋面的前脚部分设计就和我们现在所见的“人字形”凉鞋一样；最难制作和设计的是鞋子的后脚部分，主要是在鞋子尾部的左右两侧约 4 厘米的地方各编织一块高 5~6 厘米的鞋帮，然后在鞋尾的正中用绿色丝线缝合、固定，在鞋帮上绣有用红色、黄色、绿色的丝线绣满的蝴蝶、龙、凤和石榴花等花纹图案。最后，在鞋帮顶部的边沿安装了一对蓝色的布纽扣，左为纽，右为扣。

（五）银饰

银饰包括年轻姑娘头巾边沿的银泡花、耳环（牛角形大耳环、扭丝耳环和瓜子形耳环）、头右簪银插头片（青年妇女和姑娘还在插头片上外接 5 条 0.4 米长的银链连接银蝴蝶插于头部）、银项圈、银手镯等精美绝伦的银饰品。其中，右簪银插头片和耳环是鲤鱼村黑苗最具特色的两个银饰品。右簪银插头片一般斜插于右耳处，形状似梯形，上下各有一个三角槽；银片长约 15 厘米，宽约 6 厘米，厚度约 0.3 厘米，单个重 50~175 克，银片上刻有精美的鱼、虾、鸟兽图案。耳环多呈牛角形，女孩一般在 6 岁左右就开始挂在耳朵处，不同年龄阶段会戴上不同重量的耳环，到中年之后会戴最重的耳环，直至去世才取下。所以，我们会看到当地苗族女子的耳垂都会有一个椭圆形大洞，直径约 2 厘米，这是由于牛角形耳环的重力所致。但是，现在很多女子喜欢穿着新式商业服装，难以承受耳环重力，便将耳环用麻线系于头帕处，以示对习俗的尊敬。

银项圈、银手镯同样是鲤鱼村黑苗人的喜爱。穿着民族的特色服饰，再配以银项圈、银手镯，显得十分的高贵大气。年轻的女子所戴银项圈多为 5 圈，色泽光亮；老年妇女则是 3~4 圈，且颜色较为暗淡。项圈全是当地的银匠纯手工打造，每个项圈的价格在 1000~5000 元不等。

四、民族手工艺

鲤鱼村民族手工艺种类繁多，大体可分为以下几种：

（一）刺绣

刺绣具有独特的技巧，针法主要有平绣、拿绣、挑绣、辫绣、结绣、缠绣、贴花、抽花、打子、堆花等十多种。图案有麒麟、龙凤和常见的花草鱼虫等。颜色主要有大红、紫红、水红、深蓝、浅绿、橙黄、深黄等。一般以绸缎作为底面，再绘上图案。刺绣有平绣和凹绣之分，其中平绣较为简单且流行较为广泛。凹绣是在底布上多铺几层纸花，便于使所绣花卉凸出，立体感较强。有的喜绣大红花，在绣成之后再用金线转着花瓣边缘缀上，花朵格外醒目。有些刺绣多以青色、蓝色布料作为底面，绣出五色花纹。结绣是插针后，用线在针头挽数结，然后抽针，如此反复插满花结。贴花是用彩色丝缎剪做许多等腰三角形，如葵花籽大小的小花瓣贴在底布上，再在其周围密绣一圈，纹样多为几何图形。堆花是用缎子剪作花瓣，贴上较小的布壳，边沿往里折，再层层堆叠，缀成后花瓣逐渐凸出，就像木雕一样。

（二）挑花

花线多用水红色和深蓝色，也有用橙黄色配合其他杂色使用。其制作工序多以平布铺底，先用线勾画出大致轮廓，然后按照图案隔一根纱或是几根纱线插针，要注意不能出现错乱，并且从背面开始进行，反过来从正面看。一般花纹多成几何图形，常常由纹路不同的几朵小花拼凑成一大朵，外套呈菱形方格状。据调查，发现鲤鱼村妇女的服饰多用棉布，一般挑花出现在前胸后背、袖棱等地方。前胸多以紫色、蓝色、黄色和红色等平绣竖立镶为竖长形宽边，边内平绣红色、黄色块状小星点，绣于膀下，在拐角处平绣横条，色调与胸相同，上衣衣背处的挑花很是讲究。衣背图案多用深色或是深绿色的丝线平挑而成，针法较为细密。其挑法也有固定的技巧，一般是丝线走向分为纵横两个方向，每个单独纹样的花纹上下左右对称，图案工整，庄重脱俗，尤其姑娘对衣背极为重视。鲤鱼村苗族挑花最为精美的是背带心，一般会有龙凤鸟兽等动物图案和各种几何图案。

（三）织锦

一般在进行织锦的时候，要把牵好的经纱轴放置于织布机上，再用一块光滑的竹片按照纹样的需要，将经纱的一根或是数根逐个挑通，然后引进一根纬线。织锦多有宽、窄两种，窄的只有四五分至一寸，一般会当衣裙带子用；用作围裙的织锦，宽约一尺，都是由彩色丝线织成。大多情况下，会用作女童衣背面或是中老年妇女劳作衣服的上衣袖花上。

（四）银饰

银饰在鲤鱼村至今仍广泛使用，一般会在姑娘出嫁时由男方父母准备（这一点呈现出与黔东南地区，银饰由姑娘家准备不同）。其准备期限不等，一些项圈、手镯之类大件银饰会提前准备，像耳环、戒指、头帕银等会在定亲后由新娘挑选所喜欢的图案、款式。项圈是年轻姑娘、中老年妇女佩戴在颈上的银饰，一般情况下分为大小不同的 5~7 只，全是实心打造，在颈后交连处直径约为 0.5 厘米，配有钩状交连。大号圈前胸处扁宽隆起，面凿蜘蛛图案居中，左右对称有白果、万字格、鱼等图案；2 号圈稍小一些，蜘蛛图案略变形；3 号圈称为鱼项圈，其蜘蛛图外缘的蜘蛛脚变为豆角状，另凿有鱼、鱼蛋、波浪等图案；4 号圈称为扁项圈，呈扁平状，没有花纹；5 号圈呈扭丝状，没有花纹。

手上佩戴的银饰有手圈和戒指。手圈分为泡花、空心和实心，其中泡花最为精美，圈面上钻有花、狮子、野鸡、竹叶等图案。耳环分为大环、瓜米环、螺丝环。大环空心，上小下大，面钻花纹；瓜米环形大，形状像南瓜米；蝴蝶耳环系蝴蝶状，上钻有椿树、苹果、梅花和瓜米等图案；螺丝环系螺丝状，没有图案。耳环悬吊于耳垂的眼空里，在苗族姑娘五六岁的时候，母亲会用针线将其耳垂穿孔，把线留在里面，等到伤口愈合的时候再用竹签加大，先用一根再增加到多根，最后改用竹筒扩大，直到能容纳各类耳环为止。

插片、银链、蝴蝶片均是贴在姑娘头帕上的银饰，插片为三角形，小的一端延伸弯曲为钩状，尖的一端伸入头发；银链固定在插片一端，另一端固定在蝴蝶片上，分为梅花链和四方梅花链两种；蝴蝶片系片状，形状像蝴蝶；银泡呈扁圆形，以薄银片放在模型上铳成，上面有梅花图凸显在表面上，随后钉在姑娘的三角头帕的末端及左右前边沿或小孩帽檐的边沿。

第二章　生计方式的转变和作为生计资料的土地

生计方式是社会主体为在具体的环境中延续、发展而采用的生存方式，是社会主体利用文化与环境耦合的结果。它具有一定的稳定性，但会随着自然环境和社会环境的流变及社会主体的需求而做出相应的调整。21 世纪以前，土地是鲤鱼村最重要的生产资料。通过对土地的探究，不但可以加强对生计方式的认知，也可以认识与之相关的文化现象。

第一节　鲤鱼村生计方式

以改革开放为分界点，可将鲤鱼村的生计方式分为传统生计方式和现代化背景下以市场为导向的生计方式。20 世纪 80 年代中后期以来，市场经济的触角延伸至乡村社会的每个角落，传统生计方式不断地被新的生计方式所置换。通过对鲤鱼村的探究，传统生计方式主要是以谋生为目的，村民彼此间采取互帮互助的方式进行；现代生计方式以利益最大化为导向，以期在村庄和市场中获得物质和精神满足。由于社会主体的需求和寄存环境的流变，因而两种生计方式所包含的内容也发生了转变，下文将对其进行概述。

一、传统生计方式

在鲤鱼村，传统生计活动的目的是实现乡村社会生活的自给自足，村民以土地为生产资料，以互助的形式进行农业生产。谋生和实现代际之间的相互传承，以保祖先血脉永久传承是人们生产活动的最终目标。因而商业生计方式在传统生计活动中处于式微状态，而以土地为根基发展出来的一系列生产活动充斥着当地社会的每个角落。

（一）水稻种植

水稻种植是当地最主要的传统生计方式。鲤鱼村地形虽属山地，但在坝子处有成片的水田，加之夏季炎热多雨，为水稻的生长提供了良好的自然条件。由于长期的稻田种植，当地形成了稻、鱼、鸭的复合种养模式。“稻、鱼、鸭”复合种养，是指在同一块稻田中，既种植水稻，还在适当时候在稻田水域中放养鲤鱼和小麻鸭，稻田里并存着稻、鱼、鸭。[1]每年春季待水稻秧苗返青、根系已定时，村民会去镇上购买鲤鱼苗放在田里。鱼苗长到大约两寸长，村民再把鸭子放入稻田。为了帮助鱼苗躲过鸭子的捕食，村民在稻田中挖掘小片的深水坑。这样一来，稻、鱼、鸭三者相安无事，农民也实现了农业收获的最大化。在鲤鱼村，家门口的田即使在干旱时节也会用来种植水稻。当地居民认为，平时的生活用水就能满足水稻的用水需求。值得注意的是每家都会在田里放鲤鱼，鱼能把田里的水草和虫类吃掉，水稻生长在旺盛的田里，只有零星的、散落的少量水草。但是不能往田里放太多的鱼，鱼太多会从水中吸取更多的养分，直接与水稻抢夺养分，这会严重地影响水稻的生长和收获。对当地人来说水稻才是他们重点关注的对象，而在田里养鱼只是为了让水稻的生长态势更好而采取的农事活动。因此，稻、鱼、鸭复合种养的方式是伴随着水稻的生长需求而进行变更的，以此达到三者的平衡。就目前状况而言，稻、田、鸭的复合种养模式是鲤鱼村最好的选择。从生产节律看，稻、鱼、鸭在农田中既相克、又相生，通过操作节律的调控，使其间的“克”降到了最低限度，其间的“生”放大到人们最满意的程度；从物质与能量循环的角度看，整个生产系统构成了一个多渠道自相循环的网络，除了为人类提供食品和其他生活原料外，人类对耕作区从不作过分榨取，所有的生产环节都不会出现任何形态的废物，不会诱发环境污染。[2]这一农田种养模式是当地各族人民长期探索的结果，是生活经验的结晶。此外，在长期的生产活动中，村民总结出了一套符合当地生态系统的水稻栽培技术。具体过程如下：

（1）水秧。选土壤较肥、水源好的泡冬田或绿肥田，清明前后翻犁（绿肥田稍提前，以利其腐熟）并施农家肥，每亩施肥 500~1500 千克，随后精细整平，搁 1~2 天，待泥浆沉淀，选择良种用清水浸泡发胀后捞出装入塑料袋或竹木容器中，加盖保湿，并放置在阳光下暴晒。种子发芽长根后倒出在室温下晾芽数小时

---

[1] 罗康隆，杨曾辉．生计资源配置与生态环境保护——以贵州黎平黄岗侗族社区为例［J］．民族研究，2011（5）：37

[2] 罗康智．论侗族稻田养鱼传统的生态价值——以湖南通道阳烂村为例［J］．怀化学院学报，2007（4）：16.

至一天后均匀地播撒于田中。每亩稻种 30~35 千克，杂交稻种 15~17.5 千克。播种后待秧根开始入泥，排水晒田，扎根现青后再放水灌溉，保水直至移栽。秧苗长至 3 片叶时开始施肥，从培育到移栽前，本地秧苗需 50 天秧龄，杂交水稻约 40 天。

（2）湿润秧。浅水犁耙整平，随后开箱。厢宽 2 米、沟宽约 0.4 米、深约 0.2 米。厢面拉平略晒，泥浆收入后即播种。种子处理同水秧。播撒后盖上 1 厘米厚的细土。常规稻每亩播 25 千克、杂交水稻每亩约播 15 千克。播种后待其扎根生长至叶片变绿时，要勤查沟水，晴天沟水漫上厢面，阴天半沟水、雨天不留水。待到春寒时，白天放干水，傍晚水上厢。

（3）移栽。打田时每亩施农家肥 500~1000 千克，放水深犁细耙整平即可栽秧。烂泥田要等泥浆沉淀后才栽。20 世纪 70 年代以前栽秧多为白栽，即不放任何肥料；80 年代以后用磷肥、尿素作面肥或秧根沾上磷肥再栽。秧苗要栽得浅，不漂秧，行直窝直，不栽倒头秧、半边秧（一株身破成两株）、竹竿秧、五爪秧等。秧苗返青时追“发蔸肥”。20 世纪 70 年代以前，多用大粪泼施，70 年代后施尿素、碳酸等。一般每亩施 10~17.5 千克尿素。多数稻田在水稻生长期要尽量保水防旱，极少部分保灌田农民采取浅水勤灌。移栽时间，一般是农历的四月初八开秧门，芒种前后基本栽完，若雨水早来则提前，晚则稍后。生长期一般都在 120~150 天，早熟则 110~120 天，中晚熟则要 150~190 天，少数品种生长期延伸至 190~215 天。

（4）收割。一般在 9 月后开始，10 月前割完。大多采用高割，留谷桩肥田。

此外，稻米是当地居民最主要的粮食，为了保障其顺利的生长，村民在水源充沛的地区修建了蓄水池，以便干旱时灌溉田地。通常情况下，蓄水池修建在远离田坝的山间，因为此地水资源充沛。为了将水引进田中，村民们修建了大量的沟渠，以土地和水资源为基础，制定了大量的村规习俗，以保各家各户完成田地的灌溉。

（二）玉米种植

由于鲤鱼村其独特的地形和气候，形成了稻米种植为主、玉米生产为辅的农业种植模式。山地地形决定了大片的土地难以进行灌溉和水稻种植，这为种植条件相对宽松的玉米提供了大片可供利用的土地。玉米种植稍早于水稻，这使作物生产不产生时令上的冲突，从而让两种作物生产长期并行于乡村社会。

玉米在当地是仅次于稻米的粮食，因而村民用最肥沃的旱地进行种植。每年入冬之时，村民们拿着锄头将栽种玉米的旱地进行翻耕，这是为了迎接即将到来的大雪，以便把土地中的害虫冻死，来年获得更好的收成。许多家庭为了增加玉米的产量，于荒山茂林之中伐木焚烧，当地称为“七月刀”。鲤鱼村村民认为，生荒地的开拓应选在每年农历七月，此时，村民们拿着弯刀于深山之中伐木除草。在村民看来，只有“七月刀”才能让树木的根彻底腐烂，进而可以在冬季翻耕土地，以备来年作为玉米种植地。因而，在当地每个家庭都有大面积的玉米种植地。

（三）土豆生产

在鲤鱼村，土豆是仅次于稻米和玉米的粮食作物。由于生长所需条件较低，多种植于离家较远、土壤较为贫瘠的山间旱地之中。种植土豆的土地坡度较陡，岩石遍地，因而极少使用牛耕。每年冬季，关系较好的村民采用换工的形式翻耕土豆种植地，使结成板块的泥土在严霜大雪后变得更加松散湿润。

每年正月初，村民们开始走亲串戚，脚步流连于关系较好的亲朋好友之间。在恭贺道喜、联络感情之际，人们确定下月底种植土豆的换工情况。土豆种植时，妇女留在家中烧水做饭，帮忙的妇人主要于山地间播撒种子，年岁较长的妇人由于有丰富的农事经验，负责相对轻松但又有一定技术的挖坑农活。男子主要负责体力活，如将猪粪丢入种植土豆的坑中，或负责将土豆种子从家中沿崎岖不平的道路送往种植地。在土豆种植过程中，由于家庭男女负责事务不同，因而男女在家庭中的地位差异极大，最为明显的就是餐桌上男性的优先权和主导发言权。

每年农历二四月正是土豆生长的旺盛期，此时家中的男主人帮人干活以便补贴家用，而家中女性则扛着锄头于一望无际而又如绿色汪洋般的土豆种植地中锄草。农历七月，女子于山间挖土豆，而家中男性则负责将土豆运送到家。山间道路多低洼不平，崎岖而又起伏绵延。不少村民因此而摔伤，有的甚至将土豆倒散在河流之中，这让不少村民在运送土豆时心怀胆怯。土豆生产恰好是村民农事空闲期，与玉米和稻米种植期刚好错开，因而形成了鲤鱼村稻米、玉米、土豆传统的种植业模式，促成了旱作食物生产与水作农业相互补充的农业种植。

（四）养殖业

在传统农业中，养牛普遍存在于乡村社会的各个角落。虽然村中牛的数量极大，但村民不将其用于市场交易，而是用于犁地和驮运货物。在传统的乡村社会中，人们生于斯，死于斯，土地是村民最大的依靠，也是维系生命的最大保障。使土地得以有效耕种的牛，则是村中最重要的牲畜，牛被视为仅次于土地的家庭财产。因而，杀牛被认为有碍家庭的兴旺。但有的公牛脾性过于暴躁，极不利于农业生产的顺利进行，部分村民会选择阉牛。阉牛的目的是让牛更好地服务于农业生产。

阉牛，即用锤子把公牛的生殖器敲碎。阉过的牛性格会发生很大的改变，较为温顺，而且不能生殖。阉割一般是下午，主人家把牛牵到一块比较宽阔的坝子上，随后由一个道士先生（即师傅）和四五个帮手将其捆起来。师傅会选择在牛的东边、南边或北边等任意一个方向烧纸，但不能在牛的西边，因为西边寓意着死亡。烧纸的时候要准备一碗水、若干稻草和三根巴毛草。道士先生会在烧纸的时候念一些话，大致意思是：太上老君，急急如律令！希望这头牛长得肥肥大大。而后师傅会喝两口水喷洒给牛，表示避免一切不干净的东西。烧纸之后会把牛放倒，由师傅对牛进行阉割。为答谢师傅，要给其一升米、一元两角钱和一包烟。完事之后还要请师傅回到家里吃饭，如果很多人一起阉割，师傅会随意去一家吃饭。阉割的活动比较血腥，而且牛会挣扎，一般来说不让小孩子去看，女的过去也帮不到什么忙，也不会让女的去看。阉割之后的牛由牛的主人直接带回家。在之后几天牛的身体比较弱，不能吃节节草，这种草一节一节的，掐断之后还能接起来。如果吃了这种草就代表阉割白弄了。还有不能吃带有露水的牛草，这样对身体不好，因而在阉割后的一段时间，不能像以往一样早上六点钟割带有露水的牛草，而要在九点钟太阳已经完全升起来之后去打牛草。把牛阉割是一件很危险的事情，一旦师傅在阉割过程中把牛弄死了，必须赔偿牛主人一头牛的价钱。

猪是村中最为常见的牲畜，每个家庭都喂养猪。村民种植的玉米和土豆超过一半都将用于喂猪。猪是家中仅次于土地和牛的财产，猪的多少和重量是衡量家庭财富的标准之一。每年冬季或开春之时，村民都会买幼猪进行喂养，养猪这一重任主要由村中妇女承担。在当地，一年四季都有繁重的农活，频繁的体力活使身体的能量快速地流失，村民在很短的时间内常会遭受阵阵袭来的饥饿感。而猪肉的高脂肪可使村民在相当长的时间内处于饱腹状态，以便有更多的精力投入到繁忙的农业生产之中。养猪虽持续时间长，但村民能自主提供猪粮，喂养方式简单便利，既不需投入太多的劳动力，也不需太专业的技术，而且还能满足人们在日常劳务中的饮食需求，因而，猪肉成为村中最主要、最普遍的肉类食物。

鸡鸭喂养是村中较为常见的养殖。村中各家各户都会喂养一定数量的鸡鸭，喂养粮食主要是玉米。在当地，鸡鸭是仅次于猪肉的肉食，但与后者相比其提供的数量和频率则更少。逢年过节或有重要客人到来，主人家则会宰鸡烹鸭。此外，每逢重大节日，村民则会用鸡鸭祭拜祖先和神灵。嫁娶时，姑姑家则会挑着一定数量的鸡鸭，恭贺侄子大婚。村民遭遇难以医治的疾病时，户主将会给先生鸡鸭以此用于祭神和祛除污秽之物。鸡鸭在村中的使用，已渗透到人、神、鬼各层次，因而每户村民都会喂养一定量。但因难以提供足量的脂肪，不能解决村民的饥饿感，对村民而言鸡鸭虽重要但终究是猪肉以外的补充肉食。

二、现代化背景下的乡村经济

现代化就其本质而言是于市场经济中追求物质满足和精神享受，并获得与西方发达国家具有某些相似特点的过程。持传统生计方式的社会主体以实现谋生为目的，而在市场经济下的人们力求追求利益最大化。当传统的生计方式遭遇现代化潮流时，必将给社会主体带来种种不适。为满足乡村社会主体于具体环境下的需求，传统生计方式的转变已势在必行。一个民族的生计方式并不是对自然环境和社会环境的被动应对，而是该民族在针对其特定的生存环境，经由文化的创造和作用的结果。在这一过程中，一切取决于即时的环境因素，以及某种文化所自备的或取自外部的资源。或许正是这些要素的综合作用，构成了该民族生计方式的历史背景。对一个民族来说，其生计方式是其自然环境与社会环境综合作用的结果。但与社会环境相比较，自然环境更具有稳定性。改革开放以来，尤其是20 世纪 80 年代中后期以后，鲤鱼村与外部沟通日益加强，市场经济所附带的大众文化日益浸透于乡村社会的各个角落，社会环境的巨变，使以谋生为目的的生计方式转为以谋利为目的、以市场为导向的乡村经济。

（一）种植业

历经数代开垦和维护的田地，在村中老人的支持下，至今仍在种植水稻，以供村民自己食用。然而，以往用于种植土豆和玉米的大片旱地则在年轻人和中年人的强烈要求下种植市场更为需求的作物。

1. 药材种植

“夜郎无闲草，黔地多良药。”这句话道出了贵州是一个盛产药材的地方。20 世纪 90 年代以来，为了增加村民的收入，地方政府根据当地的气候、地形和土壤，无偿提供秧苗和种植技术，呼吁鲤鱼村村民将离家较远、肥力贫瘠的土地用于种植药材。村委会为了增加种植面积，将部分全村共有的公山和土地用于种植药材。20 世纪 90 年代末，在县政府的推动下，村民将部分用于土豆和玉米生产的旱地进行钩藤和三七药材种植。虽然，历史记忆使村民对粮食重要性的认识依然深刻，但因政府的补贴政策和对丰富物质的渴望，促使村民将部分用于粮食生产的旱地挪作药材生产使用。直至今日，鲤鱼村药材生产虽没有形成规模，在村民经济收入中也没有占多大的比例，但政府和当地人仍时断时续地种植小面积药材，以作尝试和探索。

2. 竹子种植

竹子种植在当地人心中具有极其重要的地位，它的兴起只有七八年的时间。鲤鱼村地形以山地为主，村中土地面积远远的少于山地的面积。山中主要以树木为主，但同时荆棘遍布，许多山林中生长了不少竹子。在那时村民虽然知道竹子珍贵，但是竹子主要用来做菜，并要拌着猪油才好吃。虽然山中较多但不能卖钱，所以即使是在自家山林里的竹笋，如果别人去掰，村民也觉得无所谓。

20 世纪 90 年代末期到 21 世纪初期，镇政府要求人们种植竹子，可村民反应消极。在他们看来，自家山林里每年生长出来的竹笋都吃不完，多余的又不能卖钱，留在那里岂不浪费。所以他们对政府的提议熟视无睹。2005 年，地方政府为了促进竹子产业的发展，用大卡车拉来了一车竹秧，这些竹秧以户为单位平均分配。由于村民没有种竹秧的经历，所给的竹秧几乎全死完了。村民对此唯有感叹自己又白干了，但是并没有想过去其他地方挖竹秧种植。

2008 年，村中来了一位外地老板，大肆收购鲤鱼村的竹笋，对村民来说村子里长在山林中的竹笋能卖钱，这还是头一遭。最初只是妇女在山林里掰竹笋，但随着家中的农活忙完，并且人们发现掰竹笋卖给外地老板，一天能挣七八十元。在那时请男人干重活一天只给 20 元，而女人相对较少，每天只有 15 元。对生活在鲤鱼村的农民来说，在家赚钱的机会是很少的，好不容易遇到这种赚钱的机会，他们岂能错过。于是有的家庭夫妻二人一起掰竹笋，有的甚至全家连老人小孩都去掰竹笋。由于竹笋本身的特性，在晴朗的日子里，是没有多少竹笋可掰的。在竹笋生长的时间段，村民最渴望的就是下雨天，下雨时竹笋生长得最快。他们必须在天还没有放亮，最多凌晨四五点时，就从家中出发。如果去得太迟，村里的其他人会早先一步把竹笋给掰完。下午两三点时，从山林中出来，一起去的许多人将在此地结合，随后把竹笋背去卖。当得知竹笋能卖钱时，许多村民跑着去别人家的山林里掰，这在以前是一件正常的事，估计山林的主人会大方地说一句：你随便掰吧，想要多少自己掰多少。但现在可不同了，村民一旦发现有人在自家地里掰竹笋，马上就把这个人抓住，然后全部没收他的竹笋，即使有许多不是在他家的山里所得。同村关系熟的村民，第一次抓到的时候都会原谅对方，但会警告他不要再来。因为这些竹笋在村民眼里都是钱，所以对自家的东西他们会努力去保护。但是竹笋的价格实在让其他村民难以自律，常常会趁山林主人不在的时候，偷偷去山里掰竹笋。有的村民不幸被抓着，常常会与主人理论。到最后双方大打出手，这样的事件不在少数。在那时，曾有一段时间，因为掰竹笋，村中纠纷事件急速上升，创近些年来民事纠纷数量最高。一部分村民为了避免与其他人发生矛盾，就去公山掰竹笋。由于村委会明确规定不能随意地到他人的山林里掰竹笋，如果进去被抓到将处罚极高的罚款。这一乡规民约的执行，使村民的行为受到了极大的制约。由于不能到别人的山里掰竹笋，但村民又不想放弃挣钱的机会，所以纷纷去公山里掰竹笋。公山中人数越来越多，在里面掰竹笋的村民每日的收获就相应的变少。几年过去了，村民发现不但年年有外地老板来此收购竹笋，而且竹笋的价格每年都在缓慢地增长。村民发现，即使竹笋价格变高，但是依然挣不了多少钱，因为竹笋种植面积就这么大，这严重地制约了竹笋的产量。自 2010 年起，村民去公山或亲朋好友那儿找竹秧，有的甚至花钱去外地购买竹秧。他们把所获得的竹秧栽种在自家的山林里，有的分几批栽种。以前村中用来种玉米和土豆的土地，特别是那些离家较远、土壤贫瘠、四周有高树的土地，其中有很大一部分都被村民栽种了竹子。看着栽满竹子的山坡和土地，村民总会喃喃自语道：再过几年我种植的这些竹子，每年的产量都可以卖上一两万元，再加上种植的天麻，我用得起多少钱啊！每年挣的钱都用不完的，那时我还出去打什么工。

2013 年，政府特意拿出一笔钱鼓励鲤鱼村种植竹笋，这一做法更加的刺激了村民种植竹笋的激情。其实就算政府不这么做，村民依然会种植竹笋，因为他们看到了竹笋的良好经济效益。如今的鲤鱼村，村民没事儿聚在一起的时候，就会互相谈论自家有多少竹笋，什么时候种植的，种植的是什么品种，每年收入是多少等。若在以前，村民相互见面第一句话就是：吃饭了吗？没吃的话这儿离我家近，去我家吃。而今村民见面最开始谈论的通常是：听说你家的竹子今年可是大产，赚了不少钱吧，要不传授点致富经验。村民在谈论自己的产业时，通常有三种情况：第一种是如实向他人讲述自己种植业的产量、总额；第二种是过分地夸大自己的收入；第三种就是讲述时特意地减少自己产业的数量和收获的总金额。就现今而言，鲤鱼村竹子产业将有可能是今后村民主要依赖的产业之一，外加政府的支持，它所走的路程曲折程度相对较低。

3. 植树造林

2000 年年初，当地政府提出退耕还林的政策，理由是近些年来由于植被砍伐严重，多地已经出现滑坡、泥石流等自然灾害，每到夏秋两季自然灾难发生的次数更胜往昔，人们认为这与村民大量砍伐植物有关，所以鼓励村民多多种树，以便实现防洪固土。这一政策提出的时间点可谓是选得恰好合适。依据当时村民的生境，就算政府不提出植树造林，村民也会去做的。面积较大的土地，耗费了村民较多的精力，然而收获在市场经济中仍难以满足村民需求。村中土地也就是在这一时期锐减的，起初政府用卡车拉了许多树苗过来，有梨子树、苹果树、桃子树、板栗树、核桃树，但是平均分到每户人家，数量依然是少得可怜。许多村民去自家山林里拔树苗，有时候一天两三个人去，一拔就是一两万棵，这些树苗主要是杉树。最初村民所拔得的秧苗全部种在自家的山地里，直至将山地种满。

在鲤鱼村没有哪一个家庭靠种植庄稼挣钱，一心扑在庄稼上的村民在村中是不受村民待见的。在人们看来，虽然你有这么好的劳力，但却用错了地方。当地地形是以山地为主，这就决定了本地农业生产方式完全靠人力，而不能使用任何的机械进行操作。村民在冬天的时候就要开始拿着锄头戴着手套去挖地，把这些地挖出来经过霜冻，把土里的害虫冻死。过完年，村民又要再一次挖地，因为土地里长满了杂草，如果不去除这些杂草，一方面，不利于庄稼的成长；另一方面，其他村民看到他家的地里长满了草，人们就会说：难怪他家每年种的庄稼都不够食用，你看地里都长满杂草也不见清理一下，这样的懒人能种出好庄稼那才是怪事。农历二月初不管有没有锄完地，村民都要种洋芋了，三月初开始种玉米。四五月必须给种植的作物除草和施肥。种植的农作物所需要的成本是极高的。村民哀叹的是，一方面买化肥所需金钱太多，另一方面种庄稼实在不划算。部分村民辛苦了一年，种出来的玉米只能勉强度日，许多农户还要包车去其他地方买玉米。没事儿的时候村民会聚在一起计算种庄稼是否有赚头，结果除了成本和自己的劳动力外，根本就没什么剩了。有些时候村民常会哀叹与其在家种地还不如出门打工。但是妇女这时就会说：如果不种地以后想吃点新鲜蔬菜什么的多不方便啊，不种地你的几头猪靠什么来养呢？丈夫这时会讥讽道：你每年都在种地，而且还有全家人都跟着种，那为何在庄稼刚收获时就让我去买几千斤玉米。妇女对此无言以对。起初许多家庭夫妻，常会因土地的使用发生争执，妇女坚持把土地用来种庄稼，不但如此，还去开耕了大片的荒地。而男子认为种庄稼时常亏本，最好的状况也只是粮食够吃，但从没有发生粮食吃不完拿出去卖的事情。在他看来仅仅有吃是不行的，还要能挣钱，没有钱怎么生活。所以他认为必须转换土地的使用方式，土地不应该一味地用来种粮食，种庄稼再也满足不了时下生活所需。

在市场经济下，村民发现粮食种植实在是无利可图。所以自 2005 年开始，村民开始在自家地里种植树木，在这之前离家稍远、土质不好的土地里，村民也种植了大量的树木，不过这些树木都是杉树。在村中杉树种植历史悠久，在很早的时候村民就会在自家山林和较远的地里种植杉树，因为杉树一直可以卖钱，只不过价格起伏不定。另外一点，对村民来说杉树更大的用处是可以用来制作家具。在鲤鱼村，那个年代村民的家具都是请村中的木匠制作，但前提是必须自己提供木材，而杉树是制作家具最好的木材。很大的杉木甚至可以用来做棺材，很多村民在年过半百之后就会早早地给自己准备一口棺材，这是为了避免哪天自己忽然死去，一时半会儿找不到棺材的困境。因而，在鲤鱼村种植杉木是很实用的，如果家中杉木够多还可以出售。此外，核桃树、苹果树、梨子树、桃子树等种植的地方，也由山林转向土地，村民每年都往自己的土地上种植树木。种植在土地里的树木属于退耕还林的一部分，每年可享受到政府一定的补贴。近几年来，村民的耕地面积越来越少，而鲤鱼村的植被面积越来越大。曾经的土地，如今全是树木。有些农户屋前屋后全被树木遮挡。村民耕种的土地日渐变少，部分村民为了有更多的精力寻求利益，只种一个菜园子。这些种植的树木生长迅速、成长周期短。有的只需七八年就可使用或获取利益。部分家庭因为树木略多，自己在一定时间内用不到，所以会卖出一部分树木给当地人，以此增加自己的收入。但这种现象极少，因为人们相信再多的树木，也会有用到它的那一天。从目前趋势来看，植树造林这一项目就算政府不去推行，村民也会积极地去实行。因为植树不仅可以产生经济利益，而且村民能在短期内获得。如今，鲤鱼村经济林环绕到了村庄各个角落。

（二）养殖业

村中最为著名的养殖业是中华鲟、娃娃鱼养殖场。该渔场是在县政府的帮助下，由一位贵阳老板于 2000 年年初创建的。水产业养殖场——鲤鱼龙潭水流清澈见底，水质高，可直接作为饮用水，常年恒温保持 18℃，富含锶等多种矿物质。鲤鱼村龙潭不仅为当地群众提供甘甜的饮用水源，更为养殖中华鲟、娃娃鱼等珍稀鱼种提供了条件。在兴仁县畜牧局等部门支持下，兴仁县金鲵野生动物养殖有限公司获得国家特种养殖及经营许可后在鲤鱼村龙潭引进娃娃鱼、中华鲟等珍稀野生鱼类进行养殖。截至 2017 年，养鱼场拥有世界上现存最大的也是最珍贵的两栖动物娃娃鱼。娃娃鱼学名大鲵，主要分布于湘、鄂、川、黔等省区清凉湍急的山地溪流，因其叫声如婴儿啼哭，所以被人们称为娃娃鱼。娃娃鱼肉质鲜美，富含人体所需的各种营养物质，近年来，在全国部分地区进行人工养殖，具有良好的市场前景。鲤鱼村龙潭独特的水质，成为娃娃鱼以及中华鲟、日本金针鱼、美国红针鱼的理想养殖场所，目前，该公司的特种野生鱼养殖数量已达上千条（尾），市场供不应求，年创收在百万元以上。每到年关时节，养殖场老板都会给每个家庭送十斤中华鲟过年，本地村民若在渔场购鱼，将会获得相对便宜的价格。许多慕名而来的外地人，常自驾来渔场购鱼、吃鱼，这不但打开了当地的知名度，同时也带动了相关产业的发展。为了顺应市场发展，2012 年渔场老板在原有规模的基础上，向当地村民购买了一定数量的土地，扩大了养殖场的建设规模，并建设了相应的休息场所和服务场所。

（三）村庄企业

1. 鲤鱼村龙泉矿泉水公司

该村水资源富足，有三角坝水库，水库面积近约 0.7 平方千米，库容量 400 余万立方米，库区面积达 1 平方千米。有鲤鱼坝大小龙潭，其水质清纯，清澈见底，四季恒温、恒量，富含人体所需的多种微量元素，是天然的优质高锶泉水。2005 年该村建成鲤鱼村龙泉矿泉水公司，从该潭取水建成鲤鱼村龙潭水厂，辐射镇区达 95%以上。当地村民所饮用的矿泉水，可免费从鲤鱼村龙泉矿泉水公司获取。当地村民可到矿泉水公司上班，业余之时还能照顾家中，这为既要挣钱又不想离开家乡的村民提供了选择的机会。近年来，因村民对矿泉水公司所支付的工资不满，一段时间内公司和村民矛盾激增。矿泉水公司为增加盈利，不断购买土地修建工厂，同时为了缓和与村民的矛盾，提升了村民在工厂的工资。

2. 村庄酒厂

为增加收入，部分村民将粮食进行深加工，从中赚取利润。鲤鱼村开设有三个个体农户酒厂。以稻米、玉米为原材料制酒。村中有多余粮食的家庭，酒厂负责人将会对其进行收购。鲤鱼村最出名的酒是薏仁米酒，口感极好，外加地方政府的有力宣传，该酒在其他乡镇也颇有名气，许多外乡人特意来此地买薏仁米酒，这使当地酒业发展极具潜力。

第二节　土地：村民生计方式中最为重要的生产资料

在以务农为主的农业社会，土地在村民的生计中长期扮演着重要生计资料的角色。即使市场经济如今已充斥于社会主体生存的每个角落里，土地依然在乡村社会中起着一定的社会作用。集体记忆对土地的固化观念代代相传，并不断地影响后来人。通过对土地的描述，不仅可以认识持有主体的价值观和其所附带历史文化现象，而且还能洞悉村民生计方式的转变及在特定背景下乡村主体所做的调适。

一、嵌入地方社会中的土地

在以务农为生存手段的鲤鱼村传统社会，土地是村民立足的根基和生存的保障。土地是家庭真正的基础，没有土地，家庭就无法定居，家庭成员也不会有安全感。[1]传统社会时期单一的收入方式、贫乏的物质生境，使土地成为最主要的生存资源。由于土地的重要性，在长期的历史过程中不断地被持有主体赋予文化意义，通过对土地使用的探究可洞悉鲤鱼村传统社会认知系统和生境状况。

（一）当地人眼中的土地

鲤鱼村人相信生命可以通过孩子延续，只要代代相传，永不间息，先辈能以永生的状态存在。因此，保持家庭的永久延续是对祖先的最大义务，绝后不仅意味着后人的无能，也意味着家庭的终结和祖先的死亡。而土地是香火得以延续、后人得以生存的最基本物质保障。

鲤鱼村每块土地都是数代人辛勤开垦的结果，在土地为最重要生产资料和最主要经济收入来源的传统社会中，它是家庭生存的保障。当地人认为最有价值的就是土地，对他们来说，大量的土地和肥沃的农田才是财富的真正标志。在鲤鱼村，当一个家庭逐渐富裕之后，主人会尝试购买田地，但很少会有人售卖田地。卖地之人会被村民歧视和嘲讽，在人们看来他不但没有为家庭增加固定财富，反而败光了祖先和后人于本地立足的物质财富，这样的个人或家庭将遭受同村人的排斥。

鲤鱼村村民对土地的记忆、使用和认知是各族文化长期融合的结果。在乡土社会，土地是生存的保障，也是个人乃至家庭生于斯、死于斯的保障。家庭想要稳定就必须依赖田地，后者的不可移动性和生产的稳定性使村民逐渐安定下来。[2]土地成为村民认知个体或家庭最直接的方式，鲤鱼村群体既强调婚恋自由

---

[1] 杨懋春.一个中国村庄——山东台头［M］.张雄，沈炜，秦美珠，译.南京：江苏人民出版社，2001：48.

[2] 张光红.民族地区农村土地使用现状及未来趋势——以贵州剑河小广侗寨为例［M］//张清.人文世界——区域·传统·文化（第七辑）.贵阳：贵州大学出版社，2016：418.

又注重婚姻对象土地数量的多少。在当地人看来，一个家庭即使贫困不已，但土地数量若不断地通过垦殖、购买等方式缓慢地增加，这是一个不断上升的家庭，在村民看来贫困只是暂时的，不少女孩会选择嫁入这类家庭。若一个富裕之家选择向他人售卖土地，即使其财富在当地首屈一指，但本地人认为，这是一个走下坡路的家庭，土地是家庭生存的根基，随着其不断地减少，该家庭若干年后将衰败不已。人类有两种行为：一类行为的目的是在忍受现在的痛苦，创造未来可以享用的效用；一类行为是享受的本身。前者是生产行为，后者是消费行为，一是痛苦的生活，一是享乐的生活。[1]而在当地人看来，只有不断地生产才是生存的保障，而土地为生产提供了条件，因此村民把土地面积的增加视为极重要的事件。为家庭增加土地面积的村民，人们从不吝啬于对他的称赞和颂扬，若其具备良好的行为规范，他将在本地获得良好的声誉，这个家庭也被人们视为学习的对象。土地是财富的体现，个人能力最直接的表现方式是土地面积的多少。对年轻人来说，良好声望和崇高地位的获得，不仅使地方文化规则内化于心中，使自己成为一名谨守社会规范的村民。同时，外在物质获取是获得社区认可的方式，而被人们赋予文化意义的土地在这之中扮演着重要的作用，它使村民不断地被赋予意义，塑造人们的社会行为和认知体系。村民根据需求也在对土地进行意义的调整。

（二）土地与社会关系的建构

以土地为重要生产资料的乡村社会，受气候、土壤、生产工具、地形等因素影响，农事生产活动具有季节性和间歇性。土地种植是村民生产活动的中心，在以务农为生存手段的鲤鱼村，每到农忙时节都被置于最为重要的地位。如何翻地、储水、育秧，怎样在规定的节气内成功地于田土中种植，成为村民最为关心的事件。

在鲤鱼村，农业生产在许多时候需要多个人相互配合才能完成，单个人从事劳作不但生产效率低下，且许多需要多人合作的农活无法完成。部分家庭经过不断地细分后，形成以父母和未婚子女为主的核心家庭，在这样的家庭中年幼的子女由于身体发育和年龄原因难以承受劳动所带来的痛苦，劳动力的不足和需合作性才能完成的农事，因为家庭劳作成员的缺乏常常发生在规定时节内应完成的农务被耽搁的事件。与此相反的是，部分家庭由于拥有充裕的劳动力，每到农忙时节总能在规定的时间内完成农业种植，个别家庭则提前完成，在下一个农事生产

---

[1] 费孝通，张之毅．云南三村［M］．天津：天津人民出版社，1990：116－117.

到来之前这些家庭成员处于闲置状态。在此状况下，为了顺利完成农业生产和充分利用闲置的劳动力，缺乏劳动力的家庭和劳动力过剩的家庭采取合作方式，这就是已入期颐之年的王爷爷观念中换工的最初来源。随着当地社会的不断发展，虽一直受迁入该地的汉家文化影响，但是逐渐呈现出核心家庭为主、主干家庭为辅的家庭模式。经过数代鲤鱼村先辈的开垦，土地资源的有限性愈加地显露，这直接使提供生命的物质资源在数量上受到限制。为了代际之间的顺利传承，每对夫妇在家庭可承受的范围内进行生育。家庭模式和家庭人口数量的转变，使一个家庭难以完成合作性的农事生产，换工成为村民最好的选择，物质生产需求是换工兴起的原初动力。

20 世纪 30 年代末，著名人类学家费孝通先生由于战争原因，历尽千辛万苦抵达昆明，并在亲戚及朋友的帮助下在离昆明 100 千米的禄县从事田野调查。在禄村从事农田探究时，他发现换工在农事生产中具有重要的作用。农作活动中许多工作是集合性的，换工可以使家庭农业生产顺利进行，同时也为利用家内自有劳动力提供了机会。他进一步指出，在禄村由于换工对象、性别、范围的不同，村民采取截然不同的应对方式和规范措施。[1] 与之对比，鲤鱼村换工与禄村存在许多相似之处，但也有明显的不同，最大的差别是鲤鱼村以换工建构社会关系、确认社会网络这一特征极为明显。

每年农忙时节频繁的换工在鲤鱼村已成为一种常态，经过多年的发展和文化意义赋予，它不仅具有农业生产中合作互助的功能，同时也扮演着社会关系的连接、确认和建构的效用。在鲤鱼村，村民之间的关系虽然整体上保持着较为稳定的状态，但每年都有小范围的变化，这一现象可从换工中得以映射。当村民寻找换工对象时，首要考虑的是与自己关系最为亲密的对象，被寻者与寻找对象的关系依顺序而递减，这一行为表明对方在以自我为中心所形成的关系网中所处的结点。这一网络结构与费孝通教授的差序结构极为相似。在他看来，我们的社会结构就好像把一块石头丢在水面所发生的一圈圈推出去的波纹。每个人都是他社会影响力所推出去的圈子的中心。被圈子的波纹所推及的就发生联系。[2] 也就是说每个人都有一个以自己为核心而建构的社会关系网络，即社会结构。这个网络就如渔网一样存在着诸多的结点，离自我最近的结点是关系最亲密的人。所以最先被询问换工的人，询问者将他纳入离中心最近的结点，即最亲密的人。频繁地换工也是确定两者

---

[1] 费孝通，张之毅．云南三村［M］．天津：天津人民出版社，1990：86–87.

[2] 费孝通．乡土中国 生育制度［M］．北京：北京大学出版社，1998：26.

关系主要方式之一。每年村民的社会关系通过换工得以确立、巩固。

在鲤鱼村，换工不仅具有确认和巩固社会关系的功能，同时也有联结、创造关系和缓和社会矛盾的功能。每当换工时，许多主人家的劳务人员由好友、血亲或姻亲等构成。他们之间彼此不认识，但在换工过程中，若彼此性格相合，互为赏识，有意长期联系，他们会提出互为换工的请求，从而借此创建社会关系。村庄是情感纽带和物质利益追求驱使下产生结合的共同体。人类的需求、资源的有限性和情感的非理智型，使村庄各种纷争和矛盾时有发生，社会规范较为健全和完善的社区会使其在爆发之前得以成功消弭。换工在鲤鱼村起着消弭矛盾、冲突的作用。当有矛盾的村民发生冲突后，同村人会规劝理亏的一方主动认错，许多时候后者也乐于向对方认错。村民认为，生活在同一个村庄，抬头不见低头见，这会使仍有矛盾的双方显得更加尴尬，而且在许多村庄事物上需要彼此间的合作。认错的最主要方式就是换工。当处于矛盾中的人向对方请求换工时，表示请求者已承认在这一冲突中拥有更多的过失。此被请求者一般都会选择接受换工，若拒绝其个人和所在家庭将会遭受村民非议和排斥，后者认为其做法在于扩大村庄冲突与矛盾，不利于村民稳定而和谐的生活需求。

（三）基于田土之上而形成的地方性社会规范

田土于鲤鱼村的重要性使其衍生出与社会主体密切相关的社会规范，这些地方性社会规范于不同的时期形成，并不断累积和传承，渗透到社会生活的各个角落。人们将在具体时期、具体生境于民族地区形成的规范称为民族习惯法。所谓民族习惯法，是指由少数民族或民族地区的社会组织约定的一种民族性、区域性的人们的行为规范。关于民族习惯法，有不同的称谓。有的叫“规约”，有的叫“款约”，有的叫“章程”，有的叫“古法”，有的叫“榔规”，有的叫“民法”，有的叫“规矩”，有的叫“料条（规条）”，有的叫“阿瓦俚”。[1]而鲤鱼村是以“款”的形式存在。

“习惯法”一词，是经由近代西方法学、民族学等学科传入我国并采用的。吴大华通过田野实践和理论探究，认为习惯法之所以能在民族地区沿袭下来，主要基于三个原因：一是民族地区统治者鞭长莫及，所谓“听调不听宣”“大抵人物犷悍，风俗荒怪，不可尽以中国教法绳治，姑羁縻之而已”“蛮夷之俗，不知礼法，与中国诚不同”“不必绳以官法”。民族地区在古代被视之为“蛮荒”“化

[1] 吴宗金．中国民族法学［M］．北京：法律出版社，1997：56.

外”之地，故习惯法能保存良好且有一定发展。二是民族地区法制不健全。中国古代法典刑法规模发达，但关于钱债、田土、户籍、婚姻等方面的民事法律规范简陋，传统法律文化中存在“厌讼”意识，且民族地区的头人为控制本民族人民，也严禁“私自奔告”。三是王法与民族习惯法相辅相成，甚至出现过朝廷王法与民族约法相互援用，使少数民族的习惯法有一个长期蕴存的客观条件。[1]在吴大华看来民族习惯化得以延续、传承，虽有民族自身努力成分在内，但更多的是外部客观条件的原因。笔者通过对鲤鱼村村落的田野调查，发现其习惯法的传承方式有碑刻、文献记载、村中长辈言传说教、歌曲传播、神话故事等。而这之中与土地或由田地延伸出来的习惯法最为常见。

从村中 90 余岁的王爷爷处得知，曾在清朝的某一段时期，村中因偷盗现象致使村民纠纷不断，此事严重地影响了村民的日常生活。被偷取的主要以粮食为主，在那个时有饥荒发生的年代，粮食的获取和贮藏胜过一切，它是生命的保障。虽然人们对盗贼施以惩罚，但盗窃却没有停止的迹象，这严重地影响了当地人土地耕种的积极性和热情度，致使部分村民耕种田土时耽搁应播种节气。针对这一情况，寨老联合村中威望较高的老人共同商议应对方法，最后一致决定，凡是于土地中或其他地方偷盗粮食者，必须杀牛宴请全村，以此才能获得村民的宽恕。对农家来说，牛的重要性仅次于土地，许多家庭不惜花数年时间喂养一头牛，以此分担农村沉重的农务。因此，即使牛极具市场价值，但很少有村民售卖牛，在他们看来牛是仅次于土地的固定资产。最初数名村民因在土地偷盗即将成熟的粮食被抓后，其所在家庭在全村的压力下被迫杀牛宴请，此后村中偷盗事件逐渐消弭。寨老发现这一规范极好地维护了乡村社会的安宁，遂与其他威望较高的老人把更多关于不同种类的偷盗事件置于这一习惯法之下，并做适当的修改。寨中长辈把这一事件编成故事，并口耳相传，借此告诫后人。

因田土而形成的地方习惯法，不但种类众多，且形成较早，它对鲤鱼社会的安定与和平起着重要的作用。在鲤鱼村，由于田土历经世代的析分，早年的大块田土而今已变得支离破碎，一片田土通常由几户甚至十余户人家占有。村民因田土而产生不少纠纷，甚至为此大打出手。寨中长辈为此制定了与之相关的乡规民约，历经多代的补充并逐渐得以完善。田的使用离不开水，寨中以田地的分布划分了相应的社会组织，并承担与之对应的责任。因田地而形成的社会规范涉及鲤

[1] 吴大华.论民族习惯法的渊源、价值与传承——以苗族、侗族习惯法为例［J］.民族研究，2005(6)：11-12.

鱼社会的诸多方面，这些既有的习惯法是多代人智慧的结晶，是在不同生境下不断调适和整合的结果。

（四）土地使用与节日产生及文化意义

关于节日的定义，从人类学的视角出发，是指一个国家或一个民族及一个社区具有一定浓厚民俗文化或有特殊纪念意义的日子。[1]节日起源于何时呢？20世纪美国人类学家摩尔根在其名著《古代社会》一书中讲道："在易洛魁人当中见到六种一年一度的宗教节日（枫树节、栽种节、浆果节、青谷节、收割节、新年节），这些都是联合成一个部落的所有氏族的共同节日，在每年固定的季节中分别举行这些节日的盛典。"[2]从其中可看出摩尔根认为节日起源于人类氏族社会部落时期。《尔雅·释天》云："夏曰岁，商曰祀，周曰年，唐虞曰载。"《周书》言："惟十有三祀。"从中可知，包括年在内的许多传统节日是由祭祀演变过来的。

罗康智通过对黄岗侗族节日田野调查发现，任何一个民族的节日安排都不可能是随心所欲的，都必然会与特定的时空场域结合起来，而时间的进程、空间的位置又具有相对的稳定性，因而所有节令的安排都必须以特定的时空场域为转移，为此他将黄岗侗族划分为四类：其一，计时制度类；其二，社区和谐类；其三，生产节令类；其四，村社规约类。[3]邢莉进一步指出，节日的产生与自然生态环境和生产方式存在着密切的关系。每个民族都生活在一定的自然生态环境中，特殊的生态环境决定人们特殊的生计方式。节日时间是一种社会劳动节奏的秩序，民众个人行为实际上也是一种集体行为，而与自然协同，一方面表现民众的生产行为受其制约；另一方面，也表示在特定的生态环境和文化场合中，社会的生产得以实现，人类的生存得以保障。[4]鲤鱼村苗族节日超过一半直接或间接与土地使用有关，更多地侧重于土地中生长的植物而形成的节日。从节日扩展范围角度来讲，鲤鱼村苗寨节日可分为两类：一类为家庭节日，一类为公众节日。所谓家庭节日，是指具有血亲和姻亲关系的寨民聚在一起吃饭、谈话的节日，如端午节、七月半。而公共节日是指整个寨子某个年龄段或所有年龄段的居民，聚在某一固定场所欢庆的节日，如对歌节、食瓜节、尝新节、食梨节等。经过调查统计，鲤鱼村以公

---

❶ 张伟权.土家族节日研究——以龙山县土家族节日为例［J］.湖北民族学院学报：哲学社会科学版，2006（2）：1.

❷ 路易斯·亨利·摩尔根.古代社会［M］.杨东莼，等译.北京：商务印书馆，1977：79.

❸ 罗康智.侗族节日设置的层次类型及特点分析——以黎平黄岗侗族为例［J］.长江师范学院学报，2014（5）：20.

❹ 邢莉.民族民间节日的价值体系及保护原则［J］.河南社会科学，2010（3）：22.

共节日为主，而以家庭节日为辅，而大多公众节日与土地所种植的植物密切相关。土地使用时期正是鲤鱼村劳动强度最高时节，频繁而又密集的节日安排，可以使节日和劳动交替进行。在劳动中村民们盼望着下一个节日，节日过后他们又精力充沛地投入劳动。他们的生活就是劳动与娱乐的循环过程，是十分充实的。[1]通过对土地使用、劳作生息及其作物种植而形成的节日的探究，可以对鲤鱼村风俗习惯、生产活动、认知系统、社会规范等达到一定程度的了解。

鲤鱼村节日的形成大多与土地使用相关，许多节日以土地或土地中生长的植物为形成依据。部分节日是因为于土地间频繁的农作劳动，使村民难以忍受，创建相应的节日，可以在休息、娱乐、相对充足的饮食后投入到下一次农业生产中，节日期间大家聚在一起共同商讨换工和农业生产计划，确定未来一段时间内的农事安排。这也就是为何夏秋节日最为繁多的主要原因之一。土地的充分使用，使与之密切相关的节日内容更加丰富，通过对节日的探究，能折射出土地于当地社会某一历史时期的使用状况和所处位置。同时，依据土地形成的节日为人们提供了一个相互沟通和理解的公共世界。传达出某些民族共享的文化知识和它观察生活、了解世界的认知，充分显现着民族文化的价值意识和原型。[2]

二、现代化潮流下社会主体与田土关系的调适

（一）改革开放初期田土分配原则与状况

在村民看来，鲤鱼村是人与田的集合，祖先开垦田地、梳理沟渠、辛勤劳作是鲤鱼村永不褪色的话题，茶余饭后、乔迁之喜、节日之庆村民们总会谈及祖先对后人的遗赠。对后人影响最大的莫过于祖先遗留下的田地，它不仅给土地持有者提供物质上的需求，也是社会组织形成的依据。从田地使用的变更可以映射出村庄的变化状况，田地的分布和耕作反映了村落间的人际关系和村落组织。

登山环顾，鲤鱼村落状况清晰地映入眼帘。一排排的房屋沿路而建、随河而起。沟渠遍布于田野之间，小道与之纵横交错。极目远眺，山坡上仍可隐约地看见一片片被开垦出来的田地。鲤鱼村有如此宽阔的田地，是无数代先辈努力的结果。田地的耕种与扩展需要农村主体的合作努力，与之产生的社会组织嵌合于田

---

[1] 林耀华.金翼——中国家族制度的社会学研究［M］.庄孔韶，林宗成，译.北京：生活·读书·新知三联书店，2008：69.

[2] 孟慧英.从多元文化视角看民族传统节日［J］.中国社会科学院院报，2006（1）：3.

地耕作中。

家庭是社会组织的基础和村落构成的细胞。鲤鱼村田地基本归家庭所有，在这里并没有特意留出一片田地归家族和村庄所有。1982 年国家开始划分集体田地，实行分产到户，按照家庭成员分配农田，当时所有的田地都被划分到家庭中，因此人们常会感叹:“1982 年出生的孩子是没有田地的，因为村子里没有多余的田地给予他们。”如果村民说那是一个没有田地的人，并不是说他及其家庭没有土地，而是指他是 1982 年出生没有赶上分田地的人，他现在所拥有的土地是从父亲的家庭中析分出来的。与鲤鱼村相邻的隔壁村对田土的管理实施的却是另一套截然相反的制度。该村规定村中无儿无女的老人，由村民小组集体出钱供养，死后其土地划归 1982 年以后出生的男女，因此在该村常常见到一块不大的田被划分成许多部分。20 世纪 80 年代鲤鱼村土地的划分是以村民小组为依据，按户进行分配。一片宽阔的田地，通常由几家甚至十几家划分，田间界线模糊、田地面积狭小、引水分配困难等都是必须面临的问题。

中华人民共和国成立后，鲤鱼村的田地经过一系列变革，所有权已发生改变，原先的个人土地变成集体所有。直到 20 世纪 80 年代，国家实施田地分产到户，田地又转化为私人承包。由于分配原则是以村民小组为基础，因此一块大的田地往往由几个姓氏所有，土地划分原则和后期土地不允许买卖致使这一现象长存于鲤鱼村。村民小组析分田地的过程中，把水源良好，土壤肥沃的田地划归为一段田；水源好，土壤肥力次之的分为二段田；水源次之，土壤一般的田分为三段田；水源短缺，土壤肥力不足的划归为四段田。村民划分时，为避免纠纷把不同类型的田平均分成若干等分，把这些田的名字写在纸条上，并且把它们放置在容器里，每家派出一人进行抽取，纸条上所写的田就是自己的。

（二）沟渠引水制度——具体生境下民族智慧调适的结果

对种田人来说，沟渠是田地的命脉。一条好的沟渠意味着水源供给丰富。沟渠的开垦和维护是种田人的一大问题。鲤鱼村田地历经各代祖先的开垦和扩展，已有一套完善的水利灌溉系统。然而 20 世纪 80 年代至 90 年代，随着人口的增加，村民又扩展了一批土地。对于田地的扩展，村民各选其地。由于单一田地开垦在某一偏僻之所，容易遭受林中和山地的虫害，所以这一时期村民结伴开辟田地，田地相邻的家庭要么有亲属关系或有良好的友谊往来，田地连接最好的方式是情感纽带。如今，若仔细观察，能从 20 世纪八九十年代开垦的土地查看出村落间人际关系网络。引水是种田人的永恒话题，鲤鱼村的农耕文化具有悠久的历史，在这期间经过历代祖先的不断完善，已形成一套完善的沟渠、引水、分水系统。鲤鱼村的沟渠大部分是先人所造，但是维护和修理沟渠是每代人必须承担的义务。沟渠的维修是以它所经过的田地为单位，凡是在这一条渠中引水灌溉农田的村民，不论为何姓氏和组别都必须参与进来。这说明农事活动是地域纽带，优于血缘和政治组织体，因为地缘使不同姓氏的家庭为农事和共同的利益组合在一起。鲤鱼村田地沿沟渠而分布，当沟渠每经过一块农田时，就有相应的分水流，水流就从此流口流入农田。分水流较大的需要用一节竹子放在此处，对水流量进行限制，以防其他农户田地没有水使用。早年时期，鲤鱼村盘南地区的农田用水主要来自洞合，洞合是田地用水的发源地，通过深挖小沟和修筑沟渠水流被引到岑昂川，自此而下水流将流到各家各户的农田。但是，每年到农田大量用水期，农田用水常常处于缺乏状态。当农民全部打开分水口时，与水源相近的农田将会优先获得水量的注入。而离水源较远的农田只有少量或甚至没有水流入田地。为了农田水稻的正常生长，村民常常整天看着自家分流口，以免被别人堵上，有时甚至几个家庭共同合作。

例 2-1：王某，男，45 岁，鲤鱼村苗族人。据其回忆，20 世纪八九十年代最常做的事情就是每年用水紧张时期，他会整天待在田里，负责给田地注满水。王某家许多田位于盘南平坝，这些田离家近但离水源较远，大多是二段田和三段田。雨水丰富时期，他家田里经常注满了沟渠水，不用为田里缺水而发愁。但是每当水稻生长到大量用水期，并恰逢干旱之时，农田常会陷入缺水的困境。这时村民会纷纷打开分流口往自己田里引水，田地离水源越近就能把更多的沟渠水引入到田中，离水源稍远的田地所引入田的水就相对较少，而在平坝地区的田地在用水紧张期沟渠根本就没有水可引，在这一时期每个家庭齐开分流口，沟渠中少量的水都被离水源较近的田引用完。平坝村民为了获得水资源，就必须想办法使沟渠的水流入自家田地。因此，他们每天清晨查看农田引水，凡是田里有水就将分流口堵塞。水量在上游没有被析分，很快就能流到平坡田，在此守候的村民立刻打开分流口引水入田。

每到用水繁忙季，王某将早早地起床，跑到自家田里，把别人堵塞的分流口疏通，让沟渠的水流入田里。并且他要顺着沟渠上下来回不停地走，把别家的分流口给堵上，这样水才能流到平坝到达自家田里。之所以沿着沟渠走动，是为了防止其他村民把自己农田旁边的分流口疏通及把其他家庭的分流口堵上。有时，为了家庭干涸的田地他能在田间和沟渠旁待上一整天。有些时候他一个人疲于应付各分流口，则会叫上与自家田相近的伙伴。为了能给农田注入沟渠水，他们会分工各自照看一段水渠，确保水能流入农田。

干旱时节许多田地都面临缺水的困境，为了把水引进田里，有的村民在半夜之时跑去沟渠处，把他人的分水口堵上，从而使更多的水流入自己田地。对此，许多没有分到水的村民虽然感到异常气愤，但是也无能为力。因为即使你今天对他的行为大加指责，明天他依然故态复萌。被堵住分水口的村民毕竟也不可能对其任意辱骂，大家彼此近邻而居，每日都互相见面，用当地人的话来说："住得近了，抬头不见低头见的，能忍则忍，不能把邻里之间的关系搞得太僵。"世代在此观念的熏陶之下，并且深深地烙印于村民的集体记忆中，因此当村民与邻居发生不愉快的事情时，只要不是太过分、不触犯底线，村民都不会过于计较。邻里关系处理不好会让彼此之间成为村里茶余饭后的笑谈。当然，如果村民过于斤斤计较、尖酸刻薄，他的名声会被人们作为反面的例子，用以教训村中不听话的孩子。这对他来说是莫大的耻辱，意味着他不仅成为别人嘲笑的对象，同时也将被人疏远，可能会从以前的社交网络中被迫脱离出来，人际关系圈迅速被挤压和收缩。因此，如果不是涉及比较重要的利益，村民是不敢置他人利益于不顾的。所以在无特殊情况时，大家能相安无事，但是遇到诸如干旱时，个别村民会冲破地方道德的约束以此维护自我利益。民族地区多是建立在地方道德体系和习惯法基础之上的，更多的时候依靠个人的自我意识维系。当一部分人为实现自身利益而对其肆意破坏时，那将陷入混乱的状态。鲤鱼村部分村民为了往自家田里放入更多的水，直接损害了其他村民的利益，后者对此不能给予严厉的痛斥，只有通过暗示表达自己的愤怒和看法。"不知道昨天晚上是哪个缺德的把我家田地旁的分水口堵上了，整整一晚上啊，我家田里没有进一滴水，这事儿谁摊上谁不发火啊！""谁说不是啊，这段时间天天干旱，田里都快没水了，大家的田同在一条沟渠上，本应学会相互扶持共同渡过难关，哪知道有些人只为自己利益不为他人着想，一心想着往自家田里引水，说实话这样的人真让人看不起，只顾自己不管他人死活。"

干旱时节，沟渠引水没有相应的制度进行管理，村民可以任何时候向自家田里引水。但是有限的水量决定了必须堵住一部分人的分水口，水才能流入自家田地。于是，有的村民整日漫步于田野之间，趁他人不在田地之时堵住其分水口，或防止别人放自己田里的水。这一现象所产生的危害不仅使村民的人际关系变得更加紧张，同时让更多的劳动力浪费在守田看水上。因此，村民经过共同协商做出了相应的解决对策。每年缺水时期，凡是共用一条沟渠的村民必须共同遵守用水准则。村民农田供水时间依据粮食的产量或田地的面积。每家供水的时间点经协商而定，供水困难期村民会专门成立一个组织负责分水的安排。在鲤鱼村，村民最期望的供水时间在早上的六点到中午十一点，太阳初生时沟渠中的水蒸发小，水的径流量比平时较大。与其他时候相比，相同的引水时间早上获得的水量更多。清晨六时是村民纷纷起床劳作的时间点，在劳作之时顺便给自家田里引水，这不但节省了特意去给田地引水的时间，同时也能把更多的时间安排去做其他的事情。傍晚之时到晚上十一点以前，是除早上以外的最好引水时间段。忙活了一天的村民傍晚时分回到家吃过饭，常选择在乡间的小路上散步，以此放松自己。此时去给田地引水村民会乐意之至，权当辛苦一天后自己放松身体的活动，唯一的缺憾就是该时间段的水流量与早上相比相对较少。中午十一点到下午七点不是村民引水时间的最好选择。这一时期，高温加快了水的蒸发，使水的流量达到了一天的最小量。如果中午太过炎热，许多村民会在家睡午觉，而不是行走在田野间，只有养足了精力才能更好地投入到下午的农业活动中。人们最不想选择的引水时间段是晚上的十二点到清晨的六点。这段时间水的流量达到了一天的最大值，与其他任何时候相比，单位时间内引水入田的水更多。但村民却竭尽全力地选择在这个时候避开引水。白天沉重的体力劳动使村民只想晚上早一点休息。白天劳动的人，如果晚上十二点之后还要去给田里引水，可能一边在田坎上行走一边打瞌睡。没有充足的睡眠时间，意味着第二天村民可能哈欠连天，难以用饱满的精力投入到生产活动中，这对他们来说是极其不划算的。由此，我们可知村民最期望的引水时间是早上的六点到中午十一点，最不希望的引水时间是晚上十二点到第二天早上六点以前。引水时间段由村民小组安排，占用好时间段的村民虽每次都在变换，但是就那么几个人，要么是村委干部，要么是村中颇有社会声望的有钱人，干旱时节从引水时间安排我们就能看出村民在村中所处阶层和社会影响。如果村民对引水时间不满，引水安排小组将会对其劝解和重新安排，结果安排的时间点只会更加的糟糕。

（三）旱地的开垦——生态环境与地方主体的耦合

干旱时节村民小组对引水时间的调整，虽遭到许多村民的痛斥，但却一直运行着，直到 21 世纪初期方被撤销。旱年时期每到用水紧张期，村民都忙于往自己田地引水，于是大家齐开分水口。离水源较近的田地能把更多的水引进田里，而在平坝地区的田地有时两三天田里不进一滴水。有的村民眼看着辛苦种植的粮食即将收获无望，因此把高坡段的所有的分水口堵住，以便让沟渠水流入自家田地。其他村民见此法可行遂纷纷效仿。长此以往村民引水陷入了混乱，有的家庭为了给田里引水，不惜在田地整夜守着分水口，确保每时每刻都有水流入田地。大量的劳动力整日地耗费在农田引水事务上。虽然引水管理小组对引水时间的安排遭到许多村民的质疑和抱怨，但是对村民来说有规则的行事胜过一团混乱的引水。即使安排多有不合理之处，但不用像以往那样整日耗费在田间守着分水口。深受引水之苦的村民，并不把所有的希望寄托在田间。他们在离家较近的地方寻找山地，在每年的农历七月把山地里的树木、藤蔓和杂草砍掉，当地人俗称“割七月刀”。鲤鱼村村民认为，每年的农历七月砍伐植物，其深埋在土地中的根会迅速的腐烂，从而增加土壤的肥力。20 世纪八九十年代，每到农历七月，许多村民致力于伐木造地，冬季时他们会把山地开垦出来，希望借助严冬的酷寒把土地中的虫类冻死。旱地耕种简单，可种植多种农作物，关键是对水的依赖性相对较小。这一时期人们的身影常出现在山坡、林间，他们希望从旱地中的收获能弥补农田的不足。因此，大量的旱地在这一时期被村民所开垦。鲤鱼村几乎所有的家庭形成了田地为主旱地为辅的农业生产方式。

例 2–2：王某某，男，72 岁。随着 20 世纪 80 年代国家实行农田分产到户，王某某一家五口获得了 6 亩农田。农田耕作需要大量的时间，每年干旱时节为其引水更是让他叫苦不迭。农田的性质决定其农业物种种植单一，水稻种植永远是其主流。然而当时的鲤鱼村侗寨，交通不便、市场不振。许多农户过着自给自足的生活模式。为了生活上的便利，1986 年在全家人共同努力之下在高坡地带开垦了 2 亩旱地，1989 年在潘南山坡地带开垦了 2 亩旱地，1992 年又在高坡开垦了 1 亩旱地。在这 5 亩旱地中，王某某用 2 亩种植土豆，2 亩种植玉米，半亩种植黄豆，半亩用来做菜园子，种植各种蔬菜。收获的土豆一部分归人吃，另一部分用来养猪。玉米几乎全被用来做成猪饲料，村里人基本不吃玉米，大米是他们的最爱。种植的蔬菜用于日常生活的供给。

在这时期，旱地的大量开垦已成为一种常态。一方面，旱地被作为田地的补充而开垦；另一方面，村中大量的劳动力被闲置，多余的劳动力为家庭土地的增加提供了基础的保障。然而随着打工潮的到来，土地的开垦逐渐地被淡化。20 世纪 80 年代初期，村中第一批务工者受当地县城亲朋好友相邀同去广东务工。90 年代中后期到 21 世纪初期鲤鱼村村民出门务工达到高潮期。主要去向有广东、上海和浙江等。最初是一个人出去，随后举家搬迁的比比皆是。与此同时，20 世纪 90 年代末以来，政府投入大量的资金兴修鲤鱼村水利。从洞合引水到岑昂、盘南一带，加强了沟渠的建设，同时对部分分流口进行了重新修整。在政府的帮助下，大量的水资源被鲤鱼村村民用于农田，即使在干旱时期，由于多个水源的同时供水和从远处通过管道输送而来的水，使田地用水绰绰有余，村民再也不用为农田用水而苦恼。引水管理小组逐渐成为中老年人的记忆，如今它的存在与其说是防患于未然，还不如说是从那个年代过来的人集体记忆的一种映射。如今的鲤鱼村已实现全日无间断田地引水，分水口可以 24 小时打开。引水工程进一步完善的同时，农村田土也在发生变化。

（四）社会变迁中持有主体对土地职能的调整

外出务工是鲤鱼村近年来的热门话题，也成为一种普遍的趋势。中年人和青年人是务工人员的主力。从村委会近年统计可知，全村 70% 的青年人常年在外务工，一年回家一两次，有的甚至两三年才回家一次。近 50% 的中年人在外长期务工。村中务工人员多以夫妻或全家的形式出门务工。家中所留是早已年迈的父母或年幼的孩子。大量人口外出产生的最直接后果是村中劳动力严重缺乏。年老的父母和年幼的子女成为村中常住人口。曾经珍贵无比的田地如今却无人问津，村中大片的农田和旱地被大量地荒废。[1]离家稍远一点的田土被村民弃之不种，即使有良好的沟渠引水系统。离家较近的农田有一部分改成土地。用来种植玉米、土豆、白菜等。在以前，许多土地都是村民从山上开垦出来，所以普遍离家较远。如今这些土地全部丢弃，部分农家用来植树造林。位于高坡的部分田地一片荒芜。地里什么也没有种植，村民坦言宁愿荒着，也不能用它来植树造林或搞政府项目（如种钩藤、杉木），如果有一天子女不能在外打工了，田地仍是他回到村里的基本生活保障，而且每块农田都是经过祖先辛勤劳动所得，后人不能对其任意处置。有的家庭没有外出务工，并且想要种更多的田，针对这种情况，左邻右舍会很乐意地把自家多余的田地给他耕种，并不需要任何的租金。在村民看来这是一件互惠的事情，我把田地借给你耕种，对我而言这使它免于成为荒地，对耕种者来讲在不需要一分钱的情况下就能增加土地耕种面积，从而增加粮食产量。种粮赚钱对村民来说是一件绝对不明智的事，犁地、买粮种、插秧、购肥料、收割等一系列的过程都必须耕种者亲力亲为，这期间购物成本加劳务费就是一笔不小的开支。一年收获 4000 斤大米对现在的鲤鱼村家庭来说是很

[1] 在鲤鱼村，闲置的土地更多的是离家较近的田，这是因为滞留在家的老人想要耕种，但因体力不足而又难以实现。旱地和离家较远的田多用于植树造林和种植经济林。

了不起的，按市场价每斤大米 2.5 元，种植一年的大米总金额为 10000 元。即使这样村民仍不愿在家种田，如果去掉一系列的成本，一年的劳动成果在 7000 元左右。这笔钱对在外打工的村民而言，最多三个月就能挣到。如此一对比村民该作何选择，将不言自明。耕地使用状况的变迁是一个渐进的过程，但近些年来随着全球化潮流的扩张和市场经济的触角延伸至鲤鱼村的每个角落。村庄时刻处于激流变迁的进程中，目前鲤鱼村最显著的现象和变化就是闲置的土地和严重缺乏的劳动力，这一结果的形成与市场经济的发展和基础设施的完善有莫大的关系。

例 2–3：杨某，男，48 岁，已婚。1989 年 22 岁的杨某与邻村 20 岁的王某结婚。一年后作为大哥的他从父母家庭中析分出来，组建了自己的小家庭，并在同年有了女儿。分家时从父母处获得了最重要的财产——两亩水田和两亩旱地。经过他的精心经营，在秋收时节获得了喜人的丰收。1993 年第二个孩子出生，儿子、女儿各一个使他决定不再生育。儿子的出生让他倍感压力，他将更多的时间投入到农业生产中。1996 年年底，在外打工的堂哥回家过年，给父母一大笔钱让其在家建房，并给他讲述了在外打工情况及具体收入。杨某晚上回家仔细计算了一番，最终发现自己在家辛苦一年所得只及堂哥 4 个月的工资。看着自家狭小的住房，以及日渐长大的儿女。经与妻子商议，年后杨某与堂哥一同去了广东。在丈夫走后的第一年，王某以一人之力耕种家庭的所有耕地，由于劳累过度，经常生病。打工期间，杨某深深地体会到在家务农和出门打工的收入差距，他暗自下定决心就算以后回到家也不种田。1998 年，在外务工的杨某要求妻子到广东和他一起工作，挣更多的钱为将来修新房子而做准备。年幼的儿女留给在家的父母养育，家庭的土地父母种了一小部分，其余部分则成了林地和荒地。5 年后，夫妻两人回到家乡开始建新房。王某沿街开了一家小卖部，杨某学了驾照买了一辆汽车给人拉货谋生。自家的两亩田和两亩地只留下一个菜园子用来种蔬菜。

随着生境的变迁，社会主体会自行地进行调适和整合，在这期间会经历一个缓慢而艰难的调试期，直到完成原有事物职能的转换。鲤鱼村田土正日渐丧失它原有的功能重要性，水稻种植，玉米、土豆，以及蔬菜生产仅作为村民生活的辅助，而非往日生活中的主导性角色。近年来，鲤鱼村在政府的引导下，土地开始用于种植木材、药材，以及其他的经济作物。如在县政府的引导下鲤鱼村大面积种植钩藤；并在县政府的牵头下，鲤鱼村开始了核桃种植，核桃秧苗是由当地政府免费供应，同时向鲤鱼村提供数十包肥料，每家平均分 100 株种在私人土地上。在养殖方面，鲤鱼村积极兴办养殖业，兴修养殖场，在这过程中农田和土地被征使用。从目前状况所知，鲤鱼村土地的主体功能正处于转变期。在此过程中或许有许多的挫折和失利，但正是经过不断地调整才能达到人与耕地的调适。

（五）市场经济下土地使用的流变与村民职业的转变

就鲤鱼村而言，整个 20 世纪 80 年代是开荒垦地的年代。对长期生活在乡土社会中的村民而言，对土地总有一种浓浓的依恋和占有情怀。因此，这个时期没有哪一个家庭担心自家田土过多，都是纷纷投入向山开地的活动中。这其中以中老年人为主，因为他们过往的生活经验和历史记忆使他们明白土地对农民的重要性。年龄较大的村民由于长期生活在同一个地方，他们所处环境都是熟悉的，村民之间的往来完全是建立在已有的情感基础之上。情感的归属深深地根植于所生存的土壤之中。对土地的依赖是长期固居于特定的场所和生计模式单一所导致的结果。土地限制了人们向往的流动扩展，同时也为村民提供了稳定而安全的生活环境。因此，年龄较大的村民对土地的深深迷恋也是情理之中。而对年青一代来讲，内部的生活环境已被他们全然熟悉，生活在终日相同且熟悉的社会中，早已使他们索然无味。他们并没有老人们的生活经历，土地耕作的高体力投入早已使他们厌烦不已，农作收获与支出的对比更让他们无心于土地之上。对国家而言，现代化建设正处于起步和腾飞时期，现代化潮流的冲击、市场的扩张，意味着需要大量的劳动力投入到现代化建设中，随着社会的发展，城市人口已不能满足劳动市场的需求。农村闲置的大批劳动力恰好能填补这一缺陷。因此，20 世纪 80 年代务工人员的出现，从内部而言是农村大量劳动力的闲置，年青一代不满足于乡村社会的生活方式和农业支出与收获的失衡；就外部讲，国家建设对劳动力的需求增加。内因和外因的共同作用引导了 80 年代的务工现象，并不断地延续和演变。鲤鱼村第一批出门务工的年轻人是在他人的带领下实现的。20 世纪 80 年代中期开始出现边疆人口向东部沿海移动的趋势，鲤鱼村年轻人基于经济的需求，在亲朋好友的帮助下去广东打工。这一时期出去的基本上都是家中年轻的男子和十六七岁的未成年人，后者中有很大一部分是中学尚未毕业的学生。读书的不易和家务的艰辛，使他们选择在其看来相对容易且更有前途的务工生涯。中老年人出于对土地和家庭的依恋，留在家中照看农田，弥补年轻人的离去而减少的劳动力。并且在他们看来，儿子到外面如果难以生存下去，回到田地依然被耕种的家中，不至于太过狼狈。每年需上交农业税，意味着田地必须被种植。综观20世纪80年代，鲤鱼村是土地扩展的时代，也是年轻人出门务工的探索时期，他们的目的地基本是广东，工作去向以去工厂为主工地为辅。每个家庭基本只有一个年轻人出去，个体以情感为纽带组成整体共同参与务工，可能是企图通过此种方式应对因外界的陌生而产生的恐惧。因此他们都会尽量选择同一个地方务工，希望以情感为根基形成相同的利益集合体，实现情感和利益交织的共同体，从某种程度上来说，这是在具体生境下而做出的适合自我的调整。

20世纪90年代村中务工人数激增。务工人员的构成由早期的青年人逐渐变为中年人和青年人。中年务工人数的比例在不断地上升，此一时期他们所去的地方主要是广东、浙江、上海和福建等地。基本上初次外出务工的村民是由在外务工多年的家人或朋友带着一起去。有的家庭甚至是夫妻一起同去，年幼的孩子留给父母照看，家中的田地由父母耕种。如果父母精力有限难以耕种太多的土地，在外务工的子女会寄一部分钱给父母，让他们请人帮忙耕种，或者把田地给别人耕种，到收获时节耕种人给一部分粮食作为田租费用。主人家也会收下这部分粮食，随后用他们作为粮租上交给政府。因此，在这一时期即使家里主要的年轻人出去打工了，但是田地依然被耕种。20世纪80年代出去务工的这一批年轻人，经过一段时间的工作后，发现在家辛苦一年所得的收获，只需在外面工作三四个月就能达到。逢年过节回到家乡，他们向村民阐述了这一发现，并讲述自己在外务工的经历，这对没有外出务工经历的村民来说，具有莫大的诱惑。加之，随着市场经济的触角延伸至乡村社会的每个角落，以往的生计模式也不能再满足农村收获与消费的巨大差额。农村的收入很难应付市场经济的要求。村民压力逐渐的增大，而此时外出务工又是解决这一困境的主要路径。在这一环境下，许多村民随着之前的同乡一起外出务工。

进入21世纪，鲤鱼村务工现象在原有的基础上又有了新的变化，务工人数激增，达到了历年来人数之最。特别是2005年国家取消农业税的征收后，村中年轻和中年夫妻皆外出打工，有的家庭甚至举家而去。把年老的父母留在村里看守老家。家中部分良田被弃耕，如果有人耕种可以免费使用。农业税的取消，让村民对粮食的重视程度大大地降低。虽不少土地转变种植对象，但闲置的田土仍随处可见，弃耕之地盈于野外。以夫妻或家庭为单位外出务工是这一时期的主要现象，市场经济的导向使村民改变了原先所坚守的东西。粮食的经济效益决定了村民对土地的态度，即使有部分田地被耕种，也是为获取平时生活所需求。外出务工的夫妻或家人在经济利益的导向下，可能会在不同的工厂务工。在物质的影响下，外出务工的许多鲤鱼村村民被物化或异化。

例 2–4：杨某某，男，45 岁，已婚。1987 年 17 岁的杨某某不听父母的劝告，毅然与堂哥去了广东。堂哥在 1985 年就出去务工，1987 年第一次回家，当他对杨某某谈及打工的生活时，令后者羡慕不已。农村日复一日的农作生活，艰苦的劳动、清贫的生活使他再也不想在家待下去。1987 年他去了钢铁厂，工作极其辛苦，但让他感到欣慰的是工资的确非常高。工作了 3 年后，钢铁厂由于经营不善被迫倒闭。回到家乡在父母和亲朋好友的帮助下，杨某某与本村的王某结婚，婚后一年他们去昆明务工，在这期间妻子为他生了一个儿子。较低的工资难以养活一家三口。被迫无奈之下，在昆明待了一年多的杨某某只有带着妻子和儿子回到家乡。父母劝他与其出外打工还不如在家乡一边种田地，一边谋发展。杨某某对种植田地无丝毫的兴趣，期间试图改变田地的种植对象，力图提升土地经济效益，但效果不理想。1993 年，夫妻二人把孩子留给家中的父母抚养，去了上海，经过在上海的 10 年打拼。夫妻二人虽存有不少钱，但是一想到严峻的消费市场，便又投入务工的潮流中。原本想回乡休息的两人，在物质的影响下一直处于务工状态中。

务工是现代社会变迁下鲤鱼村村民生活方式的主要路径。地方的经济状况难以跟上现代化市场的需求，因此更多的村民被迫投入到主流市场社会中，以期在变迁下更好地生存和发展。

众所周知，务工的最终目的是为了改善生活，寻求发家致富的机遇。在鲤鱼村，如果在家乡过得风生水起，没有谁愿意远离家乡外出务工，但能长期待在村子里并能发家致富的少之又少。村中有 70% 以上的成年人都有过务工的经历。从 20 世纪 80 年代起，鲤鱼村务工人数呈不断上升的趋势，但能在外面安家落户的少之又少。务工是为了解决眼下生活困境而选择的一种生计方式。其本身的随意流动性和可选择性的特点，决定了务工主体的迁徙不定。情感的归属和利益的结合影响了务工人员务工地点的抉择。市场对务工人员的要求，常意味着务工群体的被动性。务工人员也常会意识到，务工只是解决目前困境而向生活做的一次调整。青年人和中年人可以在务工的道路上任意辗转，壮年时期无论对工厂还是对自己而言，都是务工的黄金时期。市场资源的配置、价格机制的内在控制，使很多务工人员在经济利益的左右之下，在不同的地方、不同的工厂或其他场所有过就业的经历。这一现象让务工人员的养老保险、退休工资难以实现。同时市场的瞬息万变，今天是行业老大的工厂或企业，明天就可能变成市场末流。这些因素都增加了务工人员的不安全感。特别是依靠体力挣钱的打工者，他们依靠青春而吃饭。当垂垂老矣的那天到来，他们将不再被市场接纳，并会从中被驱逐出去。所以每个打工者在年轻力壮之时，都会为将来寻找一条适合自己的道路。在他们看来打工只是临时性的，没有谁能务工一辈子。鲤鱼村村民正是在这样的忧境之下，不断在打工过程中寻找适合自己的路子，以此避免后半生仍处在颠沛流离的生活状态之中。

如今的鲤鱼村年轻人皆已外出，村里留下的以老人小孩为主、中年人为辅。孩子如果在家听爷爷奶奶管教，那么父母会把他们一直留在家乡读书，直到他们完成学业。如果孩子在村里调皮捣蛋、惹是生非，不听从爷爷奶奶的教育，那么父母会把他们接到务工的地方一起生活。鲤鱼村许多六七十岁的老人都有务工的经历，他们曾在20世纪八九十年代辗转于各个大城市之间，力图实现家庭的富裕。而今年老之时他们只能返回村里，城市已经不需要他们的劳动。加之子女都已出外务工，家里无人看守，因此只能回到家中。子女早已丢弃的田地，他们会选择性地种植一部分。田中所种植的水稻供给家人食用，而田中生长的土豆、玉米除了极少给人做食物外，其余的用来喂养牲畜，如猪、马。在外务工的子女经常劝慰其父母，只要在家养育好年幼的孩子就行，不需要在田里整日辛苦地劳作，他们耕作一年可能就只是夫妻两人一个月的收入，这样的话曾经年轻时在外务工的老人也对其父母说过。而今他们却依然在田间劳动。在老人家看来，子女外出务工扔下家中的一切，等以后回到村里，田间荒芜、杂草丛生，基本的食物都要去购买，这与打工挣钱的道理不相吻合。而在家中的他们将继承以往老人家的传统，继续在田间和土地里劳作，是为了乡村基本食物的自给自足，为在外打工的子女节省更多的钱。访谈期间，经过一系列的了解可知，曾经在外务工的老人，只有一两个在县城买房安家，而剩下的都已回到村中耕种田地、养育孩子。其中固然有不少因为经济拮据而困居农村，下田劳作以获取生活所需，但也有不少老人，经过多年的打拼而积蓄丰厚的家产。他们之所以依然居住在农村，一方面是对生于斯、长于斯的故土的怀念，另一方面是对子女亲情的眷顾。他们从小就在一个熟悉的社会中长大，人际往来完全建立在彼此互识的基础之上。当他们进入一个完全陌生的社会，会对陌生社会的交往方式和人际关系难以适应。所以，曾经有许多老人去县、市生活过一段时间后，又纷纷回到村中居住。务农、养育孩子是村中老人主要的生活方式，也是曾在外务工回到家乡后老人的生活状况。

例2–5：李某某，男，65岁。1989年独自一人去广东打工，后在老乡的介绍下去了一家鞋厂。第二年他回家把在村里务农的媳妇一起接到厂中工作，夫妻俩在工厂外租了一间小屋，与他们租在同一家的基本都是家乡人，其中还有他的堂哥和堂弟。1995 年由于工厂经营不善倒闭，夫妻二人在亲友的帮助下转到上海进入家具厂。同年 18 岁的儿子来到上海，一家三口在同一个工厂务工。在上海期间，经过亲友的介绍，其子认识了本村女孩，并在三年后结婚。2005 年长期在外打工的李某某，回到鲤鱼村，此时略上年纪的他已决定不再外出，选择留在家里种田并养育孙子。

对许多村民来说，务工是生命中远离家乡的一种求生方式。他是村民在外部条件和内部环境下采取的一种应对手段。但是务工者自身的历史经验决定了其生活的态度。鲤鱼村常年在外务工回到家乡生活的中年人仍不在少数。村中有一批人，他们正值中年且身体强壮，然而却没有选择出门打工。这一帮人大多数是 20 世纪八九十年代出门务工的年轻人，经过多年的打工生涯他们选择在家乡发展。近几年，许多务工者逐渐回到村里，随之而来的是鲤鱼村兴起一股建房热潮，沿着道路而行，公路两侧建起了一栋栋崭新的住房。几乎每个月都有村民建新房，最低的都有三层楼。据了解，鲤鱼村建房热潮是近十年来的事情。有的家庭建一栋房能花六七十万元人民币。村中房子的建设是依靠务工挣钱来支撑，有的家庭房子刚建到一半，由于资金不足，夫妻或子女会一起出门务工挣钱修剩余的一部分。甚至有的村民刚挣到修一层楼的钱就先回家乡建设，钱用完后又出门务工，为下一层楼做准备。村中负责给他人修房子的人不但是村里人，而且还是 20 世纪八九十年代出门务工在建筑工地的打工者。他们之中，有相当的一部分人在外工作时就已学会了修房子的技术，并且还会室内装潢等技能。

近年来，村民纷纷从山腰或高坡之处，搬到平坝或公路边居住。至此村中兴起了一股建房热潮，在外务工的一部分家乡人，听到这一消息后立即回到家乡参与到建房热潮之中。他们主要是中年人，对他们而言外面的世界并不是那么的吸引人，养家糊口才是主要的任务。如果能在离家较近的地方挣钱，那是最好的生活方式。房屋建设以男性为主，女性偶尔有之，不过多是做一些没有技术含量的事务。村中建房热潮吸纳了村里一大部分的建筑人才，未来十年内建房仍是鲤鱼村村民所关心的话题。因为，建房与娶媳妇儿密切相关。房屋是家庭财产最直观的体现，房屋建的越大，这个家庭的后代将来找对象就越容易。由此观之，在这些状况没有发生改变之前，村民的建房热潮仍是村中的一种常态。

如果对鲤鱼村没有做事先了解的人，一进到村中还以为到了乡镇地带。鲤鱼村道路两旁高楼林立，在短短的 1 个多小时的路程中，沿街就有一二十家小卖部，超市、蔬菜店、水果店遍布村子。逢年过节村中杀猪卖给村民是常有的事。经营商店的主体多以女性为主，她们的主要任务就是守好自家的小卖部，争取每日卖出更多的商品。货物好、价格实惠的商店能卖出更多的商品。但在乡土社会，人际关系网络是建立在已经互相熟悉的基础之上。人们行事之前，往往会以社会网络作为行动指南。在村中所有商店的价格相差不大，在如此情况下，商品销售最好的商家，可以说是村里声望较高、人脉较广的人。小卖部的经营者可能是家庭妇女，然而购物人之所以前来可能是因家中有最为村民熟知的那一个人。如有一个村干部的媳妇在鲤鱼村开了一家百货店，店中生意一般会很好，购物者大多是奔着村干部而来。通过访谈得知，这些开小卖部的家庭或妇女几乎皆有外出务工的经历。

出门务工仍是鲤鱼村的社会主流现象，然而与之前相比，留在家中的村民，除了种田还参与了其他的生计方式。农村劳动力过剩仍是鲤鱼村乡村建设的一大问题。市场经济的浸透可以使本村内部解决部分村民的营生。然而应当看到市场扩展和村民需求之间的关系，村中虽有多家小卖部，但因鲤鱼村常住人口的限制，很多小卖部是没有多少利润可赚的。实现劳动力的内部消化不得不说是每个村落的一大难题。鲤鱼村在这一方面略有起色。外出务工人员不仅挣钱，而且学习建筑技术。但是内部的饱和性也是不得不面临的一个问题。总的来说，鲤鱼村正处于由全面的外出务工到部分村民职业转化的阶段，年龄较大的村民是为生计出门打工。当时机成熟时，他会立即放弃外出务工的机会，如若可以的话，则直接完成自己身份的转变。就其本质而言，外出务工是不满足于所处环境而做出的应对，当有能力之时，务工者会立即实现职业的转化。在土地利用上，虽一直在转变土地种植对象和经营方式，力图探索和开拓出符合当地的致富之路，也有一定成果，但仍未达到村民理想的状态。

第三章　社会空间结构

随着城市化、现代化的进程在中国各地普遍实施，精准扶贫攻坚战计划在贫困地区的落实，鲤鱼村也逐渐旧貌换新颜。空间重构成了转型时期农村城市社会变迁最为显著的变化之一。这些空间的政治属性、社会属性，特别是能作为战略资源竞争的作用逐渐地显现出来。一方面，空间也成了权利、利益、理念等因素交织融合的场所；另一方面，这些空间也在一定程度上掩盖了、固化了农村城市等地在扩张、发展、人口流动、产业结构调整等方面变化背后的社会、权利、利益等深层次的社会问题。

农村城市的空间，不仅为传统意义上的城镇农村居民提供了一个居住的场所，更是农村城市中各种因素的组合、成长、嬗变的载体。空间的重构与社会结构的变迁相生相随，研究农村的空间重构可以变为理解农村转型的路径之一。广场、公园、稻田，各种娱乐项目和日常生活的结合都说明了公共场合作为城村现代化进程下的公共空间一定程度地影响着乡村彼此之间的人际关系，以及人们的思想观念；同时也推动了外来文化同本地文化的碰撞和交融，显示出两者的差异性，从而更好地反映出社会变迁的过程以及各种因素重组的现象。

首先，社会空间是社会性的一个产品，是社会中不同的社会权力和阶层群体，以自然空间作为资源和加工原料，以实现自身生产加工利益的最大化为目的而进行的空间选择。其次，每一种社会形态都能产生自己的社会空间。他们将自己投射进这个社会中，并在其中打下属于自己的烙印。在一个社会空间中主要存在两种社会关系：生物性的关系，犹如夫妻之间的关系、性别之间的关系、家庭成员之间的关系；物质性的生产关系，即那种通过生产资料形成的人与人之间的关系，包括了物质资料的占有、剥削及分配关系。每一种关系都能生产出符合自身地位、身份、社会特征的场所。

本章是针对本次鲤鱼村调查过程中见到的各种标志性的地点，对鲤鱼村的社会空间结构进行描述和分析。国家精准扶贫目标的下达，脱贫攻坚战略进入最后冲刺阶段的当下，伴随着城市化和现代化进程在鲤鱼村的开展，各种因素交织融入进来，使得最近几年鲤鱼村发生着显著的变迁。农村作为居民居住的空间，是发展过程中一切要素的载体，也是空间和社会结构重构的场地。寨门、道路、广场、风雨亭等地方，是村落中现代化进程下影响彼此人际关系和改变人们思想观念的发生地和见证地，也是推动外来文化同地方文化碰撞交流的场所。

寨门是一个寨子展示给外界的标志，也是村落内外交流过渡的地方。鲤鱼村的寨门透露出了其传说为村落带来的宇宙观，将村落的神话雕刻于寨门之上，供访客参观。寨门上的弓箭解释了民族顽强抵抗的历史，也是族人英雄善战的标志。牛角则代表了苗家人的热情好客，希望用牛角酒来增进彼此的友谊。见证了百万人到鲤鱼村的游玩，也为百万人介绍了鲤鱼村的故事。

村中的道路，是文化活动和村民生活的重要空间与载体，透过道路的修建，结合村子当中的经济、宗教、家族、文化教育等各方面资料，从村落历史出发，透视出整个村落社区发展至今延伸而来的秩序与村落权力控制的现状。再从传统的秩序与权力之间的平衡，现代化的快速渗透、族群内部的宗族认同，以及民族心理等多个方面和维度看出了村落秩序的变迁。传统文化相对的要保守落后，加上政治文化素质偏低的村民和经济发展的滞后，使得之前的宗教信仰意识活动保存得完好，这也是一般少数民族地区政治文化的普遍特征。在行政村的整体架构下，各个族群之间围绕着政治、经济、宗教等展开的资源分配与利用及之间互相进行的互动和博弈，在道路和村落的布置上逐渐有了眉目。随着外部世界的迅速发展，相对保守的少数民族地区受到来自外界的冲击和渗透，对于原先的社区造成了各个方面的重要影响。在乡村中存在的“熟人社会”，维系共同体的是基于他们血缘和地缘一体的日常生活经验所形成的彼此的信任。依靠着头人、寨老维持的、约定俗成的社会，在面对社会剧烈转型这个重大课题的时候，需要去探讨找寻如何重塑社会秩序的方式。

广场是村子的正中心，也是活动、游览、观光等行动的主要场所。连续几年的苗族风情节的承办，让这个广场成了城镇权利同地方权利融会交流的地方，连续的签约也为兴仁带来了近百亿元的合同。更重要的则是广场上填满了图腾图案，向外界展示着自己的宇宙观，也在纪念着那些不能举办却留在族群记忆中的节日和祖先崇拜。从狩猎时期到农耕时期长期发展后，伴随着生产力发展和人们的思想进步，牛角崇拜同祖先崇拜融为一体，变成了苗族独有的精神文化。不光是在广场上存在的祖先崇拜，也存在于苗族村寨的居住、器物、服饰、节日、仪式和日常生活当中，用各种形式保留着关于祖先的记忆。蝴蝶的图案则直接讲述的是蝴蝶妈妈的故事：作为苗族祖先的蝴蝶妈妈，生下十二个蛋，变换为世间万物，才有了苗人的由来。蝴蝶的图案同枫木在一起，展示着苗族人对于祖先的记忆。芦笙的图案则描述了关于牯藏节的记忆，虽然现在已经没有再举办过，但还是通过图案等形式，保留了关于过去的记忆行为。广场作为“神圣”和“世俗”的边界，在特别的文化空间中，苗族通过用图腾图案等形式，记录着整个民族的祖先崇拜和记忆，展示着整个民族的宇宙观和信仰。

风雨亭和仙人洞，作为村民平时交谈和交换信息的空间，起到了一种联通的作用，连接着村民之间的日常生活，连接着族群之间的情谊，也连接着本村和外地之间的沟通交流。在一个不算很大的地方，可以迅速得到自己想要的相关信息，可以是关于某个人，某个家或者整个村，是村民日常生活中最离不开的一个重要空间。

民居作为大家日常饮食起居最平常的地方，是每个家庭自己的隐私空间。楼房的建造，房间的分配，房子的格局，无不透露着整个家庭的地位、关系，以及楼房建造过程中散发的村民智慧。通过整个楼房的分层，让生活井井有条地进行。不管在什么地方建造，都有其解决方法，从中透露着村民与自然和谐相处的智慧。

不管是在什么空间，都有其存在的意义，不同的空间之间相互协调、配合，共同勾画出了整个鲤鱼村的全貌。各点相生相随，让整个村寨顺利地运转，保持着其该有的发展和进步。

第一节 村落的边际空间——寨门

围绕着寨门修建了一个广场，这是整个村落村民散步游玩的地方，是一个村落的入口，也是村落内外空间的过渡空间，修建已久。随着乡村旅游的发展，来参观和游玩的人也越来越多，寨门（见图 3.1）每天都有很多人行走通过，寨门起着为其他人介绍寨子的作用，意义十分重大。墙壁四周绘制着各种图腾符号，寨门顶横着放置着一个牛角，牛角旁边竖着一把弓箭，不仅具有接待外来宾客的作用，也起着防御和隔离的作用，同时还是一种精神标志。墙壁上绘制着与水与鱼有关的图像和各种传说及日常生活、传统节日的图案，广场的地上用鹅卵石拼接修葺着鲤鱼形状的大图案，都在透露着、记录着当地人们对于祖先的铭记及脍

图 3.1　鲤鱼村寨门　　何磊摄

衮人口的美丽传说的由来。

寨门上的弓箭则代表着村子里的村民曾经的反抗，该村的苗族同胞于 19 世纪初叶，约在清朝道光年间由黔东南黄平县跋山涉水而来，距今有 170 余年。本以为会过上好的生活，但中华人民共和国成立前又被该村胡氏地主不断地打压和压迫，一直到中华人民共和国成立后，全村寨的人民才有了自己的土地，鲤鱼村的村民用寨门上的弓箭来记录着民族被压迫和反抗的历史。

寨门上的牛角，是用来敬酒的。苗族素来有热情好客的特点。随着鲤鱼坝的不断发展，名气不断地增大以及具有民族特色的文化元素不断地发掘，自 2000 年以来，该村寨用苗族的历史文化为依据，举办了十余届"八月八"苗族风情节，接待来鲤鱼坝观光的国内外宾客超过近百万人。不管是混亲嫁女还是亲戚朋友上门，好客的主人都要事先准备好酒，请来寨子里的俊男靓女和德高望重的族老以及歌师，在离村寨不远的路上用酒和歌声欢迎远方的客人。拦门酒也有讲究，需要两队各十二位苗家美女，手中拿着牛角用来盛酒，传统意义上的拦门酒不一定需要整齐的队列、专门的美女，也可能是在崎岖蜿蜒的山路上，隔着几个台阶，设置一个敬酒的门槛来欢迎来客。十二道拦门酒则是有大的来历，数字上看，十二算是苗族中比较大的一个数字了，一年有十二个月；生肖属相也是十二个；蝴蝶妈妈生下了十二个蛋才有了世间万物；远古时期的十二个强大的图腾氏族为了给农耕稻作定制一个历法，观察了月亮的轨迹和星象；木星绕太阳一周需要 11.86 年，近似于十二年，十二也是牯藏节的一个周期，人们祭天祭祖，实际上也是蚩尤时代完善木星历而遗留下来的风俗。关于十二道拦门酒，据说每一道还有不同的意义，它们分别是：一道恭喜碟母窝、二道昌盛十二宝、三道勤劳扁瑟缟、四道善良五好汉、五道宽宏水滔天、六道富裕运金银、七道明亮铸日月、八道美丽仰阿瑟、九道长寿榜香尤、十道英雄杨大六、十一道智慧嘎尼拉、十二道华贵香骑马。代表着十二个故事，就不一一赘述。对于拦门酒来说，客人喝得越多、越能喝，苗家人心里越高兴，因为这代表客人看得起自己，拦门酒表达了苗家人的热情，显示着西南浓厚的酒文化，也隐藏着苗家人的世界观。

迎接客人唱的歌分为祝贺词和答谢词。

祝贺词：

最尊敬的客人，
你们不怕旅途辛苦，
来到我们这个贫穷的地方，
山路虽然狭窄陡险，
总有你落脚的梯坎，
……
一碗酒是苗家的深深情意，
一碗酒是苗家献给你的一颗火热的心房。
喝了这甜蜜蜜的拦门酒，
你的脸上闪现出幸福的红光。
喝了这碗香喷喷的拦门酒，
你的贵体将会更加健康强壮。
喝了这碗同心酒，
我们的心贴得更紧，
我们的友谊更加深。

答谢词：

最尊贵的主人，
你们的接待是这样的周到，
你们的热情是这么的执着真诚。
我们虽然是远方的陌生人，
到了这里却亲如一家人。
……
我们远方的客人今日来到苗寨，
为苗寨带来欢乐与安康。
接过一碗碗香喷喷的包谷烧酒，
让我们共同痛饮品尝，
苗寨的好日子浓似包谷烧酒，
我们的友情啊地久天长。

第二节　村落的公共空间——道路、鲤鱼潭、广场、风雨亭、仙人洞

村落的公共空间包含着很高的人际地缘的关系和密切的血缘纽带的性质在其中，并且在日常生活中，公共空间同人们的生活习惯形成相同的地域一致性，增强着邻里关系。公共空间给村民们提供了一个精神交流的地方，是维持着农村社会秩序正常运转的一个重要的区域，也是村中各种传统节日活动的举办场地。不仅能满足日常生活中村民们的基本需求，也在集中的地点展现出了民俗文化和景观地貌。

一、道路

村落的一条道路，是有关村子当中文化活动和村民日常生活的重要空间和载体。不管是每天的行走、从事农活的往返、走亲串友都需要依靠这条路来通行。因此，道路可以看成是各个空间之间相互连接和相互转换的空间。村子没有修路之前都是泥泞小路，而且均是不能通车、只能行走的路。随着村子的经济发展、村民们修路的意愿日渐强烈，由村民们和政府共同出资修建了现在围绕村子一圈的双车道水泥路。

道路的修建，方便了村民每日的外出和务农，也是地方政府同民间的一次合力办事，拉近了村民之间的心与心的距离，也拉近了村民与当地政府之间的距离。从让人难行的泥泞路变成了让人轻快方便出行的水泥路，政府在村民中的形象变成为让村民生活更好而尽心尽力的服务机关。道路的修建，也代表着村子最近几年天翻地覆的变化。大家修路的诉求强烈，说明鲤鱼坝最近几年经济的飞速发展，人们的思想观念的快速进步。每家生活日渐变得富裕，有了钱可以去买平日里出行的代步工具。整个村子在脱贫攻坚的道路上，负重前行，并做得越来越好。

据说村子里道路修建的时候，王家姓出资最多，我们无从考证，但是绕圈子一周，顺着道路走，发现路的确是沿着每家每户门口修的。除了村头的布依族岑姓家庭和五组狗咬寨的汉族陈姓家庭，三组全是王姓家庭居住，一、二、四组则

是由王杨吴何家庭混合在住。这不难看出谁是村子里最先来的姓氏，并且占据了一定的地理优势。

兴仁县鲤鱼村一带的苗族，相传由黔东南的黄平、凯里等一带迁过来。第一个大部分移居的时间应该距今300多年，清朝雍正年间（1723—1735年），黔东南苗族人民起义遭到残酷镇压，不少人被迫逃亡兴仁县一带。第二个移居时期发生在道光年间（1821—1850年），贵州苗族乾嘉起义失败，清军强迫苗民迁徙。第三个移居时期是同治年间（1862—1874年），距今140年，张秀眉领导苗族起义，斗争持续20多年后失败。苗族人民扶老携幼，翻山越岭向黔东南迁移、史称贵州“上下三游废田不下数百万顷，流亡可复者仅十之二三……降苗所存户口较之前不过十之三”“其民则逃亡转徙，百里尢烟”[1]。根据调查中一些老人的口述，在160年前左右，鲤鱼村中现居的黑苗祖先陆续迁移至鲤鱼坝，目前的村民是王、杨、吴组成。这些老人的祖辈们告诉他们，王姓是最早来到鲤鱼坝的，接着是杨姓（杨姓分为横家杨和老鼠杨，详见第四章），再后来才是吴姓。王姓迁移到这片土地的时候，布依族已经来到了这块土地。现在的王姓已经扩展到布依寨的坟地附近，发展势头强劲。何姓则是上门的，女婿是汉族人，后代都为苗族人。居住在村寨东侧的汉族人家，隔着水田同苗族和布依族相望，他们是最晚迁过来的，都姓陈，稀松地居住在一个被当地村民称为狗咬寨的地方，同村头的布依族一同并入五组。

在调查的过程中，笔者知道了原来各家各姓都是住在一起的大家庭，后来分家加上村委的主持，使得居住人最多的二、三、四组，也就是村子北面的一整条道路及其后边，王杨吴何四个姓在每个组都分开了住。这也导致了大家由原来的以姓氏集体居住转变为现在大家混住的情况。

改革开放之后，随着现代化和市场化的进程逐渐进入到像鲤鱼村这样由少数民族聚居在一起的村落，往常的升级方式和对于生活的观念都被改变。大多数的青壮年都逐渐离开了村子，去到经济比较发达的地方打工挣钱用来养家，使得留在村落中的大部分都是老人和孩子，不能支撑起村子的发展，只能依靠国家政策的引导和当地政府的带领。大量外出务工的村民，给村子的发展带来了经济上的资源，也将外部的先进文化带入到村落社会，使得大部分人原来固守的观念得到转变。但是社会的快速流动，给社区的安全秩序带来了影响，动摇了原来稳固的形式。市场意识的加强，使得人们向一切以经济建设为中心看齐，种种围绕着经

[1] 贵州省兴仁县编史修志委员会．兴仁县志［M］．贵阳：贵州人民出版社，1991：106.

济产生的矛盾和纠纷也在以固定的频率发生。外部城市的文化输入，带来了来自外部世界的经济、政治、文化等知识，给自身文化素质有限的村民身心带来了一定的冲击，并产生了许多不良的影响。

一个地区的秩序是一个整体，也像是一张无形的网，牵扯了许多的因素进去，一旦有一个地方发生冲突或者动乱，便是牵一发而动全身。这几年当中震动最大的几个事件也彻底影响了后来鲤鱼村重组的姓氏居住，形成了现在各个组基本都是姓氏混住的情况。一个大事件是两个一年级的小学生，在 2003 年出门上学的过程中遇害于垭口的山洞里。即使县里十分重视此案，也成立了专案组专门调查，但经过近一个月的调查，还是没能破案。因为调查到重要线索的时候，被害人家中也有许多秘密，被整个村子的社区形成的保护网庇护了起来，就在这样一种里外都无法开展工作的过程中，公安部门只能停止了调查。另一个大事件是某年除夕夜，杨某同几个亲友前往王某家做客，在本应让人开心的日子里，因为喝酒，一群人发生了口角，杨某被杀死于王某家中。此次案件没有得到及时处理，王某没有得到惩处，王某的儿子也离奇失踪。几年之后长大的杨某儿子在沿海的一个工厂找到了已经更名改姓的犯罪嫌疑人——王某的儿子，在公安机关的帮助下将杀人犯绳之以法。还有一个大事件是喳啦村的回族被害人于 2001 年某天深夜被本村邻居砍死于家附近。当天村里有好几家在办喜事，不少的亲戚朋友从外地赶来贺喜，这些人被当地人称为贺礼客。公安部门认为被害人是被贺礼客所害，当地人一口否认，因为贺礼客同被害人不熟，没有作案动机。但是被害人在自家门口遇害，时间是凌晨一点，那么只有熟悉的人才会找上门行凶，所以被害人一家认为是当地苗族邻居所害。这么多年过去了，死者的家属上访了很多次，申诉了很多次。因为被害人是回族家庭，在整个村子是属于人数最少的弱势族群，而且家庭里边也没有足够的时间、人脉和财力一直坚持上访下去。这种族群强弱的区分，实力的悬殊对比，一定程度上会对本地社区当中某些案件案情的侦查和获取造成实质性的影响。

虽然乡村的秩序并没有因为各种因素完全失去控制，但是公安等系统在维护社区治安时候的能力和范围的确受到了客观条件的限制。如今随着现代社会的相关内容不断地渗入到我国的各个地区，对于原先的意识形态和某些强势文化也造成了冲击，改变了那些原来的文化和传统。国家的意识形态背景中所包含的政治、经济、文化等的信息，进入了原先保守的社区，在现代化的强力渗透中，他们不得不被纳入到新的层次下，成为国家意识形态一体化的一个部分。村民们逐渐地形成了民主自治、挑战旧权威、重塑新秩序等理念，使得乡村的相关治理人员不得不认真地思考和正视这个事实，对村民们在新的时代背景下的政治生活和文化生活做出有益其发展的引导。

在鲤鱼村附近的少数民族聚居村寨，随着时间的推移逐渐地形成了宗族组织，不论是族内的大小事务，都是要头人按照习惯法或者相关依据来解决。这是村寨中群体秩序最初的一个层面，发生了什么冲突纠纷，第一个想到的就是族内的头人或者寨老来解决调和，族与族之间产生的矛盾，头人或者寨老也是主要的协商调解人。如果争端得不到和平解决的话，那么可以选择到正式的权力体系当中去解决，也就是村委会、乡委会、镇委会等。因此宗族组织和村民们逐渐对这种方式产生了依赖心理，这种方法对于解决村寨之间的冲突，平衡乡村的稳定起到了至关重要的作用。因为乡村中的社会属于熟人的社会，一般发生冲突或者发生口角不会发展到最后鱼死网破的程度，所以这种非正式的权力体系可以解决村子当中大大小小的事务。

村委会在肯定和稳定这种非正式的权力体系的同时，在村民的居住问题上进行了调整，一方面，头人或者寨老的地位继续稳固甚至增强；另一方面，村民们之间的分散混住在一定程度上打散了原来稳固的宗族组织，现在大家分散在一个村子当中生活，只是之间的居住距离发生了变化，在出事的第一时间，各姓的村民都能先赶到现场去调节和解，而不是因为宗族势力在附近而更加肆无忌惮地让事情越闹越大。如此一来，在很大程度上，减少了原来难以处理的宗族之间的争执，也让村民之间更容易融为一体，村子的安定换来的就是飞速发展。

二、鲤鱼潭

图 3.2 鲤鱼潭 何磊摄

鲤鱼潭（见图 3.2）是村子一个出名的地方，泉水的涌口在底下，常年水温维持在20℃左右，是村民日常生活和村落经济发展离不开的重要场所。几年前布依族的一个商人看中了这块地方和不断涌出的泉水，在此地做了山泉生意，建起了矿泉水厂，将泉水就近开采出来，经过加工之后拿到外部去销售。也因为泉水的常年恒温的特点，使得村子可以吸引企业去养殖那些养殖条件比较苛刻的动物，在接待外来宾客的时候除了用风景来吸引他人，也可以提供美味供外来宾客享用。当然，因为前几年的疏于保护，鲤鱼潭的水质曾经也受到过一定的影响，村里才设置了固定的监测站，专职的打捞人员，去检测水质和打捞水中的杂物。

图 3.3　鲤鱼村矿泉水厂　　赵欢摄

当地建成一个大的矿泉水厂（见图 3.3），毫无疑问间接带动了当地的产业发展，村子本身也在尝试着各种招商引资的方式去带动本地的经济和产业的发展，当然更希望越来越多的产业和企业进入到当地，带动当地的发展。矿泉水厂的建立，一方面，给当地政府在发展的贡献上留下了重重的一笔；另一方面，外出销售的泉水，因为其味道的甘甜以及产品的名字，也在一遍一遍不断地向外边的人宣传着鲤鱼坝这个地方。再者，也为当地村民提供了工作岗位，让一部分人可以在离家不远的地方直接上班。村民们的饮水却没有受到影响，凭借办过的卡，提着自己的桶去饮水公司就可以免费地打上一桶一桶的山泉水，在饮水公司出产的山泉水经过了各种工序的加工和萃取，能让村民们喝上相对更加干净的水，也提高了村民们的健康饮水指数。

图 3.4　金鲵养殖鱼塘　　吕博文摄

恒温的水，吸引了外界的一位商人来到本地养殖金鲵和中华鲟，他直接在泉水的旁边建立了一个金鲵养殖中心。这是村子一进门用来接待来客的地方，在此处可以看到养殖的水塘（见图 3.4、图 3.5），可以看到不远处的鲤鱼潭，也可以尝到由鲤鱼坝的山泉水养殖出来的中华鲟的鱼肉。如此一来，使得鲤鱼坝有了属于自己的专属产品，同外界不同的宣传噱头。除了村中自己接待、招待游客所用的部分中华鲟之外，兴仁各地和远处的地方更是有厂家、商家慕名而来收养殖成熟的中华鲟，中华鲟变成了村子里可以生产销售的特色产品。整个养殖中心的养殖人员和餐饮服务人员大部分也是本村的人，显然当地政府在发展当地经济的情况下，没有忘记给当地民众去寻找不外出打工的出路。

图 3.5　中华鲟养殖鱼塘　　吕博文摄

现在在鲤鱼潭旁边设置了一个监测站，正在重新装修，里边有专职的检测水质人员，打捞水中杂质的人员。这是在早先之前，村子里的水源出现了一定问题之后，村子里边才开始重视自己的水源的行动。鲤鱼潭作为一池泉水，养活了整个村子里的人，现在的这段时间，泉水旁都挂着一个警示牌（见图 3.6），禁止往水里扔垃圾，禁止在水边洗衣服，提醒要爱护水源。

光是鲤鱼潭就至少带来了两个产业：矿泉水厂和养殖业。因而对于泉水平时的养护提供了一定的要求，也提高了村委对于泉水的重视。作为整个村子的“母亲潭水”，帮助带动了村子里的产业发展，也提供了村子里村民平日的用水，对于整个村子而言，无疑都是一个重要的场所，也会为了鲤鱼村的未来发展提供其他的作用。

图 3.6　鲤鱼村饮水保护区公告牌　　吕博文摄

三、广场

谈到鲤鱼村正中心的广场（见图 3.7），那是这个村落不可缺少的一个重要部分，是村子里边举办大型活动、游客休憩观光、聚会、交谈等行动的主要场所。这块场地建在田地的旁边，从刚开始的小场地，逐渐扩展

图 3.7 鲤鱼村踩鼓场 吕博文摄

成了占用了很大场地的水泥地，可以同时容纳几百个人观看活动。从 2000 年农历的八月初八开始，连续举办了十几届兴仁县“八月八”苗族风情节，表演的节目都是苗族的传统活动。平日也可以看到广场走廊上，坐着妇女在闲聊，老人在休息，小孩在嬉闹，广场基本已经融入了村民的日常生活中。

“吃新节”在苗族中部方言当中被叫作 nongx xenx（囔新），节日是根据过去农村的庄稼成熟的时间来定的，一般都是农历的八月或者九月逢“辰”的日子。这个节日来自于苗族的一个传说。在古时候，连续降了三个月的大雨没有停止过，导致了地上的洪水滔天，到处都是汪洋，致使生灵涂炭，只有阿衣、阿兰两兄妹以及他们所养的一个叫“阿嘎”的猎犬躲在了葫芦中，跟着地上的洪水四处飘荡，才得以生存了下来。等到洪水退了之后，才发现什么都没有了，绝望的阿衣、阿兰兄妹抱着他们的“阿嘎”叹气流泪，却突然发现“阿嘎”的尾巴上粘着几个稻谷粒，这是“阿嘎”跟随他们逃难的时候，在谷地当中逃窜而侥幸粘到“阿嘎”的尾巴上的。有了谷种，阿衣、阿兰喜出望外，将其从“阿嘎”尾巴上摘下之后，等到播种的季节，精心地将谷粒栽培、种植。第二年，又将收获的谷粒进行悉心的栽培、照料，终于年复一年，稻谷越来越多，人类这才有了粮食。为了感谢猎犬带给了人类物种以及阿衣、阿兰兄妹原先的辛勤劳作，每年的农历八月初八或者八月的辰日，也就是正当谷物成熟收割的时候，苗族的同胞们都会杀鸡宰鸭，蒸一锅热气腾腾的新米，煮一甑香气扑面的米酒，邀请家人和客人共聚同饮。在享用好饭好菜之前一定要先烧纸敬香去供奉祖宗的灵位，也要去添一碗新米给狗吃，然后才是全村人的宴会。这样才能表达人们对于狗的敬重和感恩。每逢吃新节大家都会穿着盛装，佩戴华丽的首饰，唱歌跳舞，欢庆丰收。

（一）牛角图案（见图 3.8）

图 3.8　踩鼓场牛头图案　　赵月摄

举办各种大型活动的广场上，有着三种图案，分别是公牛的头、蝴蝶和芦笙。在黔东南苗族地区，每逢过节，或者婚丧嫁娶，祭祀仪式等现场，都会有牛角的出现，包括了鲤鱼苗寨的寨门上边的巨大牛角，它是苗族“集体无意识”的沉淀物，本身变成了苗族文化的标志。牛角在苗族人的心中是神圣的，所以关于牛角的崇拜，就幻化在了苗族村寨的居住、器物、服饰、节日、仪式和日常生活当中。对于一个没有文字的民族来说，在各种地方表达出来的图腾崇拜，其价值尤为重要，以至于可以看成是民族历史和本民族深沉文化意识的载体。清水江流域和黔东南境内的苗族将龙和牛看成是相同的神话动物，他们的意识里牛也有角，龙也有角，所以在龙舟上边会按上形状同水牛角差不多的一对大弯角。苗族妇女的头上、胸前也喜爱穿戴牛角形状的银饰，更不用说身上衣服的刺绣花纹，充满着关于牛和蝴蝶的图案。当然这种银角的珍贵装饰品，只是在跳芦笙、跳敲鼓舞等盛大节日活动和出嫁时才会穿戴一下。戴“银角”的缘故就如同是穿“雄衣”（ub bad）是一样的，古时候的男子如果要嫁到女子的家中去，在出嫁的时候，都要把出嫁的男子打扮得漂亮威武，那么怎么才能够让男人看上去雄壮威武呢？他们就认为那个水牯牛壮实伟岸，配上了两个弯曲刚劲的触角，就是威武雄壮。所以，以前的时候，男人除了在出嫁的时候穿上“雄衣”，还要配备上同水牯牛形状相似的触角一对，用来展示男人的刚毅，后来逐渐地演变成了出嫁的女性去穿戴这些东西，但是这些饰物以及饰物所表达的意义始终没有变。在婚嫁的时候，主人也会在门前挂一对牛角，装满了米酒去等客人的到来，所到之人必须喝完牛角里的酒才能进屋子。由于图腾崇拜都是世代相传，而且在漫长的时期中，一直对相传的群体造成影响，形象深深地烙在世代群体的人们的脑中，成了一个民族的“集体表象”。苗族关于牛的图腾崇拜也一直处在演变当中，从狩猎时期到农耕时期的长时间发展，伴随着生产力和思想的提升，牛的部分崇拜，代替了牛的整体崇拜，再逐渐发展成牛角崇拜和祖先崇拜的意识结合，构成了现在的苗族“祖先崇拜”，演化成了现在苗族独有的精神和文化。陶立璠在《民俗学概论》一书中说：“祖先崇拜是人类自身的崇拜，但是也有些是由古老的图腾崇拜演化而来。如图腾崇拜中的动物或植物因被认为是和人类有血缘关系，当作祖先加以崇拜。……它们已不再是动物或植物，而是氏族和部落的首领。它们生前为本氏族和部落立下功勋，死后被认为是氏族部落的英雄加以崇拜。有时他们还被看作是氏族和部落的保护神。”[1] 苗族各个地方的语言虽然都有所差异，但是却都称呼自己的祖先是尤公，竭诚敬拜。

（二）蝴蝶图腾（见图 3.9）

蝴蝶作为图腾，有诸多的意义在里边。蝴蝶妈妈生在枫木树中，她的母亲是柴虫，柴虫的母亲是枫木疙瘩。蝴蝶妈妈是苗族的始祖，柴虫是苗族人的上始祖，枫木树疙瘩又是苗族的曾始祖。远古地球上没有人，一片荒凉，一只啄木鸟去啄食枫木树的虫子，将一只大蝴蝶从枫木树引了出来。她就是苗族共同的始祖——蝴蝶妈妈。后来蝴蝶妈妈和水上泡沫“游方”（即恋爱），生下十二个蛋，蝴蝶妈妈只是蝴蝶，不会孵化，就委托鹤字鸟帮助孵化，抱出了雷公、姜央、太阳、月亮、老虎、龙、蛇、象、牛等十二个兄弟，蝴蝶妈妈育出的雷公和姜央是人种，这是苗族的第二代祖先。刻道就从这时候开始讲。刻道故事有十节，依次是蝴蝶妈妈、亲在远方、虎吃哥鹰吃妹、砍火焰、寻找定亲牛、说媒、逼嫁、刻木、沉亲乱世、降聘礼。

图 3.9　踩鼓场蝴蝶图案　　赵月摄

---

[1] 陶立璠．民俗学概论［M］．北京：中央民族学院出版社，1987：276.

1. 关于蝴蝶妈妈诞生的故事

一只啄木鸟去啄食枫木树的虫子，将一只大蝴蝶从枫木树引了出来。她就是苗族共同的始祖——蝴蝶妈妈。长到十六七岁时，成了一位漂亮的大姑娘，经过一番恋爱与一名无名的单身汉结婚。婚后不久，为了生计他俩商议让单身汉去做牛马生意，可这一去不复返，害的蝴蝶妈妈在家等候三年多未见丈夫回来。她一个人在家孤孤单单，砍柴无法砍，活路无法做，过着鬼一般的生活。

蝴蝶妈妈思前想后，决定去寻夫。她先是盘问自家的猫狗、自家种的南瓜，沿途又盘问蝴蝶、虫子、竹子，问："见到我丈夫没有？"它们都说，我们只管自己家的事，哪见你什么丈夫？后来遇到一只老鹰跟他讲了实话。老鹰说："你丈夫做生意到一个处所，见到一座银库，连柱头都是银铸造的。你丈夫见钱眼开，去挖银柱子，被三个看守人发现了，活活把你丈夫打死，已经三年多了，尸骨都不知道在哪儿。你回去的路上，凡是被你打死打伤的物种，只要花点钱买些香纸，去请神仙帮助抹点口水就可以复活。"果然，蝴蝶妈妈照此办理，被打死、打伤的猫狗、南瓜、蝴蝶、虫子、竹子经过一番处理都一一复活了。

回到家蝴蝶妈妈按照老鹰吩咐，到了来年春天，到自家屋前水塘中洗澡，与水泡（游方）生下十二个蛋。由鹤字鸟孵化出十二个物种，其中有人类的雷公和阿耶。雷公，上天掌管天晴下雨，阿耶留在人间，不久与尼曼结婚，生下喜尼、喜金两兄弟。

2. 关于"亲"的故事

喜尼、喜金出世后，一年年长大，他俩开荒种田，傻妞定亲，让全寨全村都得到亲。"刻道"所说的亲，就是苗族说的"客"。苗族的亲原在东方，住在乱石堆中。吃的是岩石山的奶水，只有手拇指大。后来被发现，用箩筐挑着亲往西沿河而上，来到岭昂窝，箩筐绳就断了，亲掉进塘里，被疙瘩石吞下。人们为得亲用一只公鸡去哄去诓，疙瘩石才把亲吐出来。之后它们聚拢在一个窝里，被一个不知事的革兜娃看见，误以为是一堆柴草，放了一把火，把亲烧得落荒而逃，冒出三路亲：一路顺河而下与天王、龙王开亲，做了年长亲；二路直奔树坳口，杀虎杀鹰，与猴开"亲"，叫作"年幼亲"；三路走到喜尼喜金家，与人类开亲，叫作"众多亲"。

3. 虎吃哥鹰吃妹的故事

阿耶与尼曼生下的喜尼、喜金两兄弟长成了小伙子，成天在树坳口捕捉雀鸟度日。一日，他们到山上去查麻雀套，碰见一对虎变成的姑娘正在收取他们的猎物。两兄弟问道："你们为什么收取我们的猎物？"虎姐妹说："我们姐妹俩私取你们兄弟俩的猎物，做错了。这样吧，你们两兄弟如果拉动我们姐妹，我们就到你们家做妻子，如果拉不动，你俩就去我家做丈夫，行吗？”兄弟俩听后，认为是件好事，一口答应下来。但是拉的时候，怎么拉也拉不动，反被她们拉得飞跑。于是，兄弟俩只好认输，到虎姐妹家做丈夫去了。

到家后，虎姐妹说，先在家里休息，等她们去请亲戚朋友来，来齐之后就可以举行婚礼，办喜事了。实际上虎姐妹在耍花招，等客人到后，才吃掉喜尼、喜金两兄弟。姐妹出了门，喜尼、喜金两兄弟幸亏得到一个被虎姐妹捉来弄瞎双眼的老太巫师帮助，设计杀死了两只姐妹老虎，才逃出来。

喜尼、喜金两兄弟逃出虎口，哥哥喜金往上方走，到了猴寨，与猴成“亲”，生儿育女；弟弟喜尼往下方走，到了一个大寨子，空空荡荡的，寨上的人都被恶鹰吃光了，仅剩下一家的俩姐妹，用九口大锅盖住，过着暗无天日的生活。喜尼与两姐妹商议，设下计策杀死了恶鹰，而后转往上方走，去寻找哥哥喜金。

喜尼走到猴寨，正好碰着一只母猴挑着一对竹水桶迎面而来，喜尼一问母猴，答：“窝乱乱。”二问母猴，答：“窝乱乱。”三问母猴，答：“窝乱乱。”喜尼气急之下一刀砍去，手起刀落，首身分离，结果了这只母猴的性命。进猴寨遇到哥哥喜金，喜金便问：“你过来，你碰见你嫂子挑水来了没有？”喜尼回答道：“我没有见到嫂子，只见一只老母猴挑着一对竹水桶过去。连问她三声，都回‘窝乱乱’，我就一刀把它宰了。”喜金跳起来说：“那是你嫂子！我的妻子！被你杀死了你看怎么办！”喜尼说：“那不要紧，死了猴嫂，回到寨子里，还有一对姐妹等着我们呢！”喜尼又出了些歪点子，使猴群相互残杀，杀的一个也不剩，余下一群“人不人，猴不猴”的喜金生育的猴崽子，也被喜尼哄去玩耍，而后一个一个把它们按死在水塘里，断绝了喜金在猴寨生存的后路。

喜尼、喜金俩兄弟收拾行李，赶回下方寨与姐妹成亲。与喜金哥成亲的姐姐叫莫厚丽，与喜尼成亲的妹妹叫兴厚丽。一年过后，喜尼生下的男孩叫久尼宝，喜金生下的女孩叫扁阿金。久尼宝、扁阿金渐渐长大，已到了婚配的年龄，却找不到对象。没有办法，只好以主为客，逼着喜尼、喜金的儿女久尼宝、扁阿金开了兄妹亲。

4. 喜尼求亲的故事

再说喜尼、喜金的儿女一天天长大，全家生活日益艰难，父母阿耶与尼曼商量后，决定叫喜尼、喜金上山“砍火焰”维持生活，救济父辈们。在“砍火焰”当中，喜金求亲心切，竟把亲弟喜尼称为“老表”“亲家”，喜尼很不高兴，骂喜金“鬼迷了心窍”。他俩争执不休，回家问母亲尼曼说看怎么办。母亲没办法，让他俩去问桐木、竹子、杉木、柏树，都讲不行，不能开亲。只有兰青树、五倍子树、言青杠、樟木树、梓木树说可以开亲，喜尼还是不同意。兄弟俩再次回家问母亲，母亲拿着一根地瓜藤说，你们把它嫁接到刺梨果树上，接得活便可开亲，接不活就算了。不料都接活了，回来告知母亲。母亲却说，接牢靠一点，你们再去开荒挖土，用饭盒装午饭，挂在干树枝上，中午时分打开饭盒时，发现一半是饭一半是酒，那这门亲事就定了。万一两边都是饭或两边都是酒，就不能开亲。两兄弟一一按照母亲的说法做了，结果真的是一半酒一半饭，开亲开定了。当时，要开亲心切的喜金趁休息时的喜尼不注意，偷偷往一半饭上撒了酒药，使饭盒里的饭很快发酵变成了酒。

成亲后，他俩兄弟约定寻亲，即是去找客。他们包饭上下走了九天九夜，“找尽了沙滩”“踏遍了石岭”都未找到亲，扫兴返回家。回家后听见讨饭的老太和丈夫说，我在岭昂窝遇到一群妖魔。喜尼、喜金不相信，和老太同去看，确实在岭昂窝遇上了亲，而不是什么妖怪，把亲接进屋。为了把喜事办得扎实牢靠，喜尼、喜金还需去寻找定亲牛。

寻找定亲牛，白水牛生在深山里，放牧在猴塘边。放牛娃不小心把牛丢了，白水牛顺河而下，一直到达大海边，王宝去打鱼发现牛在那里，回去同妻子说，恰被喜尼、喜金听到了，才请王宝把牛牵回来。又去请喜宣、喜勾来杀白水牛定亲。为什么苗族先民定亲一定要杀牛？原因就是请师杀牛，集中全寨的人，当天当地宣誓，成亲后男的不准反悔，女的不准反心，谁要是反悔闹离婚就像杀牛的结果。所以，在旧社会以前的苗族一般都是听不到哪个敢闹离婚的。

5. 关于姑舅表婚的故事

定亲杀好牛后，喜尼曾找过红米菜、芭茅草去做媒未能成功，之后才请到能说会道、德高望重的宝香做媒人。宝香原住在施秉蛇昌坪，后迁到河水不断、人畜兴旺的黄平地界久溪村。宝香拿着一把伞，提只大公鸡到扁阿金家说媒。进家后扁阿金的母亲问宝香为何事而来，宝香说赶场过路，顺便歇脚，找火吃烟。扁阿金妈不信，要他说实话。宝香才说，前几天路过你家门前，见你家闺女，想把线来牵，不知你老人家意思如何？扁阿金说，我女儿还小，不能出嫁。宝香说，前几天我路过你们寨上，见你闺女还在山间放牛，尽唱些游方歌。此时，扁阿金在旁边按捺不住答话道：“哥不老妹要老。”宝香趁机说，看看你姑娘也这样讲了，就等你老一句话。扁阿金妈无可奈何地说，既然这样，我还去征求舅舅的意见，你宝香先回家等候消息。

扁阿金妈走到舅家，说明来意，舅说，我儿还小，有女你各嫁，只要不失礼就行了。舅的话刚说完，一个叫“圭包洛”的夺客走进来说：“银子尽管要，布匹尽管收，不要是傻瓜。”于是舅动心设了圈套，捆了束火把，交给扁阿金妈带回家。扁阿金不知中计反而高高兴兴拿着火把回家。媒人宝香说：“舅的儿子已经不小，他只要一两二钱银子做礼钱就行了。姑娘由他来嫁。”扁阿金妈对宝香说：“他怕我赶路黑，捆了一把蒿菜秆火把得照亮，白天回到家用不着点，还放在屋里。”宝香叫她拿火把来看，才知道他舅在骗她，火把标明彩礼多得很：白银三百两，骡马三百匹，水牛三百头，鸡鸭三百对，样样满三百。扁阿金妈听了焦急万分，卧床不起。她丈夫劝她莫急，慢慢商量对策。他两口子翻来覆去想，没有法子交清舅索要的重聘礼，只好逼扁阿金姑娘嫁到舅家当儿媳妇。

舅答应了这门亲事，而且扁阿金的婚事由舅操办。就等于说：“你只管烧火等，扁阿金送钱送米来。”从现代眼光来看，哪有嫁女到你家当媳妇，又叫我家送彩礼的道理？这一苛刻的要求，来源于“高不过香炉山，深不过南江海，大不过郎舅爷”的清规戒律，谁能推得倒呢？所以，舅爷要的彩礼太重，无法交清，扁阿金父母只得“逼妹出客”顶替彩礼。扁阿金不愿去，父母设计分家，扁阿金自立门户。扁阿金无法，只好去舅家当媳妇。

扁阿金惜别自己家乡，流着眼泪，告别可爱的小猫小狗，告别心爱的双亲。她一步两回头，经过寨脚、对门坡，来到山坳口、大桥头……去到舅家。按新媳妇的规矩，小心服侍公婆。她在舅家住了三年半，衣裙烂了，向舅要布缝衣服，舅却拿马鬃草给她当线，摘芭蕉叶给她当布。扁阿金忍无可忍，煮饭掺砂石，挑水搅水混，以示反抗。九年过去了，都未见丈夫一眼。扁阿金吵着舅要丈夫，舅不理她，她就拆房烧屋。舅无法，就骗她说，你的丈夫到学堂读书去了。扁阿金听后，到学堂寻夫，到了学堂，先生告诉她说：“那是你舅哄你，你丈夫在山林里玩耍。”扁阿金顺着先生指点的路，到山林里见到丈夫正在玩泥人，好不容易才把丈夫诓回家。扁阿金手把手教他犁田，他不会，教他煮饭，他也不会……扁阿金见到这种情况，加上舅的摧残，感到再也活不下去了，一气之下寻短见，吊颈在一棵枫木树上，幸好得救，才免于一死。

舅怕再次寻短见，出人命，只得把扁阿金送回娘家，并向两位老人交代说，你们把她教育好后，再送到我家来。扁阿金父母不依，“泼出去的水，嫁出去的女”，哪有再推回来的道理，决定无论如何都要把扁阿金撵回舅爷家去。你推来我推去，吵闹不休，请了寨老多人评理，评来评去都没有个好结果。扁阿金妈气势登顶，顺手抓起饭撬向扁阿金的头部猛击过去，打得扁阿金头破血流，痛哭不止。喜宣听后，赶忙前去劝解，劝他们双方别逼孩子，找点钱补舅，把姑娘赎回家算了，扁阿金妈没有办法，丢了饭撬，依着喜宣的劝告到处凑银两，赎回扁阿金。

（三）芦笙图案

关于黔东南苗族牯藏节的来源有三个传说，第一个来自《苗族古歌》记载，枫树是万物的生命树，这生命树在上古被女神妞香砍倒后，树根变成泥鳅，树干变成铜鼓，树枝变做鹊鸽，树心里生出了蝴蝶，蝴蝶生下了十二个蛋，成为十二个蛋的妈妈。蝴蝶妈妈孵蛋三年，孵化了十一个，包括雷公、鬼神、龙蛇、虎豹、豺狼、拥耶（最早的男人）、妮耶（最早的女人）等人、鬼、神、兽。但剩下的一个蛋经过三年的孵化后依然是一个蛋。蝴蝶妈妈只好请暴风帮忙，暴风把蛋刮下山崖，蛋壳破裂，钻出一头小牛。小牛怨恨蝴蝶妈妈没有亲自孵下它，把蝴蝶妈妈气死。拥耶、妮耶用牛耕地种田，但就是从未有过好收成。鬼神告诉拥耶、妮耶：因为大牯牛气死了蝴蝶妈妈，所以才不叫牛耕地的田园长出好庄稼。只有把大牯牛杀掉，祭拜蝴蝶妈妈才能求得庄稼的丰收。拥耶、妮耶宰牛祭拜蝴蝶妈妈，立刻迎来大丰收。第二个来自当地传说，远古的苗家有两姐妹，美丽善良、勤劳聪慧，姐姐叫“赍”（苗语：花），妹妹叫“鲠”（苗语：虫）。一天姐妹俩上山砍柴，被两只老虎盯上，于是虎幻化成两个青年人，将姐妹俩骗至大山里吃掉。全寨人痛不欲生，她们的父亲和哥哥设计谋将老虎捉住并砍死，同时关闭寨门，杀一头小牯牛祭奠死去的两姐妹之后，请人们吃牛肉，告诫大家不要再上当受骗。第三个也来自苗族的传说，“姑昂”（苗族始祖）把生下来的肉团砍碎撒在山坡上，变成了无数无手足的子孙。那时，牛是他们的伙伴。有一天，牛要求“姑昂”让他们打架。“姑昂”同意了，并让“板告”去帮牛装角，叫“板央”去装“梳子”（牛的旋毛），装好后，他们就开始打架。此后苗族祭祀时，便叫水牯牛来打架，随后就杀它来代替无手足的娃儿，使子孙不断繁荣，从而形成了放牛打架和杀牛祭祖的习俗。

每隔 13 年，子孙们要敲醒祖先，隆重祭祀，起鼓场也就成为祖先们“醒来”以后聚集的场所，控拜的起鼓场在老樟树所在的一片山间空地上。鼓藏节之际，鼓藏头等人在修葺平整的场地中央挖一个锅口大小的土坑，在上面盖上锅盖大小的木板，木板两边插上木桩，用竹条将两根木桩从顶端连在一起，再在竹条中间插一根木棒连在杉木板上，即成了极有控拜特色的地鼓。起鼓之时，鼓藏头将各式祭品（整鱼、鸭肉、猪肉、糯米饭）撒在地鼓上，然后击打竹条中间的木棒，使地鼓发出低沉而浑厚的声音。随地鼓的敲响，周围聚集的人们立即放鞭炮，并开始吹芦笙、踩鼓。鼓藏头要用一块长 1.2 米的白布，将挖出的泥土包好放起来，待到第三年（寅年）十月的第一个巳日填入坑中，即为“藏鼓”。与祖先相连的是子孙后代，而子孙后代的繁衍离不开姻亲的缔结，芦笙场便是这么一个连接祖魂与后代的场所。苗族村寨里，往往由一个比起鼓场更为宽敞的平地作为跳芦笙的场地，有不少村寨是利用当地小学校的操场作为芦笙场。起鼓、杀猪、吃鼓藏肉之后，全村人都聚集在芦笙场，首先由吹芦笙的长者带队，待芦笙曲响起，鼓藏头家姑娘站前排，其他的则按约定俗成的规矩和到场的先后顺序自行调整：一般戴“银角”的姑娘靠前站，只戴银帽没戴“银角”的排其后，盛装的小朋友们和便装的嫂子们尾随而行。与站排相比，队列的排法也有讲究。通常本村的姑娘为一列，在最里圈、离鼓的位置最近；外村来的姑娘媳妇为一列，在中间；老妈子们则在最外圈排一列，有时老头子们穿马褂长袍手牵手地站在最外圈，借以维持秩序或保护姑娘们。盛装舞者们的步伐根据芦笙曲的悠扬节奏有条而不紊，以逆时针方向缓缓绕场，步伐为三步一顿，循环往复，庄重肃穆，这种空间的安排也是根据传统的伦理秩序而来的。跳芦笙的最后一天，是未婚青年求偶的日子。求偶者吹着特别的芦笙调子走进场中，走向早已看中的队列中的某个姑娘，有时身边还跟着个老年人。人们给青年人求偶吹的芦笙调子起名叫“讨花带”，如果姑娘也看上了小伙，就会把自己的花带或者银项圈挂在小伙的芦笙管上，这时身边跟的老人要么拿出早有准备的礼品或者银钱还赠，要么赶紧去买来相应的礼品回赠。

苗家人认为，人生最好的不只是发财，还要子孙后代延绵繁衍，这才是真正有福。正是强烈的血缘观念，缔结了地缘空间的社会关系，形成一套自成体系的社会组织和管理关系，而公共空间的分布与有效利用，则体现了这种缔结力量的强大。苗族村寨的社会机制，如果从传承组织角度看，有牯社、牯藏头、牯藏节、牯藏肉等从抽象到具体的集团记忆符号。从历史记忆角度看，有古歌、飞歌、酒歌、噶别福歌、民间传说、芦笙曲等全套“非物质”的述古方式。从生活习惯来看，则有饮食中的习俗与仪礼、着装中的刺绣与银饰传统、居所的地势选择和建筑方式等有形、无形的表述。虽然现在随着社会的发展和进步，还有人们等其他生活中的因素的影响，鲤鱼苗寨没有再举办过芦笙场、牯藏节等大型的活动，但是这些符号与表述的实现，均仰仗于以上所述的公共空间。而且这样的公共空间在一定的时刻划分了“神圣”与“世俗”的边界，并在特殊的建筑布局中，体现出特别的文化空间，用图腾图案等形式，记录着整个民族的信仰和崇拜，通过显示的东西去记录过去发生的事物，也透过整个广场，显示着整个鲤鱼苗寨的宇宙观和祖先崇拜。

四、风雨亭

图 3.10　鲤鱼村风雨亭　　吕博文摄

鲤鱼苗寨的风雨亭（见图 3.10），建在一座桥上，每天都有村民没事儿去桥上聊天，作为村子里的一个建筑，风雨亭也肩负着村里各种信息交换场所的责任。附近的地方也可看见几棵枫树屹立在风中，甚是美好。

苗寨的公共空间有几处重要的甚至是神圣的地方，除了鼓场等地方，就是护寨的枫树周边。枫树是苗家的神树，据传说，迁徙而来的祖先要想在一个地方定居，必先种下一棵枫树。枫树成活，表示祖先喜欢，人们就可以安家落户；如果不活，则意味着祖宗不同意，那就另换地方。枫树所在之地，也就是村寨的龙脉所在，每年敬桥节或清明节，村民们会在树下求子嗣，祭祖先。因为蝴蝶妈妈生在枫木树中，她的母亲是柴虫，柴虫的母亲是枫木疙瘩。蝴蝶妈妈是苗族的始祖，柴虫是苗族人的上始祖，枫木树疙瘩又是苗族的曾始祖。所以经常会流传着一句话“有寨必有枫”，可见枫树对于苗家人的重要性。

风雨亭在每天早上和下午能迎来最多的人，上到年纪很大的老人，下到正值青壮年的小伙子，他们在里面聊天，无形中却是村子中新消息不停交换的过程：谁来到了村子，由谁主持，有谁陪同，要住多久，主要目的等。凡是有新的情况都能第一时间得到信息，因为风雨亭下的桥连接着整个村子的两大部分，总有一个部分的人能够听到另一部分人没有得到的消息。村子里大小事情的启动、抉择、商议，可以让德高望重的人来到亭子当中同大家一同商量，在彻底执行之前，给大家一个商讨满意方案的过程。同时村委有了什么新动态，村子有了什么新信息大家也可以第一时间分享。亭子作为交换信息建立关系的地方，在村民的日常生活中占据着极其重要的位置。特别是农忙的时候，这个空间则是民间关系互相培养的地方，每家每户家里基本都有农田，农忙的时候，如果人手来不及，就需要去外面请人做，但是外面的人能否做得好，自己心中总有顾虑的。大家在风雨亭里聊天，聊到日常的生活技能，彼此之间也可以不用请人去给自家做农活，如果两人或者三人能够彼此信任，那么大家可以轮流去给对方家里做活，节省下来了请人做农活的费用是小事，在做农活的时候大家可以互相聊天，也信任对方的技能水平，放心地去做好自己的事情。同时也结交到了新的朋友，新关系的建立便是在此发生。此处也可以是关系缓和与调节的一个空间，村子也不是很大，除了白天车流来往比较多之外，夜晚还是比较清静的，整个村子围绕着一大片田，声音也可以在此通透，如果哪家有过争执或者纠纷，其他旁边的住户也可以第一时间听到，去做到调节。如果调解不成，在亭子听到旁边组哪一家有的矛盾没有解决，若是自己同他们比较亲近，则可以直接前往去解决问题。外地打工回来休息的人也会到亭子当中去休息，也会给村子当中的人带去外界打工方面的一手资讯，什么方面好做活，什么方面工资高，什么方面压力小，给家中有即将出去的，或者已经出去的村民提供一个调整或者选择的方向，让大家都可以在外面稍微轻松一点地生活。在风雨亭中没有见到女人在聊天，问了一些其他的村民，他们说不是女人不来，是因为女人觉得害羞。笔者结合另外一个家庭调查的过程，基本可以看出不是女人害羞不想去风雨亭或者广场之类的地方休息、聊天，而是因为这些地方被男人已经占领了，她们不能在那边待着。去调查的那个家庭的女主人，除了端茶倒水之外，其他时间都躲在房间里，包括家里的儿媳妇也是出来了一下后就慌忙走进了屋子，因为我们采访的是一家之主，除了男主人的儿子出去遛了下狗，其他人都显得很拘束。还是能感到有一定程度上的男尊女卑的思想禁锢着村民们的日常生活，随着村子的发展和外来思想的涌入，村民们的思想观念是有了一定程度上的改变，但还是有些难以逾越的思想障碍摆在大家的面前。并不是女人不喜欢聊天，而是因为男人在这边，她们不敢来，只能两三人的在家门口逗留聊天，看见男人回家的话，就要进去做家务，准备饭菜。

五、仙人洞

在王家居住的三组的房子后山上有一个仙人洞，曾经在“文革”期间被毁坏过，但现在又恢复了一些。因为洞中有因为常年钟乳石滴水而形成的一尊石像，像极了人，遂被村子里的人称为“仙人洞”，后来逐渐地也被外人所知晓。逢年过节，都会有本村的人和外地的人来到仙人洞去求上一个愿望，在这里，便是本地人和外地人发生交集的一个地方。本地人除了给自己求愿以外，还回去拉上自己在外面的朋友亲戚一起上山，大家在山上先祈愿，然后一起生火做饭，仙人洞外面的空地也成了亲戚朋友加固关系的地方，人们在一定的活动中，使得彼此更加熟悉。也会碰到外乡人来到后山求一个升官发财的愿，大家便可以在一起讨论，一起吃喝，带足够所有人吃的鸡鸭鱼肉上山，直到吃饱喝足以后返程。

六、其他空间

除了以上的各种社会空间，村间道路、广场、房屋的墙壁上张贴的图片和文字也都彰显着一个村子的发展历程，以及对于当下和未来奋斗方向的标识。

看着墙上张贴的标识（见图 3.11~ 图 3.14），回想起习近平同志 2011 年来鲤鱼村考察时的情景，习近平同志所说的话语还印刻在每一户村寨人家的心中。“各民族要相互了解、相互尊重、相互包容、相互欣赏、相互学习、相互帮助，像石榴籽那样紧紧抱在一起。”“民族团结是发展进步的基石。”“民族团结促和谐，长治久安谋发展。”鲤鱼村由苗族、布依族、汉族等民族组成，是一个多民族共聚共居的村寨。民族团结便是一个大核心。有了团结，才能有稳定，有了稳定，人们才能谋求下一步的发展。

图 3.11 鲤鱼村宣传标语 赵欢摄

图 3.12 鲤鱼村廉勤标语 何磊摄

图 3.13 鲤鱼村脱贫攻坚宣传标语
何磊摄

图 3.14 鲤鱼村民族团结宣传标语
赵月摄

发展是摆放在鲤鱼村村民面前的首要任务。现在正是脱贫攻坚的决胜阶段，村寨的标语（见图 3.15~ 图 3.18）显示了村干部对于自己生活和工作的要求。为了全面实现村寨的小康社会而努力工作，当然只靠个别人的努力是不够的，要积极鼓舞每位村民对于村寨建设贡献出自己的一分力量。希望大家成为一家人，早日实现伟大的中国梦。

图 3.15　鲤鱼村精准扶贫宣传栏　　何磊摄

图 3.16　鲤鱼村精准扶贫宣传栏　　何磊摄

图 3.17　鲤鱼村脱贫攻坚宣传标语　　何磊摄

图 3.18　鲤鱼村脱贫攻坚宣传标语　　何磊摄

“信邪教害人害己，讲科学利国利民。”“科学文明使人进步，迷信愚昧使人落后。”村寨当中还存在着这样的一些标语（见图 3.19，图 3.20），自然联系起以前的生活当中的一些陋习。因为是多民族聚居，碰到各种婚丧嫁娶，还是习惯去寻求风水先生为自己的事情算上一算。随着科学教育的逐渐深入，村民对于这种事情也逐渐看开。笔者在围绕村寨采访的过程中，碰到村民询问风水先生的住处和联系方式，均被告知那是“封建迷信”，“现在很少有风水先生在活动了”。村寨的科学教育和宣传工作做到了一个接近完善的程度。

图 3.19　鲤鱼村崇尚科学，反对邪教宣传标语　　赵月摄

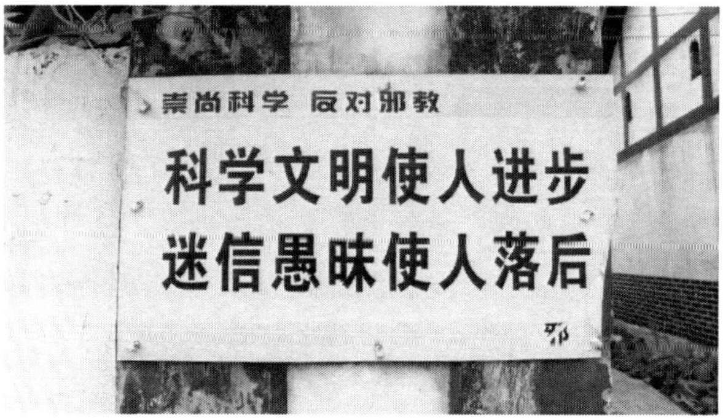

图 3.20　鲤鱼村崇尚科学，反对邪教宣传标语　　赵月摄

七、村落的隐私空间——家屋

在我国，提出的家屋，应该所有人的反应除了是住的地方以外，还包含家庭这个概念在里面。这个概念最早是由人类学家列维·斯特劳斯提出的，用来解释人类学家博厄斯提出的同时拥有父系与母系亲属关系特质时所产生的矛盾的情形。家屋是村民日常饮食起居的地方，是每一个家庭独享的私人的专属空间，在鲤鱼村建筑大规模翻新之前，大家住的有部分是传统的吊脚楼。那是贵州苗族的传统家屋形式，有过记载为“苗人喜楼居，上层储谷，中层主住

人，下层牲畜所宿”。一句话可以概括苗族人家讲求实用、注重功能的建房住房传统。

这种干栏式建筑一般分为三层，如记载，底层主要是用来生产和养殖的，外边会设置圈栏和晒台，将鸡鸭牛猪等牲畜养在圈栏之中，方便看管喂养。外边则是用来晒收获的粮食或者堆放做农活的工具。底层一般都有一个翻板门，可以通过楼梯直接进入到二层的堂屋当中。二层则是以“饮食起居”为主题，有堂屋、卧室、火塘、厨房等房间，堂屋则是一个家庭中最神圣的地方，中后壁上设立的有神龛，上边立有祖宗的牌位。堂屋是家庭生活起居的最主要的地方，也是整个楼房的交通中心，每个房间的侧方接近门口的地方都有个侧门，可以穿堂屋而过，进入到另一个房间。退堂是由堂屋退进的一步或两步的空间，与挑廊的一部分共同组成的半户外的空间类型。房间的上层主要是用来储存用的阁楼层，阁楼的空间与山尖形屋顶空间连通为一个整体，横向的各个空间结构之间没有设置隔间互为整体，对于储存、风干和透气等方面提供了极为有利的条件。这种居住的房子结合了该地山多、地势崎岖的特点，呈现着松散无固定形状的建筑群体。或沿着山的形状和街道的形状形成外凸的形式，或者形成内凹的形式，没有特别显著的变化，也没有固定的要求，彼此之间却都有着极其开阔的视野，良好的通风和采光。寨子内部的房屋沿着寨子弯曲的公路，建筑了一整圈，疏密有致。在这些房子现在也存在着“半边楼”，就是以房间的中柱为界限，地基在纵向上一分为二,一半为楼房，一半为平房，有着良好的地缘性，楼房和地面的比例也可以随便调整，与地形互相协调，同山地更好地适应。坡度变化的时候，房屋的布置也可以随意进退。坡面比较陡急的地段，整个房子的平面前移，露面的部分增大，地面的部分减少，可以扩展出来底层空间。缓坡地段，有三种情况：一是平面后移，楼面部分缩小，地面部分增大。二是平面不退，而使用条件又要相同，则在前部砌筑堡坎。三是不作筑台，而是平面前移调整，使半楼部分变为三层，获得更多的空间；峭壁岩坎地段，房屋或附崖跌下，可达 2~3 层，整个变成楼面，或大部分建于崖顶平面，少部悬挑吊脚，均可建造起来。[1] 值得一提的是这种传统民居都具有鲜明的特点，因为各种因素在建房的中间都可能产生，那么所在地方的材料所起的作用就显得尤为重要。不光要考虑到材料的质感、色彩、纹理、线条等的组合问题，还要让建筑本身具有属于这片乡土的质朴和美感。能与周围的环境融为一体，色调没有差别。这就对于建造的房屋，提供了更多的可

---

[1] 赵曼丽 . 贵州苗族传统民居对现代住宅建设的几点启示［J］. 贵州民族研究，2009，125（1）.

能性，更加能贴近和找到属于自己的特色。也体现出了苗族人民崇尚自然、爱护自然的良好传统。《淮南子・泰族训》有这样一段话："天地所包，阴阳所呕，雨露所濡，化生万物，瑶碧玉珠……久而不渝，奚仲不能旅，鲁般不能造，此之谓大巧。"极力讴歌大自然和谐之美，并强调这样的美乃由客观规律所形成，而非人工所能巧夺的。贵州苗族传统民居无论是从村寨的规划，建筑的布局，还是地方材料的运用，都自觉或不自觉地顺应自然条件而不断地调节自然环境之间的关系，彰显了天人合一的精神内涵，从而达到了统一和谐的效果。[1]

在传统家屋建造的时候，是讲究一个过程的，包括了去选建房的地方，定房子的方位走向，选择良时，奠基，修葺房壁，架上房梁，盖瓦片。选择建房地址是一个很重要的环节，是否能够通过观测，找到符合风水的地方，这直接关系到整个家庭在新房建造过程和今后生活的平安顺利的问题，俗话说“宁可信其有，不可信其无”，鲤鱼村的地形处在群山环绕的平地地区，所以地理条件造成的建房困难小了很多，那么风水先生的指点，对于整个家庭未来的生活吉凶起到了很大的作用，起码是心理上的。定房子的方位走向，就如同将祖先的香炉即鲤鱼村每家家中的神龛，可以放在具有积极意义的方位，通过这种方式，让人和自然能有一个良好的关系，大门的方向也取自当下的吉利方向和一家之主的生辰八字，因为这两个要素会根据不同的人而改变，所以房子的具体朝向也会根据具体情况而存在差别。选择良时需要用一个整个家庭的祖先的生卒年月和每一位现在成员的八字来确定。用天干地支来配合计算，避开六害六冲：寅巳害、酉戌害、申亥害、卯辰害、丑午害、子未害、巳亥相冲、辰戌相冲、卯酉相冲、寅申相冲、丑未相冲、子午相冲。生辰八字配合着六害六冲，共同为房子的方位和动工良时做出指明。奠基则是根据一家之主的生辰八字的有利方向来定。如此种种的建房方式便由此确定下来。

凡是一个民族族群的家屋，除了包含有其自身物理空间的自然属性，还包含着更加深层次的文化空间的规律在里边。一个民族族群的人民，就是通过这样的规律来进行人际关系的交往和日常生活的界定。生殖崇拜让整个家屋，在当地的文化视野中分成了神圣的和污秽的两个对立的空间，也用来隐喻男女同体。整个房屋蕴含孕育的力量，通过生命中每个阶段经历的变化、礼物的交换等方式，让繁衍从女方转移到男方身上并形成一个连续的动态的过程。彼得・贝格尔，当代宗教社会学家，曾经说过，世间的现象大多都是世俗的，只有在后来被用这样

[1] 赵曼丽. 贵州苗族传统民居对现代住宅建设的几点启示［J］. 贵州民族研究，2009，125（1）.

或者那样的方式赋予了神圣的性质之后才变得神圣。所需要表现的神圣性都是通过各种仪式等，重新去肯定其象征性。厅堂作为一个家屋的中心，是平时家庭相聚、客人来访以及举行仪式的场地，另外，厅堂里还摆放有神龛，那些列祖列宗的灵位。神龛是用比较好的木材制作的，是长方形，宽度小中间凹进去，周边凸出来的，固定在墙上而形成壁龛。家里一般有长者过世，就需要用红色的纸写上去世人的生辰八字，张贴在炉子旁边，要过三年才能将纸撕掉。每逢过年过节，家里人需要用熟的肉或者鸡鸭等祭祀祖先。祭祖必须由家里的一家之主或者长者中没有过世的人，显示出该地区的男女尊卑地位，家里的女人因为是从外边嫁进来的，所以不能参与家里祭祖等一切活动。神龛的下方一般摆放有土地神的灵位，既可以庇佑整个家庭的稳定与平安，也可以保护家里的财产。在平日的生活里，互相走访串门不能坐在别家厅堂的正中间，往往会选择坐在两边的位置上，或者两个侧厅里，在厅堂的正中间坐会被认为是不懂礼貌的表现。马林诺夫斯基在《文化论》一书中道："生殖作用在人类社会中已成为一种文化体系。种族的需要延绵并不是靠单纯的生理冲动及生理作用来满足的，而是一套传统的规则和一套相关的物质文化的设备活动的结果。"[1]

[1] 马林诺夫斯基．文化论［M］．费孝通，译．北京：华夏出版社，2002.

第四章　个人与社会

家庭是由一定范围的亲属（包括夫妻、父母、子女、兄弟、姊妹）组成的，是共同生产、共同消费、共同居住的构成社会的基本单位，是最基本的一种社会组织形式。家庭还是人类自身生产和再生产的一种社会组织形式，连接着婚姻关系、血缘关系。了解一个地区的家庭，可以帮助了解其生活及文化的各个方面。这一章主要只是针对鲤鱼村及其周围的喳啦村、坝桥村、大树村里边个别情况作了梳理。对家庭的调查分析，主要还是集中在鲤鱼村。家庭是复杂的，它联系着生活的方方面面。围绕着一个家庭的形式、规模，从分家等涉及家庭功能、结构的地方分析，去探明里边存在的原因。再对于家庭中老人的赡养方式、家庭里彼此的关系、家庭的经济进行一次分析，而这些因素也直接间接的同家庭的形式和规模存在着一定的联系。提到家庭，也必然会涉及婚姻，最后对于鲤鱼村本地的通婚圈以及相应的一些特殊的婚姻家庭现象做出了部分的描述。

鲤鱼村一直以来的家庭形式、规模，跟随着时代的发展发生了变化，家庭大多都逐渐趋向于小型化。如今的鲤鱼村，家庭主要以核心家庭为主，核心家庭和主干家庭之所以占据了整个村寨的大多数是因为分家这个习俗的存在。分家的原因则包含了各种各样的不同的因素，诸如国家政策的执行、地方习俗的发展和约束、家庭关系的处理、家庭经济、个人的发展历程及生命周期中间发生的变化等，甚至分家的形式现在也随着时代的发展而产生了变化。

家庭的形式规模以及结构又同时和老人的赡养方式存在着密切的关系。鲤鱼村的传统是由家里的小儿子来负责养老，采取互相轮流照顾养老的方式基本上是不可能的，他们也不愿意去选择这种养老方式。实际上，除了养老之外，老人通常和小儿子也是分家的，单独居住，自己去照顾自己的生活。只有当老人年岁逐渐增大，无法去自理生活的时候，当地的风俗、舆论及个人的观念才会迫使儿子去负责养老。赡养老人的方式主要是和当地社会相辅相成的，这是一种经过实践的选择，被大家认为有效的一种机制并实施了下去。

家庭之间的关系当然也是一个不可忽视的方面。家庭内成员关系的好坏，相处得是否融洽和睦直接对家庭的结构、形式和未来的发展产生一定的影响。同家庭的形式、规模、成员之间关系对等的一个重要的因素就是经济，它变成了一个分析家庭状况的重要方面。

家庭，在大多数人看来，是以婚姻的缔结为基础的。和其他地区的情况一样，鲤鱼村对于通婚方面也是有一定的规定的，如同姓同宗之间是不通婚的，通婚双方的字辈在村子里必须是相对等的。过去布依族、苗族、汉族及其他民族之间因为彼此生活的差异和不同，之间是并不通婚的，现在随着社会的改变，老人们态度的开放，年轻人观念的发展，通婚圈都呈现出一种扩大的趋势。中华人民共和国成立之后，通过并实施了新的《婚姻法》，然而在鲤鱼村，直到 20 世纪 80 年代还是盛行着不落夫家这一传统，哪怕是鲜少却也有一两例从表婚、转房婚的出现。从功能主义的角度来看待这个问题，文化之中包含的各个部分都是互相联系的，而且也是在整体中发挥着一定的作用，也就是它所代表的功能。在社会飞速发展的当下，旧习俗的存在必然是有其存在的依据及它同现代社会互相适应的方面。

核心家庭是指一对夫妇及其未婚子女组成的家庭，同时也会存在个别情况的不同，例如一对夫妇没有子女抑或是夫妇仅剩一人与未婚子女组成的家庭。扩大家庭则是指父母及其子女与两对以上的已婚子女组成的家庭，也涵盖了四代或四代以上成员组成的家庭。主干家庭则在核心家庭和扩大家庭之间，是父母及其未婚子女与一对已婚子女组成的家庭。

一、鲤鱼村家庭情况

鲤鱼村主要有四大姓氏，苗族的杨姓、王姓、吴姓，布依族的岑姓。除了杨姓有两个分支外，其余的各姓氏都来自同一宗族，存在血缘关系。20 世纪 80 年代之前，家庭是人口再生产的基本单位，还是物质资料生产的基本单位。所以分家情况比较少。现在村里的四个大姓大多分布在村子的四周，许多的家庭都是源自联合的家族，后来分家则逐渐产生。分家的原因是土地联产承包责任制的实施，分田责任到个人而产生的。分家前超大规模的联合家庭就有如吴家的一家 24 口人，包括老太，3 个儿子及其妻子，大儿子的 3 个儿子，二儿子的 6 个女儿和 3 个儿子，三儿子的 3 个女儿和两个儿子；杨家一家 19 口，包括老太，2 个儿子及其妻子，大儿子的 6 个孩子和二儿子的 8 个孩子等。20 世纪 80 年代以后，那种超大的家庭已经不复存在了，家庭大多从联合的大家族向主干家庭和核心家庭转变，规模也由大变小，分家在国家的政策下逐渐成了一种趋势。

（一）传统家庭

苗族和布依族是鲤鱼村居住的主要民族。他们的传统家庭都是按照一个火炕和一个灶台来计算建设的。火炕是用来取暖的地方，而灶台则是用来煮饭的地方。按照当地的说法，一个家的存在必须存在几个条件。首先，一个家庭，应该至少要有自己的房屋、衣物、农耕工具、饲养的家禽牲畜以及属于自己的部分土地。其次，一个家庭，需要有自己的名字，通常他们会用父亲或者丈夫的名字来命名一个家。再次，一个完整的家庭，至少应该包括有一对夫妻和他们的子女，也就是核心家庭。最后，一个家庭的成员，要在一个灶台吃饭。如果已经分过家，即使住在一起，一个屋子的不同房间，只要不是在一个灶台吃饭的，即使他们的关系是父子、母子、骨肉等，都能将他们视为一个家庭。小家也好，大家也好，二代、三代、四世同堂，只有大家同在一个灶台吃饭，才可以被称为一个家庭。

在走访的过程中了解到，现在鲤鱼村的传统家庭，早已普遍实现一夫一妻制。即便住在一起，如果没有结婚，也是不能构成一个完整家庭被大家所认可的。只有在不育和有女无儿的情况下，征得原配和寨老的同意之后，才可以去重新娶一个妻子，这种情况已经很多年没有了。即便是存在，得到的也是大家的同情，而不是对其的谴责。一般孩子长大独立并且结婚之后，有了孩子就会和父母分家，另建一个家庭，但也有因为家庭经济情况不允许或者儿子没有能力独立去维持一个家庭生计的时候，这种情况下，通常暂时不分开居住，而是同父母住在一起，操劳家中各事。假设父母都已年老不能独自操持家事和生活，就需要儿子结了婚之后也留在身边；独子的话，婚后也不太会和父母分开居住。一个家庭若有兄弟多人，则由最小的儿子留下同父母终老。所以一个家庭可能是核心家庭，也可能是扩大家庭。除了个别的以外，一般的父母和孩子，只有抚育和赡养的意义，早已不再是原来的父系扩大家庭的性质了。

传统的家庭当中，不管家庭性质如何，一般主持家事的人，往往都是由男人来担当，在一个小的家庭里，一般由丈夫来担任这样的角色。在一个扩大家庭当中，如果父亲尚可主持大事，就由父亲来担任，如果父亲年事已高，则由儿子来担任。兄弟几人的家庭，结婚后大家都没有分家，那么就由长子来担任。主持家庭大政的人，并不是在家里一人独大，凡事还是需要和大家商量的。大家的意见都达成一致之后，才可以生效，另在一个很大的家族中，开会一般也有小家庭的主持人去参加，同大家商量事宜。当然，一个家庭的主持，不只是男人才能担当，采访过程中就有一家是由女人来主持的。

主干家庭也是鲤鱼村普遍家庭方式的一种。但是这种家庭，都会选择在儿子结婚之后，外出打工，因为公事繁忙，大多会选择一年回家一两次，或者两年回家一次，或者存在一次性出去打工几年再回家的情况。儿子结婚后，尤其是儿子有了小孩之后，过几年这样的主干家庭也会面临分家的情况。现在的鲤鱼村绝大多数的青年都在外打工，因为常年不在家的缘故，在这些家庭中，儿子结婚之后是否分家，还显现得不太明显。这种主干家庭需要家庭和睦和谐，老者同自己的子女与媳妇女婿之间需要相处得较好。

（二）新型家庭

家庭组织的形式和规模随着整个社会的发展而变化，根据自身的情况不断去向适合环境的方向发展，但是发展过程中也要受到家庭经济、男女婚姻等方面的制约。改革开放之后，各种因素对于传统家庭的制约已经越来越失去了往常的作用，新时期的家庭逐渐显现出新的特点。

一代和二代住户的家庭逐渐增多，三代、四代同堂的扩大家庭一直在减少，家庭的整体发展趋向变为朝核心家庭发展。主要原因是在改革开放之后，随着以土地为生的农村体制格局的改变及计划生育政策的逐渐实施，使得大家心中早先的思想观念、生活生产习俗、生育生计方面的观念等发生着变化，社会上各种机会的产生使得儿女结婚之后不依靠父母也可以依靠自己的能力去独立生活。小的家庭的形成，可以鼓励激励新婚夫妇去勤俭持家，共同努力朝着更好的生活奋斗；可以避开婆媳之间、妯娌之间、兄弟之间在生活生产生计中因为各种小事而产生的不必要的矛盾和计较；可以更加促进家庭的和谐，加强夫妻对于孩子的教育和培养；在自家发展的过程中也可以让年轻人体会到生活的辛劳，去思考养育子女、赡养老人的问题。

新型家庭的产生，打破了原来家里必须由父亲或者长子长兄掌权家事的传统。父亲或母亲谁有能力谁来掌权，或者儿子们都结婚则由长子来掌权，儿子如若不在家，则交给儿媳妇来掌握家中大小各事，不再是由家中长者一人独揽权力。

以前传统的"传宗接代"和"多生子女多享福"等思想，使得鲤鱼村原来的生育意识及其观念极其落后。生育上的无节制，一家少则两三个多则七八个孩子的情况给不少的家庭带来了负担和困难。在计划生育政策的鼓励下，家庭生育的观念也在不断发生改变，许多的家庭现在逐渐只有一个小孩，又在国家鼓励二孩的政策下为家里的小孩添一个弟弟或妹妹。以上这些政策给家庭生计上的负担减轻了很多，也提高了生活的质量和水平。

一些陋习和偏见也在逐渐发生着变化，“入赘”即原来的招婿上门的结婚方式使得一些上门女婿必须改成女方家的姓氏而舍弃原来的姓氏，这样的结婚方式被很多人说成是丢宗卖祖的不光彩的事情。实际上男女青年结婚，男方家儿子很多，女方家没有兄弟，男方到女方家上门落户是很正常的现象。随着时代的发展和人们思想观念的转变，大家对于这种现象的看法也慢慢消除了原来的偏见和歧视，男方也在新的环境下也无须修改成女方家的姓氏。

中华人民共和国成立前的那段昏暗日子，各族人民深受封建统治阶级和国民党反动派的压迫和剥削，大家互相不去交流来往，也不信任彼此，更不用提通婚一说。就算偶有汉族和苗族之间通婚组成家庭的情况，也是极其稀少的。中华人民共和国成立后，全国各族人民团结友爱、和平共处，相互之间不断加强来往，增进友谊和互相之间的了解。尤其是习近平同志在鲤鱼村调研期间提出了“各族人民要像石榴籽一样，紧密地团结在一起”。民族之间互相不通婚的鸿沟早已被打破。时代的发展，年青一代的开放思想及老一代冲破了思想禁锢，苗族、布依族、汉族、回族的男女青年互相嫁娶早已经变成一种普遍的现象。

二、分家

分家包括了三个要素：第一，实质地分开而另组一个家庭；第二，产业的分离；第三，祖先牌位的分开与分别祭祀。但按照当地人的观念，分家只是分火塘，也就是分个灶做饭而已，从此各顾各的，就算是分家了。王崧兴曾用“一口灶”来定义家庭，就是属于吃同一“锅饭”的群体。在其定义下，即使住的房子可能是相连的，但是因为都是各自做饭，那么也算分家了。按照村里王姓长者的话，结婚之后一般都是要分家的。如果自己没有房子，没有能力挣钱又执意要分家的话，就在老房子中分一间出来，这种房子的结构是用木板分隔的，房子中间一般是堂屋，会放神龛在其中用来祭祀祖先。以这个堂屋为中轴，依次往两边建房屋。即使是最困难的家庭，也会有一个堂屋，两边各有一个房间。堂屋可以从正门进入，另外两侧的房间的门在正门的两侧，相对而开，既可以保证各个部分相对独立，也可以让各个部分相通起来。这种房屋的结构与分家的习俗相适应。

分家是导致鲤鱼村从比较大的联合家庭变为多的、分散的核心家庭和主干家庭的因素。但分家却不是将鲤鱼村的联合家庭结构消解的原因。分家的情况也随着时间的推移有着不同方式的变化。这里要提到的是20世纪90年代，此时作为一个基准点，分家的方式有了很大的变化，大儿子通常比家里的弟弟妹妹早成家，在这个时间点之前，大儿子结婚后，一般不会立刻分家，而是等到弟弟妹妹都长大之后才分家，因为为兄为父，大儿子作为家里的长辈，必须要承担同父母一起照顾幼小的责任，而不是结婚马上就分家，大部分会等到结婚六七年之后才会去分。但是随着经济来源方式的增多，外出打工等方式使得挣钱的路子变多，家庭成员的独立发展大大减弱了子女对于家庭的依赖性，逐渐就变成了儿子结婚之后，就会立刻分家，各自出去寻找自己的路，管理自己的事务。

（一）分家的原因

在我国传统中，过年聚会或者走亲串友，都会对三世同堂、四世同堂表现出一定的享受。但是一个大的家庭，特别是三世同堂、四世同堂的维持，往往却不是容易的事情。在一起相处，或多或少会出现一定的摩擦和意见相左。尤其是对社会发展、观念的转变。大家庭逐渐向小家庭发展，显示出一定的趋势，分家这种情况就会变得很平常。家家有本难念的经，经过田野调查，同村里王姓长者的交谈，笔者逐渐了解到了分家的几个普遍的原因，并进行了总结。

第一，大家庭的负担往往比较重。对于普通的家庭来说，子女成家之后，往往带来的就是人口的变化，除了父母子女，还要加入子女的爱人甚至是孩子，家庭日常的支出和经济负担就会加重，原来家庭结构的调整，也会给每一个人带来不同程度需要调整的地方。尤其是对于家庭收入不稳定和经济来源不清楚的家庭来说，分家显然是更好的选择。第一部分提到的两个大的家庭，杨姓和吴姓，分家一个最重要的原因，就是随着人口的不断增加，给家里带来的压力和负担不断变大，而导致了最终的分家。根据访问的内容，当两家准备分家的时候，儿孙辈的人都已经有部分人开始准备结婚成家，人口的再度增加，使得吃住成了一个问题，让两个二十几口的大家庭，最终因为难以维持而分家。

第二，大家庭矛盾多。大的家庭兄弟姐妹众多，成员纷纷成家之后，妯娌之间、婆媳之间、丈婿之间，甚至是兄弟姐妹之间、兄弟姐妹的孩子们之间，都有可能会发生摩擦和矛盾，导致家庭成员之间的争吵、打架、怄气。但是在这样的争执过程中，公说公有理，婆说婆有理，每个人评判事物的标准不一样，对于事情的看法和处理方式也不一样，导致矛盾往往又变成了难以解决的事情，哪怕是一件很小的事，都可能在处理上，因为端不平一碗水，而让某一方埋怨在心。在一个家庭有很多兄弟姐妹的情况下，分家可以避免解决这个问题。

第三，年轻人在独立发展方面上心。村子比较穷的时候，活路很少，除了耕田种地之外，很少有其他的务工方式提供选择。于是在大多数家庭逐渐形成了这样一种模式，即老的在家中做家务，打扫、清洁、洗衣、做饭，年轻的大多出去做农活，因为他们年轻力壮，做起活比长辈更加上手、方便。在一个家庭里，男女老幼各有分工，这样的家庭就比较容易维系一点。现在随着社会发展，人们的思想也逐渐解放，出路多了，年轻人会选择在合适的时机，出去到外边去追求自己的发展，比如去外面做工，去租个商铺做生意。这种追求个人独立发展的方式同之前的农活不同。这种方式更能体现出个人的能力及其在事情上的努力程度和效果。所以相比于都在家里做农活，大部分年轻人更青睐于外出务工，个人做出了多少努力和贡献，就拿到多少相应的报酬，不管是多是少，好歹是自己用努力换来的，归自己所有。现在村里的大部分老人也想通了，刚开始年轻人大批量外出务工还有想不明白的地方，现在知道年轻人的思想观念已经和他们原来那个时代不一样了，他们外出务工，挣了自己的钱，可以吃得好一点，过得宽裕的，那都是属于他们自己的。

核心家庭、主干家庭和扩大家庭这种概念，不能只是从分家这件事情上来分析，更多的应该从功能方面分析下家庭的结构，从家庭功能的维系上寻找原因。除了上面提出来的大家庭的负担一般偏重、家庭人多内部矛盾较多、年轻人自己寻求独立发展三个主要原因之外，还存在其他的各种各样的原因导致分家。比如个别人生命周期的变化，像结婚、丧偶之类的，也会导致家庭结构形式和规模的变化。

曾有不少专家学者对于分家的原因进行过探讨和分析，各家持有各家不同的思考和理论。费孝通先生在《乡土中国生育制度》中曾用三角结构这个概念来揭示家的结构特质和演变过程。在一个家庭中，一个三角结构中，夫妻及其子女形成了这个三角结构的三个点，随着子女的增加或者成长，第三个点就会变得越来越强大，三个点不能互相均衡，这个家庭的三角结构逐渐扩大，随着子女的结婚生子，又会形成一个新的三角结构，那么势必会导致原先三角结构的解构，导致了无法保持其原先的完整性而趋向于分家。麻国庆在《家与中国社会结构》一书中通过“家庭内摩擦”这个词概括了分家这件事情的产生原因。“家庭内摩擦”包括了横向摩擦和纵向摩擦，横向摩擦指的是同辈之间如同兄弟妯娌之间的摩擦，纵向摩擦指的是父母与子女之间的摩擦。随着家庭内部摩擦的逐渐增大，会打破原先家庭内部的均衡，这便成了引起分家的一个主要因素。“事实上分家本身是农民社会的一种理性选择，这种选择主要是出于生活的具体实际，这种实际从经济上看，分家后的收益大于不分家所付出的成本；从社会性质来看，分家有利于个性的砥砺和对亲属关系这一社会资源的充分利用，因为在未分家前姻亲关系在交流上存在着诸多的困难，而分家明确了亲属关系的指向。”[1] 许烺光则认为，在一个新的家庭的组建过程中，如果夫妻之间的那种纽带强于父子之间的纽带，这种关系就会容易发生分家。反之，则比较容易实现累世同堂。不管是哪一种类型的纽带关系，都必须要依靠家庭本身的经济情况而定，在比较富裕的那种家庭或者阶层中，父子之间关系强，不容易有分家的情况产生；在贫穷的家庭或者阶层中，夫妻之间的独立性反而会显得较高一点，这样的一种过程容易产生分家的情况。弗里德曼从另外一个视角区分析了这种情况，即兄弟之间如若有经济竞争关系，或者利害冲突关系也容易产生分家的情况。

综上所述，分家可以说是各种矛盾引发的一个结果，也可以看成是一种约定俗成的现象。诸多的原因摆放在面前，如果单单对于一个家庭的分家原因去寻求一种理性的解释，也不会是一言两语就可以说清道明的。分家本身就包括了一个过程和状态，其中包含了因素的多种多样也会因为天、地、人的要素的不同而各有差异。

（二）分家的形式

在这个地区，分家的形式是根据家庭的条件来分的，大致分为两种，一种是普通家庭的分家，一种是富裕家庭的分家。

普通家庭的分家。一般家里是比较穷的，没有什么财产与多余的家产。这样的家庭如果要分家的话，需要找几个见证人，通常包括老人及年轻人，以便日后如果有变，不管是过了多久，哪怕是见证人中的老者已经去世，那么当年在场的年轻人也还是可以作证的。分家的原则当然是讲究要尽量做到公平公正，这样才不至于在分家的过程中产生矛盾。最常用的方式就是将家里的东西写在纸里，家里的兄弟之间采取抓阄的方式来确定自己可以分到的东西。如果家里的老者比较有威信的话，就可以直接当场指出分配的东西。关于家里的财物，像柜子、桌椅板凳、坛子、缸等可以拿走可以分走的东西，在家人商量好后，分家当场就可以直接拿走。在所有分家过程中，最容易产生问题的地方就是家里关于土地的分配，因为土地是农村人的根，是最主要的生活依靠，也是最重要的财产。这样就

[1] 麻国庆 . 家与中国社会结构［M］. 北京：文物出版社，1999：48.

会在分家的时候，特别需要注意土地的公平分配。关于土质的好坏、土地面积的大小，通常也会带来纠纷，说的那种绝对的平均是不可能实现。打个比方在家里如果有三兄弟，家里面的田却不是三的倍数的时候（或 4 块或 7 块或 11 块），这种情况只能是大家算出土地的总面积，然后去平分，抑或是拿好地的人少拿些土地，拿不好土地的人则多拿点土地。其实最好的办法还是去依靠抓阄的方式，因为这样的方式，抓到的土地是自己拿的，不是人为分的，不会涉及老人偏心偏爱谁及各种矛盾。

分好家之后接下来就是请个先生，算个吉日，修炉灶，请别的家来煮那么一两顿饭，就是常说的“烧锅底”。来烧饭的别家如果是有钱的人家，可以送点锅碗瓢盆，同时也要请亲戚朋友一起吃顿饭。如果分家过程中兄弟之间心里没有缝隙或者平日里就关系好，大家可以互相去对方的家里请客，或者几个兄弟一起去别家一起做饭烧锅底。那么相对来说比较穷的家庭，就没有烧锅底这一道，直接就住进去了。分家之后，不代表一切就顺其自然地过下去了，也会存在一些兄弟因为抱怨被分的土地好坏存在很大不同而要求见证人能出面，再次主持一轮新的分配，达到公平公正。由于这样的家庭，一般财产都是有限的，不会特别的多，所以在分家的过程中一般是不立字据的，有的时候见证人都不一定去请过来。分家的时候一般会按照人口去平均分配，力求每个人得到的土地和其他财物都平均。家里财产比较少的家庭，省去请公证人这一道。大家把财产分还之后，就会择个日子正式地去将家产分一下，分家前大家吃一顿团圆饭，请来年长的长者、附近的亲朋好友。吃完饭，长辈会在堂屋里的神龛下，对祖先的牌位进行烧香，这样等于是告诉老祖宗，吃下一顿的时候，这一家的父母同子女之间就是各家吃各家，各家管各家了。

富裕家庭的分家。这种家庭大多都是地主权贵之类的情况主要存在于 20 世纪 50 年代以前，家里富裕，有田、有地、有钱、有房子，每年需要收取的各种租金，分家势必就会复杂很多，分家就会如前面所讲，需要老人和年轻人一同过来做见证人。见证人同家里的老人商量互通家里财产的分配，如果家里的老人很有威信，则就直接由老人做主去指名分配，但是平均依然是需要注意的第一原则。分财产的时候，这样的家庭因为财物都很多，那么就需要在字据上清晰地写明了，每个人分得多少的钱和物，老人自己留下多少钱和物。然后家里的老人、兄弟，包括见证人，都需要在上边签字。字据如果立了，大家都签字了，那么一般就不会再有争论了，有什么问题的，在字据签字之前就需要去主动提出和解决。

现在家庭中也会存在一儿多女的情况，一般都是女儿嫁出去了，儿子在家中不分家，因为只有一个儿子，老人们通常也会想到养老方面的问题，所以在只有一个儿子的情况下，家里是不分家的，所有的家产全部都由儿子来继承。

三、老人的赡养方式

儿子在结婚之后，都会想办法去建房子分家。即便是有些穷一点的人家，建不起房子，也会要求在孩子出生之后，在家里分一个房间给他们，儿子们顺次结婚之后从家里分出去，最后只会剩下最小的儿子和老人。像这种情况的话，家里老人赡养的事情，就由小儿子来完成。但是照顾老人并不代表需要和老人住在一起，如果其他几个儿子也有外出务工做活路，家里需要人照看屋子或者孩子的话，那么老人暂时就和小儿子分开，去到要照顾的那一家去。经过调查，基本可以得出结论，现在和之前不同的是，老人们更在乎的是平时哪个儿子对他们好，他们希望和更有孝心的那个儿子住在一起。

主要的赡养方式是家庭养老，一般案例来说都是让小儿子养，现在也逐渐地看各位儿子的孝顺程度而定。虽然说传统上是由老人和小儿子一起住，但是由于各种各样的原因，却还是彼此分家。两位老人都健在，或者已经丧偶的，具备劳动能力和丧失劳动能力但生活尚且可以自理的一般都是靠着自己的体力去劳动，或者依靠着儿子给予的一定的粮食度日。造成老人和孩子不住在一起，存在分家现象的主要原因，大致也分为了以下几个方面。

第一，饮食上不方便。在谈及因为什么分家的时候，大部分的老人第一个反应都会想到这个原因，大部分的情况归结于，与年轻人吃饭的时间不一致，饭菜也不统一。在农村里，年轻一辈因为要外出务工或者干农活，吃饭的时间一般都是早上八九点吃完早饭出去干活，中午要等到忙完活回来做，下午一两点才吃到午饭，晚饭则会等到七八点才去吃。但是相对于固定的吃饭时间，老人们则喜欢在饿了之后就吃饭，想吃什么就去做什么。同时，老人们的牙口功能逐渐弱化，吃的方面，比较偏爱稀一点、软一点的，年轻人则更喜欢干一些的。不分家在一起吃饭，就会给老人和年轻人同时带来一定的麻烦，在吃的方面，会产生矛盾和口舌。

第二，和儿子们一起住的话，会给老人们带来很大的负担。农村和城市不同，农村里的农活较多，包括放牛、割草、喂猪、做饭、洗衣服等。在年轻人大部分都外出务工的情况下，如果家里的老人还能够干活，那么老人在这个家里就会很辛苦。另外，不同于城市中的晚婚晚育和独生子女政策，相比于城市中夫妻一般只有一个小孩的家庭结构，农村里小孩就会比较多，老人照顾下来，也就会很辛苦，因为孩子都要同时管。老人在干家务的同时还要兼顾照顾小孩的责任，就会给老人的生活带来太多的任务。不光如此，如果老人的孩子较多，只给一个儿子家里干家务，照顾孩子，时间长了注定会引起其他几个儿子的不满和抱怨。

第三，家庭关系也会影响到分家。这里主要指的是婆媳关系。嫁进来的媳妇作为外部来到这个家庭的一分子，因为没有和老人接触过，那么从接触到熟悉到彼此适应对方的生活习惯，多多少少都是一个需要磨合的过程。在很多的家庭当中，或多或少都存在难以磨合的情况，也就是说老人和媳妇和睦相处的不分家的家庭很少。老人和媳妇之间如果的确不能好好相处的话，提出分家的通常就是老人，因为他们不愿意受气。大部分老人对于分家的看法是出于自愿的，一小部分老人则表示是出于无奈。在部分年纪处在 50 岁左右的面临将要分家的老人那里看来，多数人还是更想晚年儿子孝顺在身旁，照顾着自己，试着先和儿媳妇相处下，再看自己分不分家。已经分家的老人，通常都是可以自己照顾自己的，打理自己生活没有任何问题，部分还会自己耕种一些田地，或者把田地租出去。等到老人自己照顾不了自己了，就由儿子来照顾。一个儿子如果不照顾生活不能自理的老人，正如村里人所说的，村里的人都不会放过他。就算是老人和儿子分家了，但家一般都是连在一起或者在周围的，应相互照应。

四、家庭关系

一个家庭包含着各种各样的关系，夫妻之间的、婆媳之间的、亲子之间的等。家庭中的关系无疑影响着家庭的形式、规模及结构。

（一）夫妻关系

家庭当中夫妻间关系恶化，可能会导致这个家庭的残缺。妻子或者丈夫很有可能会抛下这个家庭走掉。在农村里，很少有夫妻之间“离婚了”这一种说法，大多都会说成是“老婆跑了”，两种说法差不了多少。部分的家庭可能会因为经济条件或其他因素，导致经常会发生口角，遇到一点小事也吵，大事更加吵得响。正如村民所说的，如果生活过不去的，吵得就更多，争吵的过程就是互相埋怨对方的过程。除了家庭的经济条件会是影响家庭和睦的一个重要因素，在调查的过程中所知，很多家庭会因为衣食住行的问题去争吵。特别是前些年，日子过得还不太好的时候，每到青黄不接的时候，矛盾就会逐渐地增多、放大。除了以上两点，感情也是一个重要的因素，因为现在大部分的家庭的夫妻做活都会选择外出打工来养活家人，但是家里孩子年纪比较小且没有老人在家的话，就需要留下一个人来照顾孩子，通常都是女方留下来，男方出去打工。外出打工常常都是一年半载回家一次，在很长一段时间内，夫妻之间相处的时间变少了，随着生活的琐事增加和见识的逐渐不同，回家一次可能会因为各种各样的事情而发生争执，感情容易发生问题。

鲤鱼村中实行计划生育政策之后，大多数都是女方去结扎。随后外出打工的人多了。尤其是男性，可能与打工地方的本地人或者外地人有染，虽然村里也会有风言风语，但是因为没有证据，多多少少对家庭关系来说是没有影响的。杨医生说，在之前的一段时间，有不少的男人外出务工期间乱搞男女关系，导致有几个人染上了性病。村里人得知了，就传了起来，知道了乱搞男女关系会得性病，也对于这样的行为出现了伦理和道德上的抵制。村里人常说“家中经常吵，就因有个小”。夫妻之间的不和睦，可能会和有外遇这种事情有关，一般都会有预兆，想掩饰是掩饰不了的。虽然感情因素是影响家庭的一个重要的因素，但是对于家境比较贫穷的家庭来说，夫妻间本身生活中的矛盾就很多，相比而言，经济方面的问题会比情感问题占据更加重要的位置。大多都会认为，如果一个家里吃住都没有问题的话，夫妻间就不会有吵架的情况出现。

（二）兄弟妯娌关系

一个大的家庭当中，兄弟之间感情不和的原因，最常见的就是分家的时候，分配的不均匀。上文提到过，绝对的公平是不存在的，常常不可能达到这种情况。被分到的田地是否肥沃，距离家的远近、面积的大小等的差别，还有其他财产分配时产生的不均匀等情况，通常都会造成兄弟之间，抑或是妯娌之间的矛盾。村中吴姓的几个兄弟就是因为分家分配的不公平，变得相互之间经常闹矛盾，甚至现在都没有和好。虽然几个兄弟随后都各自出去打工了，但是留在家里的妯娌之间，经常还是会闹别扭，发生口角，解不开矛盾。很大的程度上，兄弟之间关系的好坏，可能是和家里的老人有关。

（三）老人与后辈的关系

谈及老人与后辈关系中矛盾的地方，通常都是因为老人帮家里的几兄弟干活不均造成的。在农村，很多家庭都是需要劳动力帮忙去干农活或者出去干农活的时候需要家里有个老人来照看小孩子。这种情况下，老人帮不帮忙，帮这个还是帮那个，帮一个帮多久，都会产生矛盾，甚至直接导致兄弟妯娌之间关系的不和。

何老伯有三个儿子，三个儿子分别结婚之后，就和三个儿子都分了家，当时家里老太还在世，和家里的大儿子住在一起，她自己会洗衣做饭，这些一起生活产生的各种费用，都由何老伯来承担。有一次何老伯用自己的三轮车拉了一车煤，因为老太和大儿子住在一起的缘故，就分给了大儿子半车煤，自己留下了半车。事情让二儿子和三儿子的媳妇听到了，对此都很有意见。种种这类生活上的琐事，为老伯的大儿媳同二儿媳、三儿媳日后的各种矛盾埋下伏笔。等到老太过世了，何老伯让大儿子去置办家里摆酒的各种食物以及用品，最后核算的时候，少了一些钱，大儿子说自己没有去拿那些少了的钱，老伯也就没有追究下去。但是其他的二儿子儿媳、三儿子儿媳对此有很大的意见。甚至那之后大儿子和二儿子都没有和好的意思，二儿子和三儿子的媳妇也一直对着大儿子的媳妇有各种各样的意见，经常会彼此之间产生口舌发生争吵，现在基本上不怎么说话了，甚至在对方有难处的时候，到处去揭短。

老人及后辈性格上的好坏与差异也影响着他们彼此之间的关系。一方的性格不合，都会直接或间接地去影响一个家庭的维持。之前村中有一位龙姓老太，有四个儿子三个女儿，儿子都已经结婚分家了，女儿也都全部嫁出去了，丈夫也过世了，就一个人住在老屋子里。自己有田，生活过得还不错，比自己一些儿子还好一点，不愁吃不愁穿，就是性格比较怪，难以同周围的人相处，甚至到连自己的儿子都不想和她住在一起。她自己本身同三儿子的关系要相处得稍微好一点，对自己的大儿子确实很有意见。所以后来，当家里的老大同老三之间有了冲突之后，老太就主动帮助老三去对付老大。

除了上面的家庭关系以外，还有中青年一代人与子女的关系、兄弟姐妹的关系等，都可以对家庭带来影响，在此就不一一赘述。

五、社会关系

家庭关系是以家庭为核心单元，建立在血缘基础或者婚姻基础上的关系，也就是说，亲属关系抑或是家庭关系是在血缘和婚姻关系的前提下形成的。民间社会中也会存在因为地缘、业缘等为基础建立社会关系的情况，或者存在其他关系。

（一）认干亲

拟亲属关系，是一种用亲属称谓来互相称呼彼此，但是实际却没有实质性亲属关系的其他成员，算是亲属关系的一种拓展。民间或称为“不是亲人，当作亲人；不是长辈，权当长辈”的现象。这种关系通常是通过某些仪式，把没有任何血缘、婚姻关系的社会成员之间结为一种亲属关系。

认干亲的影响因素有很多。因“命”认亲，大多会因为风水先生的演算中，发现家中孩子和大人命相克，那么就需要认其他人来冲掉这个厄运。但是这种情况的认干亲，往往很难成功，因为被认的干爹干娘也会怕命被克，实在找不到人的情况下，会找个地方供养神佛为亲，或者认其他的物为亲，这主要要看风水先生的指示。因“娇”认亲，通常会因为家中只有一个孩子，从小被宠溺养大，怕被歪门邪道夺走孩子，就会找一个家中儿女成群的家庭，认这家的主人为干亲。因“弱”认亲，体弱或者气弱的孩子，需要风水先生的帮助，找到干亲相认，指望着干亲的家庭能庇佑，保护孩子健康茁壮成长。因“和”认亲，两个人在特别投缘的情况下，会将自己的儿子或者女儿给对方做干儿子或干女儿，诸多方式都是认干亲的一些情况。

认干亲在民间社会当中，往往被当作一件很重要的事情。认干亲的双方，需要把对方接纳为自己的家人，这不仅是一个拟的亲属关系，也是在整个社会的公开身份。清人笔记中说：“干儿者，不论男子、女子皆有之。盖于十龄以内，认二人为义父、义母，称之曰干爷、干娘。吴俗曰‘过房’，越俗曰‘寄拜’。干爷为其命名，冠曰己姓。命名之日，干儿之父母率儿登堂，具馔祀祖，并以礼物上献干爷、干娘。自是而年节往来，彼此则互有所馈，长大婚嫁，干爷、干娘赠物亦必甚丰。”[1] 认干亲一般都有一个仪式。首先是挂锁，选定一个好的日子，如三月三、六月六等，只要是适合举行仪式的吉日，双日都可以。到选定日子的当天，干娘一家就会提前在家的门框上挂上一个锁，用彩色的钱和钱币穿起来，这是一个“长命锁”，等孩子到家门口了，就拿下来戴在孩子的脖子上，这叫作“挂锁”。挂上锁后，干娘一家人就会带着干儿子，到自家的院子里去，对着天地磕头。如果干儿子干女儿的年纪过于幼小，就由生母抱着行礼。然后烧纸、供香，给天地见证，从此家里多了一个孩子，自己会竭尽所能将孩子抚养长大成人。仪式结束，一家人在堂屋里围绕而坐，吃一顿饭。临走的时候，干娘会给干儿子干女儿钱，对比以前有所不同，现在都以带“6”数字的相应金额来送，寓意着顺顺利利与平平安安。除了办仪式很隆重外，其他小事靠大人们的口头约定就可以了。随后，孩子见到叔伯阿姨，就要改口为“干爹干娘”了。有了挂锁就有开锁。婚礼

[1] 徐珂 . 清稗类钞（全十三册）[M]. 北京：中华书局，2010.

的前夕，干儿子干女儿会重新回到干爹干娘家，一起在天地牌位下再次烧纸、供香。干娘干爹同干儿子干女儿同时跪拜，让天地知道以前认得的孩子现在已经长大成人，自己曾经的誓言完成了，现在是时候让孩子自己成家立业了。将原来的锁从干儿子干女儿的脖子上拿下来，丢进火里烧掉。如果当时供奉的是干娘，但是在解锁之前，干娘不幸过世了，就由干爹或者干奶奶来解锁；如果当时拜的是物品或者神佛，那么解锁的仪式就在婚礼上进行，并且由新婚的夫妻一同来解锁。

认干亲属于民间遗留下来的一种民俗，其有自己的历史，适应于民间文化而存在，包含很多功能并且可以透视出很多内容。自古以来家庭和社会都很重视抚育儿童传宗接代的问题，通过“认干亲”，消除了孩子们在成长道路中可能存在的灾害，让孩子能够健康茁壮地成长，在那种艰苦而不容易养活孩子的年代，认干亲是很有意义的。通过建立这种拟亲属的关系，可依赖多个家庭来共同缓解抚养一个孩子所需要的经济压力和负担，还可以弥补不够强大的亲属关系。现在的乡村社会，大部分的家庭随着思想的逐渐开放，独生子女的家庭越来越多，相对于原先一个家庭七八个兄弟姐妹的大家庭来讲，显然现有的亲属关系会相对的薄弱。但是一部分农村还是会注重家族的亲属关系发展和家族的壮大情况，“认干亲”会间接地“弥补”亲属关系，是一个一举两得的事情，并且能增强个体之间的认同。一个人的个体是没有办法直接依附在社会上的，通过“认干亲”在个人与社会之间，建立起来一种非正式的关系，让个体在进入社会的过程中，能够很顺利地形成自身对于社会的认同。通过人际关系将个体与他人联系起来，形成关系。教化的功能，“认干亲”要求的关系双方，除了有一种集体的意识之外，还要双方都能有良好的品质和道德。双方经过长时间的接触和磨合，会充分地了解彼此，没有人会愿意和品行差的人为伍，亲生父母给孩子找干亲的时候，也是会充分地了解对方的品行和人格之后才做出决定，这种相互的约束，起到了很好的教化功能和凝聚功能。“认干亲”在社会中的不同群体中，会形成一种凝结和聚合的作用，在群体遇到危机的时候，这种凝聚功能就会起到很突出的作用。仪式对于这种民间生活具有不可忽略的含义，挂锁解锁等环节，隐藏着传统宗教的追求和巫术的影子。其特点就还是泛神的一种信仰，可以是信奉天地神，也可以是信奉其他神，还有祖先的神灵。《中国大百科全书·宗教卷》这样定义宗教：“①相信超自然体的存在；②认为超自然体的意志和行动能够影响现实世界和人生的祸福；③信仰者因而对之礼拜、求告。”[1] 在这些宗教活动里，烧纸和供奉是用来敬畏神仙的，供香（升烟）是用来请神和降神的。为干儿子干女儿挂上锁，意味着锁住了孩子的灵魂不被抢走。给孩子的钱，经过了千万人之手，是集阳气之物，辟邪化煞保佑世人等。

（二）邻里关系

远亲不如近邻，随着鲤鱼村的居住区域重组，很多原先住在一起的整个家族都被打散在了村里的各个角落。很多时候，身边发生的事情，与其要让相隔有距离的亲朋来帮忙，更多的则是让邻居来帮忙会更容易。

鲤鱼村原来将赶场叫转转场（当地方言），买的东西是所有的日常所需的物品，每六天开启的转场会让全村，以及周边的人都去，因为这是一周当中，唯一一次给整个家庭未来的衣食住行补给的机会。如果碰到家里有事，或者农活正忙，那么就需要邻里去帮忙带所需的东西回来，也有家里提前买车的邻居朋友，帮助村里的其他人买过来。在转场的过程中，会遇到经常购买东西的商家，可以与其建立起一种朋友的关系，但是这种关系只是限于每周转场的时候，在日常的工作和生活当中，并不会影响到彼此的生活。现在在屯脚老街和新街变成了每周一次的赶场，老街由原来的转场更名为了牛市，因为老街原来是转场什么都卖，现在随着对于镇上和村寨的规划，老街只是卖牛肉，牛市由此而命名。新的杂物和鸡鸭鱼肉都是在新街去卖了，新街现在叫卖场。

除了赶集，在日常生活当中也会遇到帮换工的问题，大家都是邻里，碰到农忙的时候自家的田地肯定是忙不过来的，就需要互相帮助换工，来实现彼此家里田地的工作快速完成的目的。在帮换过程中，大家都很用心，不管是在谁家的田地都会卖力干的人，当然是会在村寨中有比较好的名声，大家帮换工都会积极地联系他。如果不积极，就会受到大家的孤立，从此没有人再帮忙。

六、称谓

鲤鱼村是由布依族和苗族组成的村寨。因为各种因素而逐渐形成的分家习俗并不影响他们原来的家庭亲属之间的互相称呼。平日为人处世，接人待物方面也需要讲究礼仪。不管家中或寨子的客人身份如何，都礼仪相待。

---

[1] 中国大百科全书总编辑委员会《宗教》编辑委员会，等.中国大百科全书·宗教卷［M］.北京：中国大百科全书出版社，1988.

（一）常见称呼

鲤鱼村的人们，不管是在家庭成员、亲友之间还是日常往来的社会朋友中，相互称呼都是按照辈分和年龄的大小来称呼，不直呼其名。苗族方面，一般家里有儿媳了不直接喊她的名字，而是称呼其为 ab nieeb（阿聂，意为“嫂”），如果家中人丁兴旺，有几个儿子同娶了媳妇的话，称呼也分别为 nieeb hlieb（聂奴，意为“大嫂”）、nieeb ob（聂娥，意为“二嫂”）等，以此类推。同时，家中的长辈，也不会直接喊她的大名，而是用这个媳妇的丈夫的乳名加上 nieeb 去称呼。例如，一个男人乳名为“方”，则家中长辈称呼他的媳妇就是 nieeb fangb（聂方，意为“方嫂”）；家中的男人若乳名为“林”，则称呼她的媳妇为 nieeb link（聂林，意为“林嫂”）。

家中的长辈对于晚辈之间的称呼也不会称呼其名字，只是按照他的性别去称呼，男的称呼其为 dial（嗲，意为“哥”），女的称呼其为 ad（阿，意为“姐”）。也可以在称谓之后加上乳名，男的乳名为“牛”的话，称呼其为 dial liod（嗲牛，意为“牛哥”），女的乳名为“兰”的话，称呼其为 ad laik（阿兰，意为“兰姐”）。对于其他人的称呼，不论身份，男性凡是年事已高的，皆称呼其为 ghet（告，意为“爷”），年长者称为 bak lul（爸娄，意为“伯伯”），年幼者称呼为 yeeb（依，意为“叔叔”）。女性年事已高的称呼为 wub（乌，意为“奶”），年长者称呼为 mab lul（妈娄，意为“姨妈”），年轻者称呼为 ad（阿，意为“姐”）等。

亲戚之间，长辈对于晚辈之间的称呼，同样是礼称而不是直呼其名。称呼舅妈、姑妈家的儿子女儿的时候，男孩子称呼为 hvait（汗），女孩子称呼为 ghab mongl（嘎蒙），同理，也可以加上其乳名称呼之。弟兄之间的称呼，年长者称为 dial，如若已经结婚且生儿育女，则称呼为 bak lul（爸娄，意为“伯伯”）。年幼者称呼为 ut（务，意为“弟”），若生儿育女则称呼为 bak yut（爸要，意为“叔叔”）。姐妹之间的互相称呼，年长者称呼为 ad（阿，意为“姐”），年幼者称呼为 ad yut（阿依，意为“幺妹，妹妹”）。成家之后的年长者称呼为 mab lul（妈娄，意为“姨妈”），年幼者称呼为 mab niangl（妈孃，意为“姨孃”）。初为新娘的媳妇称呼男方及其家族的兄弟都为 mul（木），男方及其家族的姐妹为 deik（得）。为了方便区别彼此的身份，也可以在称呼之间加上乳名。

（二）常规称谓

鲤鱼村的苗族村民对于父母、长辈、兄弟姐妹，亲戚亲属的称谓，现在大部分都和汉族相同。只有小部分的称谓与汉族之间有着些许的区别。现在称呼妻子的父母，汉族都习惯叫爸爸、妈妈、岳父、岳母，苗族中不能叫爸爸、妈妈，爸爸则称呼为 ghet khat（耆卡），妈妈则称呼为 wuk khat（乌卡），意为岳父、岳母。称呼妻子的兄弟姐妹，汉族就按哥哥、弟弟、姐姐、妹妹的方式来喊。苗族称呼妻子的兄弟只能依次按照他们的辈分长幼去称呼，分别为 nangl hlieb（囊略）、nangl ob（囊俄）、nangl bib（囊别），分别意为大舅、二舅、三舅等，以此类推，最小的一个兄弟，称呼为 nangl vil（囊依）。称呼妻子的姐妹只能是 mais lul（妈娄）、mais niul（妈孃）等。关于姨妈、姨孃的子女，汉族都称呼为表兄、表弟、表姐、表妹。苗族中只能以兄弟姐妹去相称。能用“表”字来称呼的关系，一般是姑妈、舅妈家里边的儿子女儿，还有就是除了姨妈、姨孃家里以外的其他的亲戚家的儿子女儿们。姑妈、舅妈家的儿子女儿一般都称为“血表”，意为有血缘关系的亲戚，是至亲。

（三）苗名及子父联名称谓

黔东方言苗族的小孩子出生满月之后，需要“卖月”到外婆家，给起一个苗语的乳名。未成年之前，不论男女都在乳名前边加一个“阿”字，如阿牛、阿兰等，这就是一般常见的苗族在青少年时期的“苗名”。待到孩子成年之后，具体的称呼上，就由同辈年龄小的人或者小一辈的人称呼哥姐。常常也带上别人的乳名，称呼为牛哥、兰姐等。

作为“苗名”，最特别的地方应该是子父连名的苗族名字，子父连名就是用父亲的乳名加上其孩子的乳名而组成的名字。连名制也是有规矩的，必须是子女的名字在前边，父亲的名字在后边，而且子父连名的必须是亲生的第一个孩子，不论男女，只要是家中的老大。如果不能生育的话，即使有抱养子女，也是可以子父连名。如同，所生的或抱养的第一个孩子，乳名起为“双”，父亲的乳名叫“成”，那么孩子的苗名就叫“双成”。子父连名的苗名，简单易读易记，读的顺口之后，名字就不会再混淆了。如果一个村寨或者一个家族中有两个同名的孩子，为了区分开来，可以再往上一辈连名，以此类推，苗名可以是三个字、四个字。例如，寨子中有两个人同名双成，那么一个双成的爸爸叫“章”，一个叫“青”，那么他们两个人的苗名就可以分别叫作“双成章”“双成青”。如果到了“双成章”还是重名的话，再往上推一辈，可能叫作“双成章青”“双成章鼎”。以此类推，无穷无尽，所以苗名是永远不会混淆的。另外，也可以用这种方式来记录家谱，用名字一代一代地往上追溯。因为苗族没有文字，所以家谱一般只能靠脑子去记忆，所有子父连名的方法，既可以起名字，也可以记家谱。记忆好的甚至可以背诵祖上几十代人。

七、通婚圈

鲤鱼村苗族主要有杨、王、吴三个大姓，布依族的是岑姓，汉族的住户都是陈姓，还有其他杂姓（这里的杂姓包括了苗寨里的何姓和钱姓）。何姓最初是由一户女婿上门之后有的，钱姓则也是一户钱姓的女婿上门来到这有的。上门的何姓家的女婿是汉族人，后代都为苗族人。妇女多以杨、王、吴、姜、余姓为多。

鲤鱼村苗族的杨姓，有同姓通婚的情况，但值得注意的是，即便是通婚，他们也是属于不同血亲。换句话来说，鲤鱼村的杨姓出自两个地方，一个是“横家杨”，一个是“老鼠杨”。在苗族的规矩里，同宗是不能通婚的，即使是五代之后血缘的关系会逐渐淡化，但还是规定了不能通婚。鲤鱼村的媳妇姓氏中，杨、王、吴是村子中本来就存在的，调查过后也表明，他们有很大一部分就是从本村嫁到夫家。在鲤鱼村的布依族当中，不存在同姓通婚的情况，因为他们是出于同一宗。

婚姻圈的范围，同很多因素都有关系，比如他们彼此交往的范围、婚姻的习俗、族别等。在过去的鲤鱼村，由于交通条件的限制，村落之间的联系相对受阻，越是距离远的地方和人越是难有一定的联系。现在随着时代的发展，人们物质生活水平不断提高，交通发达了许多，通信也更是方便了很多，并且大部分人都在外出打工做生意，势必就会让彼此交往的圈子扩大，通婚圈也相对地扩大了很多。地域的因素影响着通婚圈的范围，婚姻习俗当中，比如一些生活习惯和禁忌也会影响通婚。鲤鱼村及其周围的村子里，基本都是由一个黑苗寨子和一个布依族寨子组成的。由于各民族之间的民俗风俗禁忌等大有不同，过去基本上苗族和布依族之间基本是没有通婚现象的。现在大家的思想都放开了，对于婚姻的事情也基本都保持开明的态度，只要孩子们愿意，没有什么违反原则的问题，基本就可以去结婚。在鲤鱼村里，同一个寨子之间通婚的现象不少，上文提到过，必须要遵循着同姓同宗之间不能结婚这样一条原则。其他一部分是和周围的寨子之间通婚的。彼此相距的距离越远，娶入的就会越少。

此原因是当地人讲究同姓之间不婚这样的通婚习俗，同姓不同宗是可以通婚的。不管是不是同姓，结婚的双方是要讲究辈分相当，各个姓氏都会有其字辈来给子孙后代排辈分。对于鲤鱼村的杨姓来说，上文提到存在着两种杨姓，一个是“横家杨”，一个是“老鼠杨”。“老鼠杨”是相传在100多年前，从江西那边迁徙到黔东南的一支，后来又迁徙到了黔西南。其字辈则为：太平占朝玖定国，德金善向大安邦，光宗耀祖家乡远，天开永艳启云昌。其他各个姓氏的人也都是一样，即使是因为迁徙等各种原因而导致的不明字辈，也可以通过追溯查清楚。他们认为有字辈这样的人嫁入家里边，会给家里边带来好运，带来吉利，带来发达，反之亦然。

不同辈分结婚还是有所限制的。村民杨国安当年结婚的时候，就遭到了杨家老人的反对，因为杨国安的结婚对象王永翠在王氏是永字辈，杨国安刚好有一位姐夫也是王家人，是元字辈，元字辈是永字辈的长辈，如果结婚的话，会使王永翠的父亲即杨国安的岳父和自己的姐夫变成同辈，家里的老人觉得这样会使辈分混乱。但是杨国安和王永翠是从小一起玩到大，虽然杨比王要大八岁，但是情投意合，没有太顾及家里人和村里的一些老人们的反对。因为双方父母对于婚事的不满，甚至连结婚的酒席都没有办。两个人没有正式结婚，杨国安的父亲也不太愿意去承认王永翠的身份。分家的时候，家里人都分到了东西，唯独没有分给王永翠。后来杨国安去外地打工，挣了钱才正式和王永翠结了婚。同之前一样，只是结婚，却没有办酒席，只是请了比较亲近的人到家里吃了饭，购置了一些家具。由此可以看出，跨代之间通婚是有一定限制的，尤其是在过去。

同一宗亲之间的平辈男女，通常也通婚的。两个不同姓氏的人结婚，有了小孩之后，孩子不能和女方姓氏同姓的人和家族去通婚。打个比方，吴姓女子加入了杨姓的家庭之后，有个杨姓后代，后代不能娶吴姓的女子为妻子。但是因为后代的不断繁衍，加上居住地区的不断扩散，就很难保证这种情况不再发生。不同的宗亲的杨姓之间通婚，首先要注意的一定是同辈。放在早先，如果有人违反了这个规定，结婚的时候通常要受到村里长者的强烈反对。这几年，年轻人的观念有所改变，婚姻自由，成了说服老人和父母的理由。相应的，村子里对于字辈、辈分的事情，也没有严格地按照之前去遵守。有部分人的孩子，已经没有按照之前的辈分去取名字。很多人的子女逐渐没有再按照字辈取名，就因此没有了原先那种辈分的直观性，也表示在鲤鱼村关于辈分的观念在逐渐淡化。

不同的姓氏的通婚讲究辈分，但是辈分错位这样的情况也是经常出现的。喳啦村的一户布依族的岑姓人家，姐姐妹妹都嫁给了韦姓的一家，姐姐嫁给了韦家哥哥韦德兵，妹妹嫁给了韦家弟弟韦正富，按照字辈韦德兵是韦正富的侄子，也就是说，通过这场婚姻，妹妹变成了姐姐的娘娘，姐姐直接就成了妹妹的侄媳妇了。这种情况的出现，很容易造成辈分混乱，之前因为一系列的问题因素，寨子里的人都不会嫁到外边去，只在寨子里联姻，但是因为寨子不是特别的大，人数也有限，所以这样的嫁娶很容易造成辈分混乱的情况。随着时间的推移，这种混乱即使还有长者反对，但也逐渐已经不管用了。这种跨辈婚，在称呼上一般会按照原先的关系继续称呼，或者直接改成相互间直呼名字。另外，也存在有一些姓氏之间不通婚的情况。喳啦村的梁姓就不和附近塘湾村水和寨的周姓联姻，因为之前流传的传说中梁姓的祖先是和周姓的祖先结拜过，属于结拜兄弟。

在过去，布依族、苗族、汉族之间及其他民族之间存在的隔阂比较大，鲜少会有通婚的现象。在 20 世纪 60 年代的时候，老一辈一般是不允许不同民族之间互相通婚的，现在相对之前来说，是不再反对了。但是布依族和黑苗之间通婚的情况还是比较少，因为彼此之间的文化还是存在一定的差异。布依族和苗族，首先它们之间的节日习惯是存在很大差别的，双方过的节日之间多有差异，祭祖的时间也不相同，语言方面不通也涵盖了一方面，甚至服装之间的差别也很大。黑苗的女孩子出嫁之前要在家里坐着，绣出嫁的衣服起码要两三年的时间，这些生活习俗的差异，会给通婚的双方带来不方便，也容易引发矛盾的产生，造成沟通不顺的情况。

在鲤鱼村，苗族的家庭除了现在的何姓是汉族入赘的以外，几十年过来，都没有娶外族人的这些现象出现，只有一户人家的女儿出嫁到了布依族那边。布依族村寨同外族通婚的现象也只有很少一部分。还有少数的汉族人家，只有一户和外族通了婚。现在由于外出务工做活的人不断增加，关于结婚时候的族别问题都很少讲究了。

八、特殊的婚姻现象

婚姻作为连接家庭的纽带，维系着整个家庭的存在。鲤鱼村存在的有嫁娶婚、入赘婚、从表婚等嫁娶形式。在婚姻的相关习俗方面，过去有着不落夫家、寡妇再醮、转房婚等方式的婚姻。此外，伴随着相关的家庭结构和形成，还会有抱养风俗和三代返祖的现象。这里对于特殊的婚姻现象做一个浅析。

（一）交错从表婚

表兄妹结婚属于近亲结婚的范畴，但是在鲤鱼村的苗族和布依族的传统上，这种结婚方式是被允许的，只是苗族和布依族彼此本身之间有一些差别。对于苗族来说，不管是姑表还是舅表都是可以通婚的，只要结婚的两个人是不同姓氏不同祖宗。对于鲤鱼村的布依族而言，姑母的儿子是可以娶舅舅的女儿的，但是反过来舅舅的儿子却不能娶姑母家的女儿，原因是血液不能倒流。在他们的观念里，近亲结婚利弊都是存在的，好的方面是，这种婚姻属于亲上加亲；不好的是，一旦夫妻双方出现不可调和的矛盾时，尤其是闹到最后提出离婚的话，双方都不太好去劝说，最后的结果可能会造成两家人的关系直接不和。

喳啦村的苗寨就有一对表兄妹结婚的。王姓男子和他表姐结的婚，比他年长一岁，是舅舅的女儿。王家里有一个哥哥，两个姐姐。他自己只上到小学三年级就去温州那边打工了，有很多的同乡，在打工的过程中，遇到了舅舅的女儿，后来就好上了。当年大年初四的时候，就根据鲤鱼村的习俗，找了朋友家属，到女方家里去提亲，女方家里没有人反对，就订婚了，年后又到浙江打工，两年后才结了婚，儿女双全，身体都很健康。问及王某知不知道存在近亲结婚这种概念，他说没有听说过这样的话，只知道老人们说同姓同宗不能结婚，其他的不管，只要是两个人不同姓，就可以结婚。既然当年提结婚的时候，家里的老人也没人反对，也没有人劝说过他们不能结婚，就直接结了婚。只是偶有记得哥哥嫂子有点不同意，但却不是出于这种情况的考虑。大嫂只是告诉他，这门亲事的对象是舅舅的女儿，亲上加亲太亲了，一定要想好各种情况，万一以后两个人闹着离婚，那就不太好去劝说。王某本身自己认为两个人只要互相喜欢就可以，真的没有太在意别人怎么去说。有了孩子之后的两人很长一段时间没有出去打过工，在家里务农或者在附近做活，虽然务农也辛苦，但是好歹各方面的事情都很顺手，相比起来，留在家里更方便。夫妻两人的感情是非常好的，老人也还和他们住在一起，家庭和睦。至于王某的孩子，称呼王某的舅舅和舅妈为外公外婆，称呼母亲的姑丈和姑姑为爷爷奶奶。苗族的亲属称谓之中，并没有像汉族分得那么清“舅爷舅婆”“姑爷姑婆”，都统称“爷爷”“奶奶”“外公”“外婆”。

（二）不落夫家

不落夫家是指，夫妻两人在举行婚礼之后，新娘就返回娘家去居住，居留在娘家期间，只有在逢年过节或者农忙的时候，男方家庭发出召唤，才会去到夫家住上几天，从事一下劳动。不同地方的不落夫家的习俗的时间不同，鲤鱼村这边的苗族一般都是三年，少则两年，一直到妻子面临着怀孕临产，才不用居留在娘家，而必须收拾好东西回到夫家去居住。他们称呼这种习俗为“坐家”或者“住家”。四五十岁以上的人大多都有这样的经历，四五十岁以下的人逐渐就变少了。一直到现在，年轻人基本上不再去遵循这样的传统。以下介绍几个调查的案例，便于直观了解。

王奶奶，现在60多岁，当年在家里住了长达6年，用她自己的话来说，之所以不去夫家是因为自己不好意思，想留在娘家多玩几年。当年，婚姻都是父母一手去包办的，12岁就订了婚，19岁就结婚了。她的妈妈认为当事人要在家里住这么长的时间也是应该的，因为那个时候的婚姻都是父母去主持，结婚的小两口一般都没有经过一定的接触了解就结合了，所以作为女生，一结婚对于男方家的陌生顺理成章，不习惯住在夫家，觉得不好意思的话，那就住在娘家吧。当问到住在夫家之后，家里突然少了一个劳动力，会不会变得不适应，从而影响到土地的耕种。她回答道，当时还是集体劳动的时候，住到哪儿都不会影响土地的耕种，自己家里突然少个人，父母不习惯肯定也是会的，而且自己当年很会做活，去夫家住就会使家里少一个干家务干农活的好帮手。

雷女士 50 岁出头，娘家在甲山村，是鲤鱼村附近的一个村子，有两个哥哥，自己是家里年纪最小的。和自己的丈夫相识是通过媒人介绍的，现在已经有 3 个儿子了。她当年 20 岁的时候结的婚，婚后住在自己家里，21 岁才开始到丈夫家。本来是应该坐家三年的，但是男方家里想要小孩，所以住在家里一年就怀上了小孩，然后直接到丈夫家去住。住在娘家的时候，也帮忙做着各种家务，同时也还要缝绣自己的衣服以及小孩出生之后要用的背带、围片等。只有在二月二过节的时候，农忙时候的五月插秧、八月收割的时候，丈夫才会过来接着去夫家，同丈夫家一起过节、帮忙做活，每次去一个星期左右，到夫家去帮忙这事，除了农忙时候需要她会答应，其他时间她都是不肯去的。

以上几个事例，也可以大致地去了解、接触一些过去当地曾经流行住家是有原因的。因为是父母包办的婚姻，一般刚结婚的时候，女方对夫家整个情况都是相对陌生的，一般都不太会愿意一结婚就到夫家去，而且当年一般结婚的时候，女方年纪都比较小，都想在娘家多待几年。除此之外，因为要缝绣民族服饰和给出生的小孩缝绣出生用品的原因，在夫家不如在娘家方便，况且过去人们的观念都比较传统，很少会接触到外界的不同观念和想法。相比之下，现在很多人结婚之后都不住在娘家了。一是因为现在的婚姻都崇尚恋爱自由，而不是由父母来包办，这样的话，结婚的双方基本都是你情我愿，当然比起结婚后坐家三年，更希望一结婚就住在一起。以前的时候虽然有坐家那样的习俗，但是并没有硬性的规定。二是很多的年轻人，现在都出去到外地打工，要么是夫妻一结婚就一起到外面去打工，要么就是一方去外面打工的时候，在外边碰到另一半，这样就很难有住娘家这一说。三是随着时代的发展，人们逐渐地接触到了外界更多的事物，思想也因此更加开放，不再像过去那么循规蹈矩。部分的人甚至说，如果现在结婚后还硬是要住在娘家，那么这个女的一定是傻的。

（三）寡妇再醮

寡妇再醮属于一个平常的婚姻现象，在当地的话，一般情况下寡妇都会选择嫁到比较近的地方，特别是那些还带着孩子的，嫁到本村或者不远的地方，会是一个非常好的选择。一方面，对附近的人相对的都比较熟悉；另一方面，如果将小孩子留在前夫家的话，只是嫁到本村或者不远的地方，也方便随时都可以看到自己的孩子，比较放心孩子的衣食住行。相对来说，一般寡妇都会选择先考虑本族的人优先，或者有着一些亲缘的关系的人。

村中有一位杨某某，现在55岁，二十几年前的时候嫁到了鲤鱼村的王家，十几年前丈夫砍树的时候，将木头扛在肩上，镰刀别在腰间，因为不小心路滑摔跤，镰刀插到肚子里面，直接导致了意外死亡，留下了一子一女。在其丈夫死后的一个多月，经过其他人的介绍，她改嫁到村里的杨某家，杨某的妻子因病过世之前，给家里留下了三个女儿。杨、王两家本身就是亲戚的关系。杨某的伯伯是杨某某前夫的姑父。杨某某就带着女儿嫁到了杨家，因为王家人不想让带走儿子，于是就将儿子留在了王家，由其叔叔照看着。一般情况下，如果寡妇再嫁，是不会带走男孩子的，因为寡妇再嫁带着很多小孩的话，也会遭到他人的嫌弃。杨某某改嫁并没有遭到别人的反对，他们没有摆酒，就拿了一些米、酒、鸡鸭鱼肉到了娘家，结婚的时候，杨家从王家把杨某某接走。寡妇再嫁的话，出家门的时候需要从侧门出去，不能走正门，进夫家的时候，可以从正门进去。再婚之后，杨某某又给杨某先后生下了一女一儿。

比较特殊的寡妇再醮的情况就属于转房婚，或者称为收继婚，通俗一点说就是“弟坐兄床”“转茶”“叔接嫂”。董家遵在《中国古代婚姻史研究》中曾说过：“收继婚是一种奇异的结婚风俗，这种风俗，各地的名称不很相同，还有的叫‘继婚’，有的叫作‘转房’，有的叫作‘挽亲’，它的含义，即寡居的妇人，可由其亡夫的亲属收娶为妻。”[1] 例如，兄长死了以后，其弟弟可以娶嫂嫂；弟死了以后，其兄可以娶弟媳。在鲤鱼村及其周围的村子和寨子里，转房婚的情况大多是叔接嫂。只要家里的弟弟没有结婚，而且喜欢寡嫂的话，那么就可以彼此结为夫妻。而对于当地的汉族人来说，这种情况是不允许的。这种叔叔迎娶嫂嫂的现象，只要相当一部分的当地人都认为是符合伦理、不乱伦的，就属于转房婚。转房婚在鲤鱼村及附近的寨子只是偶有一两例，都是哥哥死了之后，弟弟和嫂嫂互相有意而结婚的情况。

---

[1] 董家遵．中国古代婚姻史研究［M］．广州：广东人民出版社，1995：3.

鲤鱼村一个吴姓家庭，家里的男主人叫吴某，乳名唤作“小德”，他的哥哥乳名唤作“小禾”，小德现在的妻子就是之前他哥哥的妻子，也就是自己的嫂嫂，叫作杨某兰，乳名唤作“小兰”。小兰同小禾生下了一子一女，女儿夭折了，十几年前，小禾意外死亡，死后的一个多月之后，小兰就和小德在一起了。值得一提的是，嫂嫂本来就是附近的坝桥村人，之前就是和弟弟相好的，但后面没有了发展，转去和哥哥相好并且结了婚。和哥哥结婚以后，嫂嫂对弟弟依然是很好的。婚后十年左右的光景，哥哥却意外死亡，此时还未成家的弟弟就和嫂嫂在一起了。叔叔娶嫂嫂，最初在公公婆婆来看是不同意的，只是希望儿子可以找到一位姑娘。但是两人后来生米煮成熟饭，只能是同意了这门亲事，但是并没有去摆酒，只是请了附近本家的亲戚吃了一顿饭，也算是征求本家的老人们认可，表明有这么一回事就算可以了。他们在一起的过程没有太多的动静，只是提了一只鸡，一升米回了娘家。夫妻俩第一个孩子在 3 岁的时候得了肺炎不幸夭折，后来又生下一个孩子，茁壮成长。

大树村的杨某兴，在鲤鱼村小学里任教，几年前的时候，哥哥去世后，也是和嫂嫂结了婚，嫂嫂本身长得漂亮，脾气温和，为人处世也谦和，公公婆婆都非常喜欢她，当时还有一个遗腹子。据说当时有人给杨某兴介绍了一个鲤鱼村的苗族姑娘，长得比嫂嫂矮了一点，稍微胖一点，但是杨某兴不太喜欢，就选择了嫂嫂，杨某兴的父母对杨某兴的选择很是赞成。

分析转房婚的动机时，学术界主要有三种解释。即财产、宗教或心理、子嗣。财产方面的解释将妇女视为私人财产，防止财产外流，所以将其转给亲属。宗教或者心理方面的解释认为，由于相信人死后有灵魂，如果寡妇另外嫁他人它会妒忌而作祟。子嗣方面的解释则认为，这是出于为死者延续子嗣的权利，同时也是一种义务。有学者还认为应从妇女在劳动过程中的地位来考虑，因为新娶的妻子不会如旧有的寡妇习于家务。[1] 所以偶然的一两例转房婚的存在，也说明了这种古老的婚俗存在到今天仍然是有其原因的。弟弟娶嫂嫂的情况，除了相互喜欢这样的因素，还可能是因为这样可以让哥哥的后代继续留下家中，又可以不用花费很多的钱财作为彩礼聘金去完成一桩婚事。弟弟娶嫂嫂或者哥哥娶弟媳也可以从当事人的为人以及他或她在家庭中与其他成员的关系等多个方面去考虑。这可以说明转婚房的存在是属于他们一种比较理性的选择，有相当一部分的功能和适应性在其中。

---

[1] 董家遵．中国古代婚姻史研究［M］．广州：广东人民出版社，1995.

（四）抱养

凡是夫妇去抱养小孩子的，大多数都是用来“压长”。所谓的“压长”，就是夫妻如果生不出小孩子的话，先抱养一个孩子，希望通过抚养一个孩子之后，能生出来孩子。一般的家庭里边抱养的都是女孩子，因为男孩子都是用来传宗接代的，别人不会给。虽然说抱养都想抱养个男孩，但这一般是可遇不可求的，偶有可以抱养男孩子的，也是因为别家有兄弟或者几个儿子。大部分抱养的家庭对于抱养是男是女大多是没有意见和想法的，是女孩子的话，到适龄出嫁之前，在家里会是一个劳动力，帮家里做工务农；是男孩子的话，不仅可以为家族传宗接代，而且可以供老人养老。孩子被抱走在养父母家里，也存在需要看看运气的地方，如果是有心的好人家，孩子会过得很幸福；但如果是心不好不诚的人家，孩子就会过得很遭罪。村中有一个吴姓的家庭，现在夫妻双方 50 多岁，早先结婚的时候，因为好几年都没有生下孩子，所以只能通过抱养的方式来获得子嗣。之前抱养过两个孩子，都是在两三岁的时候因病去世了，后来又抱养了一个女孩子，才逐渐长大。在把孩子抚养成人的过程中，夫妻俩始终还是没能生出来孩子。

（五）三代返祖

前面提到抱养的孩子，姓氏是要跟随着养父的。如果当初抱养的是个男孩子，那么等到这个男孩子的第三代，也就是他的孙子那一辈的时候，必须要将姓氏返回到亲生父亲的姓氏去。这种经过三代后姓氏需要返回到原来祖先的现象叫作“三代返祖”。三代返祖的前提是，三代繁衍下来都是男孩子，如果中间没有能生出男孩子，只有女孩子的话，那么后代就不需要去返祖改姓了。

除了抱养有三代返祖这样的规定之外，寡妇再醮的过程中孩子随娘，那么也存在三代返祖这样的现象。就好比一个小孩子跟随着娘改嫁到其后夫家中，一般孩子都会改姓，即跟随继父的姓氏。假如这个小孩子是个男孩的话，三代之后也需要返回到他亲生父亲的姓氏上，值得一提的是，不管后代是男孩还是女孩，都必须改姓氏。另外，原来在认干爹干妈的过程中，也是需要三代返祖的，但是因为现在很多人在认干爹干妈的过程中都不改姓，三代返祖这种现象也就不复存在了。

三代返祖的人，在祭祀上是双边祭祀。也就是说，抱养的男孩或者跟随母亲改嫁的男孩，他的名字是要写在亲生父亲和继父两个家族的族谱当中的，所以他有两个祖先，在祭祀的时候，要双边祭祀。祖先的牌位，有的是将两边的祖先的姓氏直接合在一起写，还有的是分开立神龛。对于跟随母亲改嫁的这种情况，继父一方的祖先牌位必须要放在厅堂的正中间，而亲生父亲和母亲的则是在门侧边的墙上，插香以简单表示，不立牌位。双方的牌位需要说明是分开的，在祭拜的时候，讲究的是一个先后顺序。作为后辈需要先去祭拜亲生父亲的祖先，然后才是祭拜继父一方的祖先。其母亲则只是需要祭拜后夫的祖先就可以了，不用去祭拜前夫的祖先。

例如，村里的王某，他的父亲雷某是在1963年过世的。其母亲杨氏带着他一起改嫁到了王家，他便改了王姓。王某的名字因为没有得到后来的祖父承认，所以并没有列入王家的族谱当中。到现在供奉的时候，王某都是把雷姓的神供奉在门边，王姓的神供在厅的中间。夫妇俩都要祭拜祖先，先供奉外边的雷姓祖先，再供奉里边的王姓祖先。王某的女儿因为是女性，所以不用拜，王某的母亲则只需要供奉王姓的祖先，不用供奉雷姓的祖先。每年清明期间王某都要先回雷家挂纸，然后才回到王家挂纸。

第五章　婚嫁习俗

婚姻，我国古代又称“昏姻”或“昏因”。我们通常认为的“婚姻”是男娶女嫁，是“合两性之好”的一种方式。男方通常在黄昏时到女家迎亲，而女方随着男方出门，这种“男以昏时迎女，女因男而来”的习俗，就是“昏”“因”一词的起源。在不同社会中，地方主体依据生境利用文化使其表现为不同形式，但就其本质而言皆是为满足人们的需求。婚姻的目的和表现形式折射出了鲤鱼村人的婚恋观和传统价值观的延续和发展。

第一节　当地人眼中的婚姻

中国人相信生命可以通过孩子延续，只要代代相传，先辈就能永生。保持家庭延续是对祖先的最大义务，绝后不仅意味着家庭的终结，也意味着祖先的死亡。[1]结婚通常有两个目的：一求子嗣，永继先人血食；二是合两家之好，彼此有事时可以守望相助。在鲤鱼村，婚姻被看成是家庭的延续、生命的传承，人们希望通过婚姻的方式薪火相传，被后辈铭记、传扬，企图以另一种方式实现生命的永生。此外，从田野调查中得知，婚姻也是地方主体社会地位转变的重要标识。

一个30岁的鲤鱼村未婚男子，在公众场合他的言行只代表自己的个人行为，在没有得到父母的许可下他不能代替家庭做任何承诺，当家里有亲朋好友到来时，家人最先想到的是要求父亲陪客。当人们提及他时，总是习惯性地称呼他为某某的儿子，以此来确立他的归属性和依附性。而一个20岁的已婚男子，在公开场合他将受到一家之主的待遇，他的言行不仅代表了自己，还代表了由自己所组建的家庭。每当遇到难以抉择的问题时，他不能总是渴望从父母那得到答案，

---

[1] 杨懋春.一个中国村庄：山东台头［M］.张雄，沈炜，秦美珠，译.南京：江苏人民出版社，2001：102.

因为后者大多会淡淡地说:“儿孙自有儿孙福，该尽的责任我们已经做到了，你已经是一家之主了，凡事自己决断，我们也是这么过来的。”

例 5-1：杨 QT，男，苗族，24 岁。他有一份令全村大多数人羡慕不已的工作——在镇电管所工作。尽管只是合同工，每个月仅有 1200 元的工资。但是工作时间少、五险一金由工作单位负责，每年只有 1/10 的时间在工作，工作人员有足够的时间去处理其他的事情。从杨 QT 处得知，他是在三年前进入电管所的，那时还没结婚。父母为了让他在电管所工作，东奔西跑，常常搞得疲惫不堪。所幸所有的努力都获得了理想的结果，在事成那天其父喝得酩酊大醉。在他看来，自己能为儿子找到一份好工作，一方面他再也不担心成婚后儿子的生活问题，另一方面已向别人证明自己的能力。每当在公众场合时，他总是刻意把话题引向为儿子找工作的事情上，这时候他声音的响亮度会微微上扬，使在座的人都能听到。当人们听完后总是会忍不住地赞叹道:“你真有本事，为你的儿子找到了一份好工作。不像我家的儿子现在还是一事无成。”出于礼貌和谦虚，他总是千篇一律地回应:“哪里，哪里。那也就是混口饭吃罢了，况且我家那小子有时也是稀泥巴扶不上墙，不中用，不中用！”每当在说此话时，脸上依然带着和煦而自信的微笑，由此可知，儿子在电管所工作使他非常满意。在儿子结婚前，作为父亲的他，会经常询问儿子工作状况，传授与他人相处之道。然而，从笔者和杨 QT 聊天中知道，自从前年结婚后，父亲对他的态度一夜之间发生了巨大的变化。在大众场合父子之间只是点头致意。当两人私底下相处时，父亲对他温声细语，对不赞成的意见也不随意加以评判，大多时候只是以沉默代替。他常说:“你也是一家之主，是孩子的爸爸，老婆的丈夫，你现在已经不是我所做主的小家庭的成员了。你已成家，你已经拥有独自处理与自己相关事情的资格。”谈话中，了解到自从结婚后，杨 QT 承担上了与妻子组建的新家庭的一切责任和义务。有限的经济收入和沉重的家庭开支，常常使他入不敷出。妻子的不满和自己对生活的不如意常使家庭失和，经过再三的艰难抉择。杨 QT 决定告诉父亲自己要辞去电管所的工作，出门务工养家糊口。他也向笔者倾诉了其父对他工作是多么的满意，当初为了这份工作付出了多大的努力；但是他也是小家庭的主人，他不能不顾及妻子的感受、孩子的将来。当他鼓足勇气向父亲说出这一决定后，他说道:“当时我爸什么也没说，他的眉毛抖动了几下，狠狠地揉了揉眼睛。然后缓慢地从包里掏出烟，拿出打火机轻轻打着开关，手似乎在抖动，反复试了多次才把烟给点燃。在以往，每当他吸烟的时候，如若我在他身旁他一定会给我一支的，可是这次没有！他只是在静静地吸着烟，可能是吸得太急了，把他给呛得不停地咳嗽，我知道他这时的心情五味杂陈。我也在心里祈求他对我破口大骂，并严厉地教训我，可是我知道这是不可能的。因为自从我结婚后，他就不再像以往那样，大小事件都要对我指点一二。当烟吸完后，他站起身拖着步子缓慢走出屋子，只留下了一句'你自己看着办吧'，只留下我一个人静静地坐在屋里发呆。"杨 QT 辞去了电管所的工作，随后直接购买飞机票赶往浙江，到了才打电话向家人通知自己的决定和去处。村里邻居纷纷对杨 QT 的事向其父表示遗憾和安慰。其父常常沉默以对，偶尔会淡淡地道："他虽然是我的儿子，但更应该对自己的家庭承担责任，用什么样的方式那是他的选择。"

在当地，母亲对儿子的婚姻询问远远超过父亲。当然，这并不是说他对儿子的婚姻关注要低于母亲，在儿子成家之前他通常扮演着严父的角色。他教授子女家庭礼仪，关心他们在学校的教育状况，指导他们怎样为人处世。在子女面前，父亲总是表露出坚强、刚硬、严肃、少说、多做和不苟言笑的一面，在子女犯错后，他总是以惩罚者的身份出现。而母亲性格温和，大多时候她是子女行为和意见的支持者。在子女遭受惩罚时往往以保护者的身份出现，子女被惩罚后母亲会温声细语地对前者进行开导和鼓励。而父亲作为一个惩罚者，子女教育的指引者，为保持自己的威严和权威，他很少试图去解释让接受惩罚的子女谅解自己。母亲的开导和劝解往往是子女理解父亲这一做法的最好途径，同时也加强子女对母亲的亲和度、对父亲的敬畏感。因此，以上种种原因造成了母亲在儿子的婚姻中扮演着极其活跃的角色，她能随意地询问儿子的择偶要求以及对婚姻的看法。从表面上看，父亲对儿子的婚姻貌似不闻不问，然而他的积极度丝毫不弱于其妻子。他会从妻子那儿了解到儿子对婚姻的态度，甚至将自己的一些疑问通过妻子的口转述给儿子，以此了解儿子的择偶目标和婚姻诉求。作为父亲，他会暗地里向亲朋好友使用迂回曲折的办法打探哪里有未出嫁的姑娘，然后把所知道的信息私下里与妻子商议。

即使计划生育执行了多年，地方政府大力宣扬、普及少生优生的好处和多生超生的危害，但是大多数的夫妻仍然希望至少有两个儿子。众所周知，儿子长大成婚后，他将从大家庭中分离出去组建自己的小家庭。正如当地广为传播的俗语：树大分桠，儿大分家。儿子的分家独立势必导致对大家庭财产的瓜分、削弱，大家庭经过多年打拼积累的财产伴随着儿子们的分家独立被不断地分割。然而，在鲤鱼村，儿子的出生不是被看成将来瓜分家庭的财产，而是被看作未来为家庭创造财富的。村里人认为儿子长大成人后，他们会外出赚取金钱，然后回到家乡建房、买地，或者通过努力读书上大学，找一份体面的工作光耀门楣。一个 54 岁的苗族妇女讲道：

“我爸爸他们有十二个兄妹，但可惜的是有六个是半成品，最终只活下了六个，在以前那个时候，有许多后代的家庭是让人羡慕的，尤其是多子的，后来执行了计划生育，生的就少多了，但儿女双全仍是人们的追求。”一个多子的家庭，夫妻不仅完成了香火的传承任务，让祖先世代享受后人的香火供奉，被家族的后代所赞扬；而且也为自己的后半生安度余年而提供了保障，既满足了死者的遗愿，又满足了生者的需求。老来劳作是每对夫妻都惧怕的事情。父母年老之时，体力下降，收入微薄。繁杂的人情交往和生活开支常使他们陷入窘困的生活境地。子孙绕膝、儿媳相伴在一定的程度上满足了父母的情感需求。年迈的他们失去劳动力之时，这时多儿的父母即使遇到孝道缺失的，也会在其他儿子的帮助下度过余生。兄弟之间共同承担对父母的赡养，不仅保障了父母的生活需要，同时也减轻了各个儿子小家庭的经济负担，使他们各自在可以承受的范围内保持家庭的运行。

作为母亲，当她看到自己的三个儿子时，她会感到由衷的自豪。因为她不仅完成了祖先所留下的使命，同时也为这个家庭增加了新的财富。她将被众多农妇所羡慕，人们每每谈到她的时候总会说：“看！那人多有福气，为她男人生了这么多的儿子，这个家庭将会变得愈来愈富有。”但是，当她看到丈夫的众多兄弟时，她的心情难免变得糟糕起来，她会私下里或者在丈夫和儿子的面前嘀咕：“这么多的兄弟，削减了我们家将分到的财产。”与此同时，当她看到别人家的三个女儿时，她会感叹：“那家真可怜！这么多的女儿，将来长大后不仅嫁到其他地方，离开父母的怀抱，甚至有可能还陪送财产。”当然，多子的妇女她所承担的压力也比其他妇女要沉重得多。如果她的众多儿子成年后，仍然没有一个结婚，并且一事无成，在村里流传着糟糕的名声，作为母亲的她将遭受人们的非议。“听说大哥家的儿子昨天带着新交往的对象回家了，过两天就要结婚了，这真叫人羡慕！看看我二嫂吧，养了这么多的儿子，现在居然还没有一个结过婚，而且听说她的儿子们在外面也不务正事儿，最近还和别人打架了。真不知道当初她是怎么管教他们的。”因此，母亲为了保持自己良好的声誉，她不仅要教导儿子，更要关注他们的婚姻。

对于富家子弟来说，富裕的家庭和优渥的生活条件，使许多的女孩子对他特别中意，结婚对他来说是件自然而然的事。然而，在穷人家庭，儿子的婚事在经济上是一件相当棘手的事情。穷人家的父母希望养育更多的儿子，因为儿子长大后会创造更多的财富，会使家庭蒸蒸日上。在一个家庭中，如果许多成年的儿子没有结婚，这对父母来说是奇耻大辱。许多的邻居会说闲话，虽然成年的儿子满不在乎，但是他们的父母仍感到很丢脸。每当人们在他（她）面前提到尚未结婚的儿子时，会让夫妻非常难为情。如果在这样的一个家庭中，儿子们在外努力地干活，每隔一段时间就往家里汇钱，并且偿还了曾经的债务，开始修建房屋、购买土地，伴随着家庭条件的好转，这时候母亲在与左邻右舍的谈话中，就会表露出自己想要为尚未结婚但又早已成年的儿子寻找对象。在谈话的过程中母亲会毫不吝啬地夸赞自己的儿子的正直和能干，并且讲述自己的家庭正在不断地改善。在最开始的时候，熟悉的村民对她的话嗤之以鼻，因为她之前的家庭情况早已了然于他人心中，而近期家庭发生的改变人们尚未发觉。伴随着家庭经济条件越来越好，越来越多的人开始谈论这个家庭，羡慕与夸奖之声不绝于耳，慢慢地这个家庭的改变会越传越远。这时，媒人会找上门来，一改之前的态度，主动为他们介绍对象。而此时，母亲正在为早已成年而又一直单身的儿子的婚姻着急，她现在最渴望的就是儿子结婚成家。她不会有太高的要求以免错失机会，就这样一桩婚姻很快就定下来了。当这一消息被快速地传播后，很快全村的人都知道了。不同的对话开始在村子里出现：

“真想不到这么穷的家庭也能为儿子娶媳妇！”

“是啊，想不到那个女人也有儿媳妇的那一天，他们那样的家庭简直就是不可思议。”

“那样的家庭怎么了，我只知道的是这些年他们全家人兢兢业业地工作，老老实实地做人，积累了大量的财富，置办了偌大的家产。”

“张叔说得极是，他们家这些年在我们村里一直饱受好评，他们是正派人家了，为人诚实。”

“谁说他们家穷，如果那样的家庭都叫穷的话，那我们村就没有富裕之家了！况且，他们家的经济条件正在不断地变好，如果是我，宁愿把女儿嫁给正在上升、崛起的家庭，而不愿把女儿嫁给衰落、走下坡路的家庭。”

“就是，就是！我早就说过他们那样的家庭怎么可能找不到媳妇，可能是之前眼光太高，一直没有找到满意的。你们想想那样的家庭，找到的媳妇肯定是好样的，这可能是精挑细选的结果。”

儿子的结婚不仅完成了父母的心愿，同时也提高了家庭的社会地位！当迎娶回来的媳妇出现在亲朋好友、寨子邻居面前时，那些曾经嘲讽这个家庭的妇女，会满脸笑容地对这位已婚的儿子的母亲表示祝贺：

“哎呀呀，我就说嘛，像大婶这样的人家就应该娶那种漂亮、聪明的女孩。你家的媳妇儿是如此出色，也只有你的儿子能配上她。我就说嘛，像你这样的人家，如果不是要求太高的话早就为儿子娶媳妇了。对了，你家的老二还没有结婚吧？你等着，过几天我就把我舅舅家的姑娘介绍给你认识。放心吧！她一定会满意的，因为像你这样体面的家庭还真不好找。”

“我早就说过，只有像你这样的家庭才会教育出如此出色的儿子，也只有在你的帮助下，你的家庭才会蒸蒸日上，你就是富太太的命。你们家庭有今天的成绩，你是起着不可忽视的作用，和你这样的人住在一起，我们都觉得特有面子、脸上有光。”

父母总是希望成年的儿子能尽快地结婚。因为他们始终相信，婚姻不仅仅是一种仪式，同时也标志着身份地位的转变。结婚后的子女，他们在获得某些社会权力的时候也必须承担着相应的责任，此时他的出现不再是原有家庭的一分子，而是以一家之主的身份出现在人们面前。村民们认为，结婚后的儿子，拥有着自己的家庭。他不仅承担着对长者的赡养责任，同时也有抚养子女的义务；妻子的辅助将会使儿子的不良习性得以转变，把更多的时间用在事业上，以此提升家庭在村中的地位。婚姻，让儿子做事更加的成熟、稳重，想问题瞻前顾后，因为这时不仅代表他一个人，而是整个家庭。结婚后的儿子，他不再是一个人，他不能根据自己的性格随意而为，也不能像以前那样“三天打鱼，两天晒网”。对死去的祖先，他有责任保障家庭的香火传承，让死者永远享受后代的供奉，让自己祖先的事迹永远在后辈中传颂，而不是扔在无人问津的故纸堆中；对生者，他有义务寻求家庭的生存之道，满足子女、妻子和父母的需求，他承担着为家庭甚至是整个家族获取荣誉的职责。

第二节　嫁娶范围及影响婚嫁对象的因素

一、嫁娶范围

从村中老人处得知，改革开放以前，主要以村内通婚为主、村外通婚以辅。当地有王、杨、吴、岑、何、田、刘等姓氏，其中王、杨、吴是村中人口和户数最多的姓氏。在当地，苗族人口占总人口的 90% 以上，而布依族和汉族人数之和不到总人口的 10%。人们深信，同一姓氏源于共同祖先，因而有相同的血缘关系，所以同姓通婚被村民禁止，若违反这一禁忌，将被视为大逆不道。但不同的姓氏可以相互通婚，不同姓氏的同一民族互为姻亲最为常见。不同民族相互结婚的情况较少，这样的家庭在村中处于较为尴尬的位置，男女双方各自所在的民族对这样的家庭缺乏认同感，他们难以将这类家庭进行归类，常会引起分类上的混乱，这类家庭处于人际交往中被边缘化的位置。在传统社会，若被以熟人关系建构起来的乡村社会排斥，这将对家庭的生存、延续和发展造成极大的危机。出于生境和家庭的需要，因而村中不同民族男女形成的家庭极少，所以，即使经过上百年的发展，苗族、汉族、布依族仍聚居在不同的位置。

村际婚虽不是主流，但一直存在于传统社会。改革开放前，鲤鱼村存在着两套婚姻方式：以自由恋爱而成家为主，以父母和亲朋好友介绍为辅。走村串寨和公众场合为年轻人相识提供了条件。每个星期六村民们将会到屯脚镇赶集，这时其他村寨的年轻小伙将会趁此机会与喜欢的女孩对歌。彼此中意的年轻男女将会介绍自己，并约定下次见面的时间和地点。红白喜事的举办也是年轻男女相互认识的好机会，主办方的亲朋好友从不同的地方聚集在此处，这为村际婚姻创造了条件，现将其中一例进行详述。

例 5-2：王 YN，女，布依族，58 岁，鲤鱼村鲤鱼村人，22 岁嫁到安龙，与丈夫是自由恋爱。据其回忆，20 岁时因参加同村表哥的婚礼时与姑姑在河边游玩，而认识了现在的丈夫。“那时的我可喜欢玩了，我记得当时我在河边走着，突然看见前面有一棵长满叶子的树，我就摘下叶子并放在嘴边吹起来，吹着吹着河对岸也有人在吹，我抬头一看是一个年轻的小伙儿。吹叶子时不同的调子有不同的意思，他告诉我他从其他县过来参加亲戚的婚礼，并想认识我。我看他挺不错的，就同意了。随后，他就向我唱歌，我也回了他。”

两人在唱歌的过程中相互介绍了彼此的信息，加深了双方的认识，并约定下次见面的时间。“从那以后，每到周六赶街他都会来屯脚，当然我也会去见他。一年后，我将此事告诉家里的爸妈，在他们的支持下，后来我就与他结了婚。”

外来人到本地参加活动或走亲访友的过程中所形成的诸多婚姻中，以嫁为主，即女孩嫁往其他地方。这是因为在当时交通极不便利，为村际之间的交往增加了难度，遥远的路程和对体力的需求，限制了女孩的生活范围，同时安全也是女孩们必须考虑的一大因素。因而常会看到未婚的年轻男子流窜于不同的村落之间，他们结成群体乐此不疲地找自己心仪的对象。与嫁相对应的是娶，在村际婚中指村里未婚的男子从其他村寨中找对象的这一事象。村际婚中的娶要求未婚的人们主动到其他村落认识女孩。许多重大的节日和活动为其提供了条件，如屯脚镇平寨村的五寨半节日。平寨村是一个布依族聚居的地方，五寨半是当地村民祭神的日子，于每年农历四月的第一个猴日举办，目的是向天求雨，愿风调雨顺、粮仓爆满。该节日举办时期已久，兴起的具体时期当地居民也不了解。每年这天有来自各地的人聚集在此处，最少时有五六千人、最多时有上万人。祭神结束后，未婚的男女聚集在固定的场所开始唱歌，并向自己心仪的对象表白。鲤鱼村的许多未婚年轻人就是通过这类活动场所实现了娶的目标。

然而，自改革开放后，尤其是20世纪90年代以来，“新兴的市场经济以及随之而来的消费主义迅速占领了农村的生活空间”[1]。伴随着通信技术的进步和交通的日益便捷，不同地域的信息交流和来往不断地加快。现代化的潮流席卷着乡村社会的每个角落，现代化就其本质而言是最大化地获取物质，满足其物质消费和精神需求。与中国许多村落一致，随着经济的发展，市场经济的触角延伸至鲤鱼村的每个角落。传统价值观和民族文化在主流文化的裹挟之下不断地在流变，村民的生活方式和文化习俗也在进行着相应的调整，婚姻方面尤为凸显。

今日的鲤鱼村，出门务工已成为一种潮流。从村委会和村民的口中得知，超过一半的村民常年在外务工，其中又以年轻男女为主。由于对外面世界的向往，许多未婚的年轻女孩升学失败后选择外出务工，并在工作的地方找对象，而这些未婚男子来自四面八方，最终村中许多年轻女孩远嫁他乡。在家乡所获收入难以支撑起村民的物质需求，加之由于大量女孩的外嫁，使村中一大批适婚年龄的青年仍是单身，因而大批的青年往浙江、广东、福建一带务工。工作时间短、女性多的工厂成了单身青年的首选地。而工作时间长、劳动强度高的地方则成为已婚青年的选择地，挣更多的钱满足家庭成员的消费需求和财富积累，成为他们外出务工奋斗的目标。人口迁移和流动的加速、传统婚姻观的转变，形成了大量女孩外嫁、大批男性青年从异地寻找对象的现状。从鲤鱼村的嫁娶范围可知，同一地域同一事件在不同的历史时期呈现出不同的社会形态，社会主体以自身文化为依托，以具体生境为出发点，使人的需求和生境达成耦合体。

二、影响嫁娶对象选择的因素

（一）“鬼”“蛊”对嫁娶对象的影响

婚姻自由是鲤鱼村民传统习俗的重要组成部分。男女双方可以依据自己的意愿寻找对象，但这并不意味着有感情的男女就能结合，嫁娶对象的选择还受传统习俗的影响，如“鬼”和“巫蛊”。

[1] 王华. 农村“高音喇叭”的权力隐喻［J］. 南京农业大学学报：社会科学版，2013（4）：31.

苗族有着完整的鬼神体系，持有主体依据需求并对其进行不断地调适和整合。Khat dliangb dul（喀列兜，即火鬼客）直到20世纪末仍存在于鲤鱼村。关于火鬼的来源，村民也不清楚。但当地人一致地痛绝火鬼，认为那是一种不祥之物，谁要被认为是火鬼，对本人及所在的家庭就是一场灾难。这个家庭将会被村民边缘化，没有人与其来往，担心被“鬼”缠身，一旦有人与该家庭来往也会被认为是有鬼之人，并成为村民唾弃的对象。鬼具有传染性，最初可能是个人，随后其所在的家庭也会被认为是有鬼之家。若有村民与该家庭成员来往密切，也将被他人视为有鬼之人。有鬼的家庭，女儿生得再漂亮，即使乐于助人、善良友好、与他人为善、尊敬老人、勤于劳动，当地村中年轻人也不会娶她为妻。在他们看来这样的家庭是不干净的，与这样的人结婚，会使自己成为有鬼之人、家人遭受村民的排挤，子孙后代也会成为村民眼中的异类和灾难的来源，世代于村中孤立无援，难以与村民建立友好善良的社会关系。即使父母一再降低女儿出嫁的要求，但村中年轻人也不敢娶。因而，男女双方即使真爱，但若有一方被村民视为火鬼，不用父母的劝导，无鬼之人将会主动离开对方。与之类似的是，村中男子不管多有能力、声望有多高，一旦其本人或他所在的家庭与鬼有关，那他将成为村民嫌弃的对象。有鬼之家的子女难以在村中寻找对象，为永葆祖先血脉的传承、香火的代代相传，男子都会在其他地方寻找对象，而女子都会嫁到他乡。

例5-3：王AR，男，苗族，79岁，鲤鱼村鲤鱼坝人。由于被村民认为是有鬼之人，他虽然很有能力，但在一些重要的公众场合仍被拒绝参与。年轻时曾向村中的吴姓、杨姓、田姓姑娘表白过，但遭到了女方的拒绝。直到39岁时，嫁到外地的姑姑给他介绍了安龙的一女孩，翌年两人结婚。他回忆道：“20多岁时，因我为人真诚、处事果断，加之又读过几年书，我在村中就有了很好的声望，很多人看好我的将来。因而，村中许多姑娘都表示要嫁给我，那时觉得自己还年轻，可以慢慢找适合自己的，所以就没答应。但我渐渐地发现大家在疏远我，并刻意地和我保持距离，以前和我家常来往的村民也不来了。直到一次村民私下的谈话被我听到后，才知道我和我所在的家庭被认为与鬼有关，而且还被描述得有鼻子有眼的，在具体的时间、具体的地点做过哪些事，曾经一些还是在村里发生过的，并一度给村民带来了灾难和恐惧。我向大家解释这是陷害，我家是清白之家，怎么会与鬼有关呢？但大家认为我这是做了坏事怕遭受别人的惩罚，因而村民更加相信我家是有鬼的。两个月后，同村的囊俄[1]来到我们家，当着村民的面取消了妹妹和他二儿子的订婚，并说以后不会再与我家有密切的来往。与此同时，以前经常约我唱歌的女孩，也跑着去和别人唱了。村里没有哪个女孩愿意和我谈对象，就算有愿意的也会被她的亲朋好友阻拦，因为大家都认为鬼是可以传染的，一旦一个人或一个家庭与鬼产生了联系，将被视为世世代代的不幸，其子孙后代也会被当地人嫌弃。之后，我们家与村里的另外几户被视为有鬼人家的家庭建立了友好的关系。大家一起相互换工，一起过节，农闲时你走我家、我去你家。我妹妹嫁到了贞丰。在鲤鱼村，被认为有鬼人家的家庭，女儿基本上都是外嫁，儿子几乎都是从外面找媳妇的。难以在村里找到姻亲关系，所以一旦这个家庭被视为有鬼，那么这个家庭及其后代在村中将永远处于弱势地位。"

改革开放以后，主流社会的文化价值观念不断地进入到鲤鱼村，加之政府精神文明的倡导，"鬼"被当地人视为封建迷信、愚昧无知的表现。尤其是20世纪90年代以来，在市场经济的冲击之下，各种被主流文化所提倡的科学知识渗透到乡村社会的各个角落。加之村中大量的青年人和中年人外出务工，当他们信赖的传统文化知识在所寄居的地方难以满足生存需求时，主流文化及其价值观遂成为他们适应新社会的工具。而与"鬼"相关的习俗则失去了赖以寄生的土壤，在今日的鲤鱼村，随处可见"弘扬科学精神、破除封建迷信""崇尚科学，反对邪教"等标语。

21世纪以前，当地流传着"蛊"习俗。苗语将"蛊"称为"khat ax hsab niangx"（喀阿沙嬢）、"khat xangt zab"（喀向甲）。人们认为"中蛊"（苗语为"gos zab"）之人会生各种疾病，极难治疗，获救的方式只有寻求解药。当人吃了解药后，会从嘴里吐出许多蛤蟆、蛇、泥鳅、雷公虫、黄鳝等东西，随后病才会好。在村民看来，"蛊"太过阴损，给人带来精神上的折磨和身体上的疼痛。"蛊"为何物？从何处来？如何放蛊？当地人一无所知，地方主体不断地将之神秘化，使人们对其产生了极大的恐惧感。因而，人们对放蛊之人极为痛恨。

[1] 在鲤鱼村，苗族对父母、长辈、兄弟、姐妹等血亲亲属的称谓，几乎与汉族相同。但男方在称呼姻亲时就与汉族大不一样。比如妻子的父母，汉族都习惯叫"爸爸""妈妈"，而苗族只能叫"ghet khat"（耇卡）、"wuk khat"（乌卡），即"岳父""岳母"的意思。妻子的哥、弟，汉族习惯称之为"哥哥""弟弟"，而苗族则依据排行将之称为"nangl hlieb"（囊略）、"nangl ob"（囊俄）、"nangl bib"（囊别），即"大舅""二舅""三舅"的意思，而最小的，则称呼为"nangl vil"（囊依）。妻子的姐妹只能称呼为"mais lul"（妈娄）、"mais niul"（妈孃），即"姐姐""妹妹"的意思。在汉族，姨妈、姨孃的子女互称时依据彼此的年龄，习惯叫"表哥""表姐"或"表弟""表妹"。但鲤鱼苗族只能以兄弟姐妹相称，不能以"表"称呼。以"表"称呼的，大多是与姑妈、舅妈家的子女及除了姨妈、姨孃家以外其他亲戚家的子女。在当地，舅妈和姑妈家的子女又称呼为"血表"，属于有血缘关系的亲戚，是为至亲。

（二）父母之命对婚姻的影响

虽然当地崇尚恋爱自由、婚姻自由，但由于父母在家庭中具有重要作用，因而对年轻男女的婚姻仍产生重大的影响，从某种程度上讲，部分婚姻对象的选择是父母直接作用的结果。

“娃娃亲”“背带亲”“指腹亲”曾普遍地存在于鲤鱼村。这类婚姻形成的原因大致有：第一，少数家境富裕的家庭重视门当户对，当孩子出生确定性别后，为其寻找一个家庭相当的孩子为其将来的对象；第二，两位曾经相互钦佩、相互爱慕的年轻男女，由于种种原因未成为夫妇，双方结婚后便协商约定，若所生孩子为同性便结拜为兄弟或姐妹，若为异性便联姻开亲；第三，两对年轻夫妇家庭由于往来密切、关系较好，为了彼此关系的延续，因而选择亲上加亲，双方发誓许诺，“指腹为婚”。父母包办婚姻使许多年轻男女长大后难以与自己喜欢的人结合，不少互相有意地年轻人由于顾忌“父母之命，媒妁之言”的婚姻，而不能选择自己喜欢的人，抱憾终身。也有极少部分年轻男女，为追求婚姻自由，在举行婚礼之前选择与所爱的人逃婚私奔。从村中老人处得知，有的甚至以死抵抗，决不从命。如苗族民歌：父母威逼去出嫁，阿妹不从自悬梁，礼金礼物堆满堂，不知阿妹在何方。

在许多苗族社会，部分父母是姑舅表婚的认同者和执行者。姑舅表婚在有的地方又叫“还娘头”，指姑妈家女儿所嫁对象必须征得舅父家同意，倘若舅父家有年龄相当的儿子，必先由舅父家决定是否娶姑妈家的女儿做媳妇，即舅父家对姑妈家的女儿有优先选择权，如果舅父家不想娶，姑妈家女儿方能许配他人，否则姑舅之间必结下恩怨，严重者甚至断绝关系，从此以后互不相认。当地一首民歌充分凸显了姑舅表婚这一现象。

女唱：娘才放口出灶边，爹才放口出堂屋；闺女吃饭不抬头，嚼菜咽汤不落肚。

母亲：我女切莫生闷气，娘不拿你嫁别处，是叫给你舅爹做儿媳妇。

父亲：我不拿你嫁别家，是叫你跟随亲姑妈……

第三节　婚姻礼仪

虽然鲤鱼村是苗族、布依族和汉族聚居地，但在历史上婚姻呈趋同趋势，布依族、汉族与苗族婚姻有着高度的相似性。这是因为一方面苗族人口占绝对数量，与不同民族的通婚，加快了苗族文化的传播和在各民族间的渗透；另一方面苗族在当地社会起主导作用，村庄运行、社会生产和文化传播中苗族占支配地位。因而对苗族婚姻礼仪的探究从某种程度上等同于对鲤鱼村婚姻仪式的阐述。

一、提亲

提亲，苗语为“nais niangb”（乃聂），即男方父母看中某家之女，或青年男女在赶集、集会、走亲串戚等活动中认识交往，双方有意，即由男方父母请媒人到女方家洽谈亲事。媒人是提亲的主要执行者，因而提亲之前男方父母需要选定一个媒人。人们在选择媒人时往往会从以下几个方面着手：首先，媒人应该和男女双方家庭都有良好的关系，如果有亲属关系那是再好不过了，因为大家相信熟人好办事，这意味着这桩婚姻将有个好的开始；其次，作为媒人应该才思敏捷、睿智且能言善谈，有良好的声誉、地位，他的道德素质为人所颂扬，他的名望和社会声誉会增加男方家庭的社会地位；最后，媒人应该是儿孙环绕、子孙满堂之人，他的子女对父母孝敬有加、子女之间相亲相爱，因为媒人是将来夫妇将要效仿的对象，也是他们必须终生保持敬重的人，所以，以鳏夫寡妇做媒人不在人们的选择之列。

当媒人选定后，他将肩负起男方家委托给他的使命——提亲。提亲由媒人单独去，男方亲属不参与其中，以免被女方父母拒绝时太过尴尬。提亲的日子必须是吉利日，当天媒人携带几斤专用糖盒包装的糖作为礼物。一般来说，第一次多为试探，主要看女方父母的态度，第二次、第三次方做最后定夺。若女方父母热情接待，并积极做饭和唤来亲朋好友招待媒人，即使被拒绝也意味着此桩婚姻有成功的可能。之所以多次拒绝，故意让媒人往返数次才答应，一方面是因为女方家需要时间了解男方家庭状况及未来女婿的情况；另一方面以此抬升姑娘的身价，表明不是随便乱嫁，也不是嫁不出去，而是在做选择；再者，可以体现女方家庭的尊严和威望，不是随便就与人开亲。若媒人第一次上门不但遭受拒绝，女方家做饭不积极，并声称女儿年龄太小还想在家待几年，或女儿不本分，伺候不好男方家父母，女方父母拒收媒人带去的礼物，则意味着女方父母反对这桩亲事，媒人领会其中之意，就会打道回府，禀告主人家。

当提亲成功后，媒人会把这一消息告诉给男方家，以便男方为后面的定亲做充分的准备。男方得知这一消息后，这会让他们觉得特有面子，并且幻想女方嫁到男方家后的情景，有些时候会谈论女方家嫁来后应该怎样对待她和怎样融洽地处理她与家庭成员的关系。在提亲成功后的一段时间里，男方家会选择一个好的日子，然后男方父亲亲自上门与女方父母商讨。他会带着猪肉、酒、红豆、大米、苹果、梨等物品。在这当中酒和肉是必须带的物品，而其他的物品可进行相互替换。猪肉在当地的肉类食品结构中占有很重要的地位，而酒也是必不可少的，在当地盛行一句话：无酒不成礼仪。

二、订亲

订亲苗语称呼为“nongx ngix jud”（郎衣酒），即“吃鸡酒”，以此确定双方姻亲关系。男女双方确定联姻后，男方家选定“吉日”，并征得女方家的同意后，以酒宴的形式确定双方的订亲关系。女方父母举办酒宴所需物品皆为男方家提供，包括公鸡 1 只、肉 10~20 斤、酒 20~30 斤、糯米粑粑 30~40 斤等。

“吉日”这天，女方家会把男方父母带来的物品做一顿饭，请她的三姑六婆、亲朋好友一起吃喝。举办这种酒宴，实质是公开宣布某某家与某某家正式开亲，某某与某某已正式确定为不可侵犯的婚姻关系，希望借众人之口将这一信息传播出去，以防再有人到女方家提亲。在吃饭的过程中，女方的父母会对这些人说他们的女儿将要嫁人，亲朋好友听到这则消息后会一致地祝福，并且表现得就像自己家嫁闺女一样的喜悦，但是一部分人在私下里又要愁眉苦脸了。被请到场的人都是和女方家父母关系良好的人，当女方父母把这则消息告诉他们的时候，传达的意思是当我女儿出嫁那天你们应该到场，而到场的人都是必须要送礼物的（包括礼金和物品），这对家庭贫困的村民来说是一个大问题。原因是他们关系亲密，如果送得少，那么十里八乡的人会把他贬得一无是处，今后他在村里行走都会被人当作笑话的对象，这对当地人来说是难以忍受的。如果他在婚礼上送的礼物够多的话（至少超过大部分人），那么他会受到家乡人和婚姻举办方的恭维，人家会夸奖他慷慨、大方，同时女方家也会觉得特有面子。因此，人们在送礼的时候都会尽量地增加礼物的数量，这会让自己变得更有“面子”，而这一做法难免会给自己增加经济负担，特别是经济本就拮据的人。

三、催婚

催婚即“订亲”之后，男女达到当地村民所认可的结婚年龄，男方家便开始告知女方家要准备为孩子举行婚礼所进行的一系列活动。鲤鱼村催婚主要有两种形式：一种是举行婚礼的前三年便开始每年挑糯米粑粑到女方家“走亲”催婚。

催婚之人可以是男方父母，也可以是其家族长辈，到女方家后一般不会提及儿女之事，但女方父母自能明白其中之意，因而会认真考虑年轻男女的婚事。另一种是男方家直接委托媒人去催婚，告知女方父母可以为孩子们举行婚礼了，看是否准许？若同意，男方便择“吉日”为年轻男女完婚。

催婚的日子必须是每年农历八月的子日，若第一个子日女方家不答应，只能第二个子日继续去，若仍拒绝，只能明年去。能否举办婚姻，完全是女方家说了算，决定权在女方父母，男方家是不能强行的，一般情况下催婚到第二年才答应，有的甚至到第三年才允许男女结婚。

四、彩礼和嫁妆

彩礼通常是指由新郎家向新娘家转移的财富，它使婚姻契约及从一个家庭转移到另一个家庭中的关于妇女的权利生效。[1]彩礼在苗族中又被称为“交礼”，苗语为“job diangb”（觉当）。一首有关苗族“交礼”的民歌流传于鲤鱼村等地，从中可知苗族“交礼”早已有之，并具有悠久的历史。歌曰：

过去交礼金，刻木三瓣花；七个男子汉，一起来抬它；礼金银子三百两，牛马要拿三百对，鸡鹅要拿三百对，三千斤好谷，三千尺棉布，拉牛踩烂路，拉马踏烂沟。

全寨子，拿不起，全寨邻，拿不出。全寨人，不说话，男和女，不成双。

有名“细公”人，他从东方来；“细公”这个人，他的金银多。拿金买女做妻室，拿银买牛去耕地。富人成双对，穷人打单身。

“约公”老人家，他从东方来；“样公”老人家，也从东方到。你们为何不开亲？为何岭上断了木叶声？为何寨中没了游方音？寨中长老出来说，木叶声已停三年半。寨头青年跑来讲，游方音断了三年多。

“约公”老人来协调，“样公”老人来商议。礼金规矩要改变，礼金银子要减轻。银子减到两百两，牛羊减到两百对，鸡鸭减到两百双，两千斤好谷，二千尺棉布。

全寨子，拿不起，全寨邻，拿不出。全寨人，不出声，男和女，仍单身。

“约公”再协调，“样公”再商议。礼金规矩要改变，礼金银子要减轻。银子减到一百两，牛马减到一百对，鸡鸭减到一百双，一千斤好谷，一千尺棉布。

---

[1] 闫云翔.礼物的流动：一个中国村庄中的互惠原则与社会网络［M］.李芳春，刘瑜，译.上海：上海人民出版社，2000：172.

全寨子，拿不起。全寨邻，拿不出。全寨人，不说话。男和女，不成双。

“约公”又协调，“样公”又商议。礼金规矩必改变，礼金银子必减轻。银子减到六十两，牛马减到六十对，鸡鸭减到六十双，五百斤好谷，五百尺棉布。

全寨子，拿不起。全寨邻，拿不出。全寨人，不说话。男和女，不成双。

“约公”“样公”同协调，“样公”“约公”齐商议。礼金坚决要改变，礼金坚决要减轻。银子减到三十两，牛马减到三十对，鸡鸭减到三十双，三百斤好谷，三百尺棉布。

…………

银子四五两，鸡鸭就拿四五只，几斗谷米是规矩，几丈布匹是礼规。牛马不再作聘礼。

全寨子，都说话。全寨邻，笑开颜。两家人，得开亲。男和女，成双对。

从今后，男男女女须婚配。好女配勤男，傻女配懒汉，跸子（跛脚）配瞎子，寨中寨邻都配完。

从歌词内容可知，苗族“交礼”内容处于不断的变化之中。从村中 80 多岁的王姓老人处得知，20 世纪 90 年代以前，鲤鱼村“交礼”过程中，还保留着一种古老的“布道”习俗。“道”以竹制成，长二尺余，直径一寸左右，上刻有几何符号，象征礼金数目，由姑娘的舅舅请人制作并带来。“道”所刻记的几何符号表示男方交礼的数目，但无人认识这些文字符号所表示的意义，沿袭至今这些符号只是一种象征，而非“交礼”的实际内容。男方与女方家“交礼”时，女方的舅舅取出“道”，假装看看，随后慢条斯理道：“听说外侄女出嫁，天不亮就起床，翻了几坡又几岭，过了无数沟与河，好不容易找到这好竹竿，好不容易找到这好竹料，拿回家来打磨好，请来师傅帮书刻，刻了几天又几夜，昨天天黑才完工，我也没及时细看，上面究竟写什么？聘礼到底是多少？现就念给大家听……”

尔后，舅舅开始吟唱一段约定俗成、众所周知而非“道”上所刻记内容的“交礼歌”：

“金银三百两，牛马三百对；鸡鸭三百双，米酒三百窝；三千（斤）老奶米，三千（斤）姑娘粮……”

“交礼歌”与“道”的内容只是象征性的，而非“交礼”时男方家所给物品。从传统习俗所知，“交礼”包括姑娘结婚时所用的金银首饰、衣物布料、礼金及父母养育女儿的辛苦费等（见表 1）。

表 1 交礼

交礼所含物	数量及单位
银项圈	1套（5~7只）
银手圈	4对（实心手圈2对，空心手圈1对，泡花手圈1对）
银耳环	4对（空心大耳环1对，木叶耳环1对，螺丝耳环1对，洒须耳环1对）
蝴蝶爪	1只
银钩	1只
银链	2~3条
银泡	61~63枚
银戒指	10个
洋纱	1~2斤
棉花	1斤（20世纪七八十年代以后改用清布或青府绸布料6~8斤）
猪肉	半头
黏米	1斗2升
酒	4~5坛（大约60斤）
公鸡	1只
公鸭	8只（1只随称，1只随帕，1只随伞，1只随坛，1只归舅舅，1只给媒人，1只属进门，1只属交礼）
红包	父母2.4元，舅舅、舅母2.4元，刻道、布道人2~6角

近年来，随着市场经济的发展，物质种类日益多样化，“交礼”内容依据社会主体的需求也在不断地变化。“交礼”所构成的物品也与其具体的历史时期相对应，如20世纪八九十年代包含皮鞋、毛衣、衬衣、手表、缝纫机等，进入21世纪后主要有洗衣机、空调、沙发、彩电、冰柜等。

与“交礼”相对应的是“嫁妆”。所谓嫁妆，指新娘家为新婚夫妇置办的财产，被新娘从娘家带到她自己的婚姻中来。[1]在大鲤鱼村，嫁妆是由现金和物品构成的。物品归即将新成立的小家庭所有，而现金归新娘独自一人拥有。村里人通过嫁妆和彩礼的比较，把婚姻分成三种类型。第一，当新娘家的嫁妆低于彩礼时，人们认为女方父母是卖女儿。当女方家收到彩礼后，拿出其中的一部分为女儿办嫁妆，而另一部分被截留下来当作新娘的弟弟或哥哥娶妻时的彩礼，或者新娘父母把这部分钱纳为己有。这种做法在村里是被人们所唾弃的，但是对于经济困难的家庭来说，这恰好是能为家里早已成年至今单身的儿子筹集彩礼的最好机

[1] 闫云翔.礼物的流动：一个中国村庄中的互惠原则与社会网络［M］.李芳春，刘瑜，译.上海：上海人民出版社，2000：172–173.

会。第二种是女方父母把男方家所给的彩礼全部作为嫁妆，人们称呼这种做法叫“嫁女儿”。嫁女儿是人们普遍选择的方式，如果不是家庭条件太过困难，女方父母不会提取男方家的彩礼。笔者在调查期间，曾和一个60岁的大伯相谈得知，他以前是村里最有名的“卖女儿”的家长，他家有四个女儿一个儿子，儿子在家中排行老四。孩子多、劳动力少使这个家庭长期处于贫穷状态。早年时期为了维持家庭生计，他不但不用彩礼来为女儿准备嫁妆，而且还索要高额的彩礼，这使他成为远近闻名的“卖女儿”的人。可是在去年嫁小女儿时，他把所有的彩礼变成嫁妆。当问他为什么这样做时？他笑呵呵地说：“现在家庭经济比以前好多了，我可不想一辈子背着‘卖女儿’的名声，我也想恢复自己的名誉。”第三种是女方父母不仅把所有的彩礼用作嫁妆，而且还拿出一部分自己的钱添加在嫁妆里，这被人们称作“赔女儿”。这种现象在当地很少，经济状况和家庭负担影响了人们对婚姻中彩礼和嫁妆的态度。

通过鲤鱼村婚姻交换的调查，可知补偿和资助是它的主要功能。在婚姻中财富分配是趋向于对新婚夫妇家庭的资助，女方父母用新郎家的彩礼购买间接嫁妆，可以看成是新郎对他家产份额的部分提取。嫁妆的到来，对即将成立新家庭的新婚夫妇是重要的，因为儿子在分家之前没有他自己的财产，而新娘从彩礼中转换而来的嫁妆及娘家所给的财物成了新婚夫妇所独有的财产，即使在大家庭中他和妻子也可单独享有这些财产。在另外一些家庭中彩礼所呈现的是补偿的功能。当彩礼送到女方家时，女方父母提取了其中一部分作为儿子将来的彩礼或是用来添补家用，只用其中一小部分作为女儿的嫁妆。成年女儿的出嫁，意味着家庭将会失去一个成年劳动力，一个能创造财富的劳动力将从这个家庭中转移到另一个家庭中去，这对女方家庭来说是一个巨大的损失，并且劳动力的转移将给女方家庭成员带来情感上的痛楚，这时女方家从彩礼中进行提取只是对将失去女儿造成痛苦的一种补偿罢了。因此，在鲤鱼村婚姻交换中补偿和资助是共生共存的，只是人们往往最关心后者而已。

五、接亲和送亲

改革开放以前，在举行婚礼的前一天，男方家须派“接亲客”到女方父母家。“接亲客”苗语为“khat dad niangb”（卡达聂），即到女方家迎娶新娘。“接亲客”必须是年轻的后生，通常为三人，通晓婚姻礼仪，具有能言善辩的能力，父母健在且多兄弟姐妹，孤儿或独生子女不能成为“接亲客”。接亲的三人中主事人负责担“新娘饭”（花糯米饭），另一人担鸭子和肉，最后一人背一套老年女装（新娘到新郎家后必须穿戴），服装不能与地面相接触。到女方家大门后，必须喝“进门酒”才能进屋。当晚，女方家送亲的姑娘向接亲客讨要从男方家带来的腰帕，做新娘第二天出嫁时背服装用。讨要腰帕时必须唱腰帕歌，直到接亲的客人主动认输并交出腰帕。只要腰帕到手，女方家的女孩们将会给接亲的人“打花猫”。

打花猫所用的材料是“锅烟煤”[1]，主要涂抹在脸上，不能在新娘父母家将其洗掉，否则将给这桩婚姻带来不幸。“打花猫”自有其历史来历。相传在很久以前，苗族人居住在高山丛林之中，有99个村、88个寨，虽彼此之间交通不便、联系不密，但由于相互之间有开亲的习俗，故保持着一定程度的往来。在当时，苗族一个叫丢梭的地方有一青年名叫丢修，他到名叫巴补的地方游方认识了未婚女孩阿便，由于两人之间互有好感，经过一段时间接触后彼此相爱，遂决定结婚。丢修带着自己从小认识的三五个好友到女方居住地，接阿便到家中做客，丢修父母杀鸡宰鸭款待阿便，并请家族中人吃饭，欢迎阿便的到来。三天后，丢修家派人到女方家报喜，婚姻获得女方父母同意，并以酒肉招待来客，两方人共商女方家请客吃饭所要的肉、米、酒的数量，女方父母并托来人将绣花衣裙和首饰带给姑娘。第十三天，是男方家结婚请客的日子，并于当天将女子送回娘家，受到女方父母的热情招待，唱歌、喝酒长达三天三夜，送亲人才返家。然而在返回的途中，不幸遇到老虎，这使几名送亲人被老虎吃掉，让喜事变成丧事。当丧事办完后，人们开始讨论对付老虎的办法，有人说打老虎，可是那时老虎太多了，并且对人而言危险性也太大了。又有村民提出“打花猫”，寨老讲道：“古代望宝和告雄在也巴脚居住时就是这样把老虎吓走的，大家试一下，不行再想其他办法。”经过实践，果真有用。后来，每逢婚嫁苗族人先“打花猫”，久而久之，直到今天形成苗族的一种文化习俗。

出嫁这天，女方父母坐在堂屋，男在左、女在右，祖先供奉在中间。新娘穿着结婚礼服，首先向祖先磕三个头，这意味着自此以后新娘将不再是这个家庭的成员。随后，向左边的父亲及右边的母亲各磕头三个。这时家中的兄弟将她背到门槛处，这期间新娘不能脚踏地，否则将把娘家的好运带到丈夫家。门槛处等候多时的送亲队伍将给新娘穿上草鞋，以示新娘是吃苦耐劳之人。被挑选出来的女方亲人将与接亲客一同将新娘送到男方家，当地称之为“送亲”。送亲人数多为6~8人，以女性为主，回门时与新娘一道回娘家。

---

[1] 21世纪以前，鲤鱼村以烧柴为主，因而锅底累积了一层厚厚的色如煤炭的柴灰，当地称之为“锅烟煤”。

六、入门

当送亲队伍抵达新郎家门前时，新娘须穿老年装，所有人员按一定的顺序排列。新娘并于正大门处喝两杯进门酒后方可入门，入门时先跨左脚、后跨右脚，斟进门酒的人必须是儿孙满堂的村民，意为新婚夫妇将来儿女齐全。进门后，新郎家的“陪娘”簇拥着新娘紧靠堂屋中柱子而坐，意为新娘从此当家立业，将来像中柱子一样，顶大梁，撑起这个家。在此期间，由村中威望较高、声誉较好的长辈向新娘及在场的众人唱“新娘滑足跌倒歌”，苗语为“niox dab niangb dliangb bil”，大致内容为：

这些啊，挂（齐）地的肉，挂（齐）地的（粮）。
这些肉，不是过年肉，不是过年粮。
这些肉，是开亲肉，是开亲粮和饭。
远古时，地上桥，寨子头。
两人啊，成亲戚。
开亲啊，日子错。
女出嫁，去做媳。
她才啊，做新娘。
做娘子，日子错。
进屋时，日子差。
过了啊，你们寨。
踩着你寨水龙脉。
踩着你寨地龙筋。
水龙神啊，它抬头。
地龙神啊，它昂首。
新媳啊，才踩滑。
跌倒啊，你寨子。
跌倒啊，新媳妇。
新娘啊，进屋日子错。
过了啊，你们寨。
踩着你寨水龙脉。
踩着你寨地龙筋。
……

新娘入门是整个婚礼的高潮，歌唱时所有在场的村民须认真听，新娘应牢记与之相关的事，而在场的亲朋好友应熟记歌词中的古理、古词，以此教育后辈，以保祖先文化精髓世代传承。该歌内容复杂、字词较多，将其全部熟记有很高的难度，因而熟背此歌的人备受村民的尊敬。对当地村民而言，歌唱是对祖先历史和文化习俗的再次回忆，对后人具有极为重要的人格模塑，并规范了部分婚姻习俗。因而被视为婚礼过程中极为重要的组成部分。歌唱结束后，举行拜堂仪式。拜堂时并非新娘新郎一起跪拜，新娘坐在一边，而只由新郎一个人拜。此时的新娘已不是娘家的孩子，因为在出嫁之前已与娘家祖先道别。但又没有完全成为丈夫家的人，因而拜堂时不能祭拜丈夫家的祖先。当她为丈夫家生下孩子，使其血脉得以延续后，她在丈夫家的社会身份不但得到生者的默认，也获得祖先的认可，自此她成为丈夫家的一员，社会身份得以界定，并有资格参与家庭事务和祭祖之事。

七、回门

拜堂结束后，为了防止新娘和新郎同房，送亲的女性必须与新娘睡在同一间屋子。第二日，新娘及其所有送亲的人都将回娘家，当地称“回门”。回门时，接亲客与新郎将陪同新娘回娘家，并为女方家的年轻人和老年人各准备一份礼物。年轻人的礼物一般为绿头公鸭 1 只、猪肉 1 块（3~5 斤）、猪肚子 1 个、米 5 升至 1 斗和一定数量的食盐。老年人的食物一般为米 1 斗 1 升、猪肉 3~5 斤、鸡鸭各 1 只。

回门的第二天，接亲客将带给女方家年轻人的食物用来做猪肚饭，以此来招待女方家送亲的女性。❶当饭做好后，首先得祭祖，送亲客中的主事人站在神龛下，面朝大门，吟诵“新娘回门”，苗语为“nongx ghab qangb bar”。大致内容如下：

这些啊。

悬（齐）地的肉，悬（齐）地的粮。

这些肉（粮）。

不是过年肉。

不是过年粮。

是开亲肉，是开亲饭。

❶ 送亲的女性通常为6~8人，多为新娘的长辈，如舅妈、姑妈、姨妈、叔娘等。她们最主要的任务是防止新娘与新郎同房。

还有啊，东方肉。
远古时，那天上。
戚戚啊，那月亮。
天上啊，天人间。
太阳啊，才生女。
生女孩，青龙女。
月亮啊，才生男。
生男孩，小龙儿。
太阳啊，才开亲。
月亮啊，才联姻。
星星啊，密密麻。
小虫跑，鱼儿游。
它们啊，去做媒。
会讲啊，才会到。
它们啊，才开亲。
会说啊，才做媒。
媒人啊，背把伞。
围着房，打转转。
房角处，把伞放。
走进屋，才歇凉。
坐火（坑）边，才开口。
……

从内容可知，“新娘回门歌”内容涉及广泛，包括婚姻的历史源流、婚姻礼仪、开亲规则、彩礼嫁妆、亲属往来、祖先鬼神、古理古词、生育观念、文化教化等。折射出了当地人的传统文化价值观及习俗的流变，以歌唱的形式代代相传，以此规训持有主体的社会行为和精神世界。

吃完猪肚饭，新郎和接亲客返家，而新娘必须留在娘家，当地称之为“坐家”。所谓“坐家”，即婚后新娘不落夫家，而是在娘家住，每年农忙时节（春种、秋收）须由婆婆请一女性老人一同去接，新娘才到夫家来。新娘来后，也只在夫家住几天，然后便请婆婆送其回娘家。[1]新娘“坐家”的时间，主要以其结婚年

[1] 王元鲲．兴仁苗族［M］．昆明：云南科技出版社，2013：156.

龄为依据。20世纪90年代以前，当地人结婚较早，有的女孩在十二三岁时就已举办婚姻，普遍的则为十六七岁。因而新娘“坐家”有一年、三年、五年、七年之分，最多的为九年。新娘“坐家”时常须为单数，否则将给新家庭带来不幸。若“坐家”达九年，这桩婚姻将饱受村民的议论，这也暗示着女方父母对男方家极不满意，通过延长“坐家”的方式表达自己的不满。婚姻一旦缔结，就不能轻易地改变，嫁娶仪式和礼物的流动不但让生者参与了这场婚姻，也让双方各自的祖先见证了婚姻的进行。因而当婚姻仪式结束后，婚姻不仅是当事男女的事，更与双方的亲属及其祖先相关。即使男女双方父母因某事而发生不快，也不会轻易地中断婚姻关系。否则这样的家庭不但会遭受村民的非议，也会使祖先不高兴。

在我国，婚姻不仅是男女双方的事，而且也与男女各自所系亲属密切相关。在鲤鱼村，一场合法的、约定俗成的婚姻需要得到男女双方及其家人的承认，获得夫妻所在社会各个主体的认可，最后还要得到神灵的承认。婚姻的认可是如此的多重性和复杂性，注定了婚姻不仅仅是夫妻双方的事情，更是与活着的人和死去的祖先的神灵密切联系。合乎规范的婚姻总是与地方文化相契合。因而在当地，婚姻破裂的情况很少发生。笔者在田野调查期间从村民处得知与此相关的事例。

例5-4：王XB，男，苗族，1970年出生。父母早年逝世，有兄弟五人，家中排行老五，村民又称他为王老五。妻子杨DZ，鲤鱼村人，苗族，1974年出生。夫妻结婚已有25年，并育有两子，老大21岁，老二18岁。在村民看来，多年来夫妻相敬如宾、生活和睦，然而去年（2016年）农历十一月妻子突然提出离婚，并向法院提出了离婚诉求。面对妻子的行为，王老五一直深感不解，多次试图询问妻子离婚原因，杨DZ实在不堪烦扰，说出了理由：“从2015年以来你总是对我打骂。2016年7月，我们一起做农活时，因为没有配合你的原因，故意伤害我。让我一个月受两次伤，到现在我还没有全好，家里和地里的许多活路（即农活）全被耽搁，而你还不断地骂我。王老五啊王老五，这些年我为这个家操心费力，而你却这么对待我，这个婚必须离。”当地方法院通知夫妻俩于腊月二十三上庭商讨离婚的事件传到村里时，无异于在村里丢下了一颗炸弹。在村民看来，一对中年夫妻，生活了二十几年，并且他们的儿子都已经成年。而这时候他们却要离婚，这对长期接受本土价值观念的村民来说是难以接受的事情。王老五为了挽回这份感情，不断地解释并非故意伤害她，只是务农期间操作失当，而且曾经也发生过类似的事件。可是杨DZ却不为所动。针对此事，王老五一直想不通妻子为何非要离婚。直到有一次在家族晚辈的婚礼上听到别人对话，他才明白原因所在。

“嗨，听说了吗？王老五和他老婆最近闹离婚啊，你说这都多大年龄了还离婚，羞不羞啊。”

“我说你能不能小声点，这要让他或他的家族听到多不好啊，毕竟出了这种事儿，自己家门无光，而且还惹人笑话。”

“据说他们离婚是因为王老五在做活路时故意害他老婆受伤，因而他婆娘大为恼火，认为他心肠歹毒，才死活跟他离婚。”

“切，这你也信。我听二婶和二伯说，那婆娘最近几个月和做厨的田 JH 对上眼了。你想啊，受伤以前也不是天天在一起过日子吗，但是至于离婚吗？”

“原来是这样啊，我就说嘛，这样解释才合理啊。不过，我觉得要离婚，这事儿难啊！”

“谁说不是，人活一张脸，树活一张皮。这天天抬头不见低头见的，她也不好面对邻居啊。”

王老五听到对话后，他也拿不准事情的真假，也不敢直接去找老婆当面对质。他找到了自己的两个儿子，让他们劝解自己的母亲不要离婚，一切以家庭的和睦和祖先遗留下来的声誉为重。与此同时，他让自己的族兄们在村里放出话：“哪个男人敢与自己的妻子不三不四，保证让他在村里无脸做人，并且要到法院告他破坏别人家庭和睦。”当杨 DZ 的娘家听到两人离婚的原因时，甚是感到气愤，在他们看来这婚一旦离成，那他们杨家这么多年形成的良好家风就毁于一旦，而且还要遭受别人在背后的指指点点，因此杨 DZ 的娘家坚决反对女儿的离婚要求。并且，村里人认为她的这种做法是极不道德的，如果她离婚成功的话，邻居们会以认识她而为耻，并且会渐渐地断绝与她的来往。因为她的做法让人们难以接受。最终，她在巨大的压力之下不得不放弃离婚的打算，向法院撤销了离婚诉求。

从上面的例子我们可以看出，单独看待婚姻的功能和效应会限制我们对婚姻探究的视角。婚姻随着地方习惯法和民风习俗的日渐发展、完善，已经很好地镶嵌进社会生活中，并促进了社会结构的稳定性。

此外，新娘在“坐家”期间怀孕，将对女方父母的家庭产生极大的负面影响。其父母将成为村民嘲笑的对象，在当地人看来父母没有管教好孩子，使其不知廉耻地急着去男方家。“坐家”期间的妇女一旦怀孕，将被立即接到夫家居住，这也意味着“坐家”结束。在鲤鱼村，“坐家”最为常见的是三年。第三年时，男方于农历二月二祭桥节这天带着礼物去女方父母家。二月二在当地被视为祈福、求子的日子，男方于这天将女方接到家中，希望新家庭多子多孙、美满幸福。

第四节　婚礼日期（季节）的安排

在当地，婚礼的举办是相当讲究的。每一门婚礼的举行日期（这里所讨论的时间主要是四季，而并非一年中具体的某一日），都是先生查看黄历后、大家庭共同商议的结果。在做田野调查期间，笔者对鲤鱼村 2000—2014 年婚礼举办日期和次数进行了收集整理，具体情况如表 2 所示。

表 2　鲤鱼村 2000—2014 年婚礼举办日期和次数

单位：次

年份	春	夏	秋	冬
2000	2	0	1	16
2001	1	1	1	15
2002	0	1	2	17
2003	3	0	0	15
2004	1	0	3	18
2005	2	0	1	21
2006	0	1	1	19
2007	2	0	3	17
2008	1	1	2	17
2009	2	1	1	19
2010	0	0	2	16
2011	1	0	0	19
2012	2	1	2	18
2013	3	0	1	19
2014	1	1	2	22

由表 2 得知，冬季是婚礼举办的高峰期，鲤鱼村一年中所有的婚礼基本在这一时期举行。而夏季是婚礼举办的冷淡期，有时甚至连续几年不举办一次。春、秋常会举办婚礼，但次数较少。婚礼的举办为何会如此集中在冬季？这样的安排又是出自什么缘由呢？

近年来，鲤鱼村退耕还林搞得有声有色，农民的可耕地逐年减少，代之而起的是一片片的树木秧苗。曾经的旱地变成了如今的树木种植地，有的家庭甚至完全放弃了对土地的耕种。在乡土社会，对土地的依赖性使人们被束缚在了自己所在的社区，人们依赖土地养活自己和家庭，土地被作为财富的象征，被世代继承。人们根据农事来安排自己的日常生活。然而，当人们对土地的依附性逐渐减弱时，土地便不能束缚人们的自由流动。为了家庭的幸福和自己的未来，乡村中的人们把眼光从土地转移到对外务工之上。每年春节后人员的大量外流，特别是青年人的纷纷外出，以至于村中仅留下这几个人群：读书的小孩、家中耕地的中年人、不能劳动的老年人和极少数的年轻人。而到冬季之时青年人才会陆续地回乡，此时，回来的不仅仅是外出打工的人，他们还必须带回来年家庭的一切开支。回到家庭的外出务工人员，他们或多或少都会有一些收获——每当想到子女的殷切期盼和村里人之间的相互比较，他们不得不努力工作。

在当地，一场婚礼的顺利举行必须依赖于家族和街坊邻居的帮助。结婚过程中要处理的事情是如此繁复和详细，这意味着要想办好一场婚礼不仅是财力上的考验，更是众多村民共同合作努力的结果。结婚需要大量帮忙的人，许多体力活必须由青年人承担，只有在冬天是最好寻找的，因为一年之中只有这时他们才待在家里。他们年轻力壮、精力十足，做事干净利落。他们的年龄、人生经历和责任感，使他们耻于做事拖拖拉拉。在春天和秋天，特别是在夏天举办一次婚姻是需要极大的信心和勇气的。青壮年的外出务工，使村中帮忙的主体流失。年少的孩子忙着上学，而留在家中的村民要忙着务农，与夏季相比较，鲤鱼村的冬天是相对清闲而舒适的，因为冬季严寒的气候，妨碍了人们的户外劳作。而夏天正是人们一年最繁忙的时期，平时都是各忙各的事情，长期的乡村生活使人们养成了一套约定俗成的生活习惯——白天在坡上使劲干活，晚上回家早早睡觉，养精蓄锐以便第二天以激情饱满的精神投入劳动中。在这一时期人们不会随意地到别人家里去，即使去了更不会长久地待在主人家，因为一个聪明、勤奋、上进的人，不会把一年中最好的时光任意挥霍打发掉，更不会去做妨碍他人的事情。用当地的话来说：“热来不要挡着人家的风，冷来不要挡着人家的火。”在夏季举办婚礼，他必须有把握街坊邻居暂时自主扔下手中的农活而投身于婚姻仪式的张罗中，而在鲤鱼村能做到这一点的屈指可数。面对具有挑战性的事物，从不缺乏挑战的人，因为一旦挑战成功，这对挑战者来说不但证明了自己的能力高人一等，同时又给自己带来超乎想象的声誉。就拿夏季举行婚礼来说，偶有人为之，但是顺利地完成实在太有难度了。

例 5-5：王 HW，男，苗族，1965 年出生。有一子，现 25 岁。父亲早逝，母亲已过 80 岁，家中有七兄弟，排行老三。早年时期，在大哥和二哥的帮助之下，并且后来经过自己的努力拼搏，挣得了一份让村里其他人羡慕不已的财产。每当村里举行红白喜事时，他和儿子至少有一个人亲至主人家。

“三哥，什么时候到的？”

“哦，刚来。”

“三哥，你可是大忙人啊！难得你有心思来帮忙啊！”

“帮忙，那是必须的啊！你看村里哪家办事儿，我没有去帮忙啊？”

“是，是，是！哪里有事，哪里就有三哥帮忙。”

“没办法啊，大家都是同村人，抬头不见低头见的，而且帮别人就如帮自己啊。”

他一边说着一边找了个人多、座位舒适的地方坐下。他成功的事业、丰富的人生经历和幽默诙谐的谈吐，使他常常成为人群中的焦点。谈话中人们偶尔对他的恭维，让他开心不已。每当主家给帮忙之人安排任务时，他会拉一帮朋友，摆一张桌子，约上几个熟人赌博。响亮的嗓音、不时冒出的脏话，使他的声音传得老远老远。时间长了，村里人对他的这一行为就见怪不怪了。

在 2014 年夏季时，王 HW 决定给自己前不久因为赌博输掉十余万元的儿子举行婚礼。他也并不是没有想过等到冬天才开始举行婚礼仪式。可是儿子的行为让他心灰意冷，他现在唯一想法就是——这些年儿子就像一匹脱缰的野马，经常在外晃荡没有很好地进行管束。他希望赶快给儿子找一个对象，加强对他的管束，不然长此下去家产一定会被败光。当村民在他面前提到其子输了这么多钱有何感想的时候，他只是淡淡地回了一句：“找钱就是用来花的，只要自己开心了，我们管它是怎么花出去的。而且这东西生不带来、死不带去的，用完了再找就是。”他也并不是没有想过夏季举行婚礼的难度，但是他认为以自己在村中的声望和事业的成功，一定会有许多人丢下繁重的农业给他帮忙。更关键的是每当别人遇到经济上的困难时，他总会主动地找上去给需要者提供经济上的援助。当然，援助的条件就是三分的利息（每借 100 元，按每月三分的利息来算，一月光利息就是 3 元，一年十二月就是 36 元）。可是在他看来，这是天经地义的事。王 HW 常说：“在你危急之时只有我借给你钱，这属于雪中送炭，我这绝对算帮你的大忙了。当然咱们亲兄弟明算账，况且还不是亲兄弟，所以我觉得你应该把你家的那一片树林用来作抵押。”

很快婚礼的日期定下了，在婚礼举行的前两天正好是帮忙的时候。然而，这次来他家帮忙的人寥寥无几。当然，也时不时地能听到人们是否去帮忙的讨论。

“再过两天，王老三家的儿子就要结婚了，咱们要不要去帮一下忙？”

“天气这么好，我还有一大堆的事儿要做呢，苞谷再不锄草就来不及了。”

“是啊，表叔讲的是，自家的事儿都忙不过来谁还有时间去。”

“这不好吧！大家都是邻里，而且他也时常帮忙的啊！”

“就他，算了吧。他帮忙的是赌博吧。哪家办事儿，声音最大的就是他了，严重地影响了别人是吧，表叔？”

“这个倒是不假！”

“可他也借钱给别人，帮助人们解决不时之需。”

“说到这个我就生气，这么高的利息，心简直太黑了，这叫什么帮忙啊，这就是赚黑心钱嘛！反正我是不会去的。”

眼看距离婚礼的日期越来越近，而帮忙的人只有三三两两。这下王 HW 是真的着急了。人手不够这事儿到时候就办不下去了，一场婚姻如果就这样不了了之。那他绝对会成为全村人的大笑话，这是他绝对不允许的。为了婚姻如期地进行，他请出了大哥。后者曾一度在村委会担任要职，他的为人处世常被人们赞扬，并且作为大哥他在家族中拥有绝对的权威。对于老三的请求，大哥是不满的，可是也不能看着他在村里丢尽脸面，以后难以做人。于是他把所有的家族和邻里集中在一起，并对大家讲道：“今天请各位到这里，所为何事我想大家也知道，纵然我三弟以前有什么地方对不住大家伙的，我在这里替他向大家道歉了。我希望大家暂时放下手中的活路，一起帮忙让这场婚礼顺利进行，事后我一定会带着老三给帮忙的人一一道谢，在这里就拜托大家了！”

虽然大家不情愿，可是出于对老大哥的尊重，他们不得不帮助王老三。后者回忆时说：“这事儿现在想想都后怕，如果不是大哥出面，这场婚礼肯定会闹成全村皆知的大笑话。”

“礼物”在中国的社会中有着深厚的根基，在婚姻中更是是如此的根深蒂固。礼物是人们维持情感联系的纽带，它不但起着强化感情的作用，同时也呈现出交换的另一种形态，在这一过程中不断加深的情感联系增加了交换中礼物的价值。一旦礼物交换被中断，中断的一方将承受街坊邻居的指责、亲朋好友的嘲讽。因为礼物交换的中断，损失的不仅仅是财物，而且还有寄托在礼物上的情感。在当地，赠礼在婚姻中起着重要的作用。

自粮食种植在当地生计方式中丧失主导地位后，该地在推进退耕还林的过程中也大力倡导发展本村经济作物，以此提高村民收入、增加家庭的开支，改善人们的生活。然而，直到现在，务工仍是家庭的主要经济来源。每年冬季出门务工的村民，带着一年的收入回到家乡。婚礼在冬天举行避免了人们无钱赠礼的尴尬，特别是对赠礼动辄上千的家庭。同时，冬季举行婚礼不仅使主人家之前送出的礼物有了返回，也避免了赠礼者因务工在外而错失送礼的机会。婚礼举办的日期会伴随着时代的变迁而发生变化，但是它的变革必然植根于当地的土壤之中，只有这样我们才会明白，在外人看来不可思议的生活习俗安排，其实是当地人为了适应环境改变而做出的调整。

第五节　变式婚姻

以上几节叙述的是婚姻的普通形式，一个人在其平常的生命中所必须经过的阶段。然而人的生命不是个个相同，例外之处也不少。生死有早晚，富贵贫贱也不一致，不同的人其思想也迥异不同，所以婚姻就有变式的了。[1]

童养媳曾在鲤鱼村风行一时，中华人民共和国成立后，这一习俗被政府废除。在1949年以前，鲤鱼村村民以务农为主，但部分家庭因为土地面积少，每年收获的粮食仅够食用，干旱之年许多家庭将面临缺粮的状况。那个年代，一对夫妻养育六七个孩子实为常态，因为孩子死亡率高，村民唯一能做的就是多生多育。但是每到缺粮之时，若家庭人口太多，注定有人饿死。在这种状况下，部分村民在困难之时，就会把自己女儿拿给其他家庭养育，并规定该女长大后将是他家某一个孩子的媳妇。通常状况下，收养童养媳的家庭也是贫困之家，收养的目的就是给儿子找个媳妇，以免孩子长大成人因为家庭贫困而找不到对象。男孩父母为他收童养媳时，通常会找年龄比他大，目的是让女孩将来照顾丈夫。童养媳可以算是男方父母的半个女儿，又因为前者从小与男方家生活在一起，所以童养媳与男方父母关系极好。富裕人家基本不收童养媳，他们的家庭条件决定儿子长大后将会很容易找到对象。中华人民共和国成立初期，童养媳被判定为封建残余文化，所以直接被废除。

在鲤鱼村，入赘又称上门女婿，是指把儿子像女儿一样嫁出去。入赘是儿子需到女方家居住，结婚时是女方家请人把他接走的。男子入赘到女方家，所生的后代多是与女方同姓。如果夫妻两人所生孩子达到两个或两个以上，那么最后

[1] 林耀华．义序的宗族研究［M］．北京：生活·读书·新知三联书店，2000：137.

一个孩子将与父亲同姓，但前提是这个家庭至少有一个男孩与女方同姓。之所以选择入赘，一方面是男方家庭清贫且居住地条件差，男子不想在这居住；另一方面是男方家庭兄弟太多，父母所有的土地和房屋不够兄弟几人均分，所以必须要求某个或几个儿子去上门。一般情况下，村民是不会选择入赘的，在他们看来一个男人就像新娘那样被嫁出去，这是对男人的侮辱。更让他们受不了的是，去女方父母家，生活在她的家族之中，凡事都要看他们的脸色。如果与女方家关系破裂，男子将被赶回来，而女子父母又会重新招婿。

现今的鲤鱼村续弦和再嫁是极其正常的现象。续弦是男子死了妻子，再行续娶，再嫁是女子死了丈夫另行改嫁。男子续弦时，如果女方是未嫁之人，那么男方将明媒正娶，并且男子必须带着家族中人亲自迎娶。如果女方已经嫁过人，男子将独自一人在夜间把女方接回家，此后两人将一起生活。在当地，改嫁的女子没有资格享受明媒正娶的待遇，因为在人们看来她已经是嫁过一次的女人，所以就算要嫁也只能悄无声息地过去。改嫁的女子如果有孩子，将会一起带着过去，孩子父亲的财产等他长大后，将回来继承。改嫁女子所获得的是丈夫留下的金钱，当然她的孩子也有一部分。

第六节　婴儿出生礼

把个人生命分为几个阶段的相互转变，诸如出生、童年、婚嫁和死亡等。可看出，人生过程是由一个阶段向另一个阶段的过渡。而每到一个转变的时期，都伴随有重要的仪式，如果没有相应的仪式，就不能在人生道路上顺利地步入下一个生命阶段。通过一系列的出生礼，婴儿与家庭、宗族、外戚产生联系，并从中显现个人与团体之间的相互作用。婴儿出生礼是人生命仪式的起点，同时也是婚姻仪式的延续，与婚姻前后相连，婴儿也是婚姻所形成的血亲和姻亲关系的连接点。因此，为了探究方便和便于比较，笔者将婴儿的出生礼放置在本章进行叙述，窥探婚姻中各主体间的关联。

一、怀孕时期的禁忌

从怀孕到婴儿降生的这段时期内，鲤鱼村妇女必须遵守一些相关的规则。若妇女在怀孕期间不幸遇到家中老人去世的情况，她能够参加所有的丧葬仪式，并且参与其中表达对已故人的哀思和怀念。但她不能参与老人死后为其清洗身体的环节，生前与老人有关的一切衣服、裤子、棉被等物品她都不能碰摸，如果实在要对这些物品进行处理，需要请家族成员代理处置。怀孕期间不能触摸已埋葬多年的老人的遗物，即使是他的坟墓也不可以，如果犯了此条规定，坟墓中埋葬的老人遗骨将被挖出，移到另一个地方进行重新安置。据村中老人讲，孕妇摸已故人的物品，对死者而言，他将会在埋葬地睡不安稳，整夜在墓中遭受煎熬，对后人造成极大的不良影响，其后辈为了改善自身状况，会重新选择一块地用来埋葬老人。于孕妇而言，她摸了已死老人的物品，将来所生子女身体羸弱不堪，在智力上总是弱人一等，行事慢人一拍。总的说来，怀孕妇女摸已死老人物品这一行为对双方来说都是有害无利。

当怀孕妇女遇到不能行走的孩子时，不能主动去抱，若非必要可以让旁边的人帮忙。在鲤鱼村居民看来，怀孕妇女抱一两岁的孩子，对后者有极大的伤害。她肚中的孩子会吸取该孩子精、气、神。自此后，被抱的孩子身体孱弱、体弱多病、精神不济，他的身体机能被孕妇肚中尚未出生的孩子夺走，因此其身体会变得糟糕不堪，唯有过了一定的时间段等其自我恢复。在怀孕期间，如果她对孩子性别具有期望性，她会去附近的仙人洞，给神烧香烧纸，并向洞里供奉的神诉说自己的心愿，并承诺若神能满足自己的愿望将来一定到洞里还愿，以此感谢神的恩赐。从进仙人洞到离开，她不能触摸任何神像甚至与神有关的东西。否则会被视为对神的不敬，在人们看来她的做法亵渎了神灵，不但得不到神的帮助，甚至还可能因此遭受神的惩罚。每年苗家玩参与舞龙活动时，孕妇被人远远地隔开，以防她摸到即将要舞的龙。据寨子里的人诉说，有一年他们去参加舞龙，舞之前龙被已怀孕的妇女触摸过，当他们要舞龙时，起初发现龙灯点不燃，好不容易把龙灯点燃后，却发现燃烧得不够旺，在舞龙期间，上面掉下来的鞭炮总是落到自己身上炸开，把自己所穿的衣服炸得破破烂烂。以往舞龙的众人从没有发生过这种事。

怀孕妇女的行为在公众活动、祭拜神灵和丧葬仪式上皆被限制。在这些场合，她们只有远远观望的权利，而不能直接进行接触。凡是被她们所碰到的事物，不论是生者还是死者甚至神灵都会遭受不好的事情。怀孕时期的妇女，被完全地划分在另一个体系中，这一时期的身份是游离于大众公共行动之外。

在鲤鱼村染布是一件很平常的事，而孕妇则必须远离染布场所。如果在赶街或外出有事遇到染布时，那么这对其子女会产生很大的影响。

例 5-6：村中一位阿姨年轻时去镇上赶街，此时的她早已有身孕。在去的路上，偶遇一染布场所。此时的染布师父，正因所染之布不上色而大动肝火。气急之下把染布的染料四处抛洒，恰好阿姨经过此处，染料落到了她的衣服上并渗透到皮肤上。这种染料只要粘在身上，短时间之内是很难洗掉的。因此，曾有一段时间阿姨的身上总是粘有染料。村中一老人讲，染料粘在母亲的衣服上，而与母亲连为一体的孩子所被染的就是身体。当阿姨的孩子出生后，背上有一块黑黑的胎记。

外出或在家的孕妇当看到拴马和船的绳子时，不能从上面跨过。据说从前有人做生意，由于用人工运送物品量太少、速度太慢，所以用船或马运送东西。但在途中马或船的绳子被跨过，因此他的生意总是不好，不是在商机上慢人一步，就是在货物运送速度上滞后于别人。甚至遇到狂风急浪致使翻船，或马在运货的过程中，因为地形的缘故导致马的腿脚折断。基于这些情况，商人发下誓言：谁要是动了我的马和船的绳子，他将遭受报应，一生不得安宁。因此孕妇看到较长的绳子是不能跨过去的，如果真的违反这一规定，对别人而言可能意味着接二连三倒霉事的到来，对孕妇而言可能是在她生孩子时增加孩子的出生难度，造成难产的状况，延长孕妇的分娩之痛，村民看来这是妇女在怀孕期间跨绳子造成的结果。当孕妇经过木匠做工的地方，她不能跑着过去仔细观摩，更不能与木匠谈论木工活的细节和具体步骤，而是极快地从路边走过。因为看木匠做活，对孕妇即将出生的孩子来说是一场灾难，孩子在出生时可能会缺少身体的某一部分，如手指头、脚趾头不齐全。人们认为木匠的工作性质决定了其将对孕妇的孩子造成伤害，观看他工作的孕妇其孩子身体有缺陷，是因为木匠的锯子在孩子尚未出生之前就把他身体的某一个部分给锯了。特别是孕妇在观看木匠工作时孩子被锯的可能性最大。与此类似的是，当家中的锅坏了，孕妇不能自行补锅，也不能请别人帮忙补锅，当然看别人补锅也不行，最好也不要补其他的东西。补，本身就意味着所补之物有缺陷，不够完整。如果妇女在怀孕期间总是去做与此相关的事，其所生孩子将来很有可能是身体不全之人，这可能需要“补”才能得以完善。

二、出生时期

每当孕妇即将分娩时，主人家会请富有经验的人专门负责孩子的出生。在鲤鱼村专门有一位为孕妇接生孩子的石奶奶，她从事这一职业已有数十年。当孕妇生孩子时，屋中有专门请来负责接生的妇女，丈夫的母亲及兄弟的媳妇。如果孕妇在一段时间不能顺利生产，这时丈夫就会进去抱着妇女的上半身，使她呈半卧状态。若丈夫不在，需要叫家族中的其他男子，如叔、伯、兄弟等，并且还要叫十来名妇女站在产房（没有固定的场所，大部分是在夫妻睡觉的地方，当然有时也会根据具体的条件而定，总之产房没有做特定的要求，一切根据当时的需要而定）为其分担痛苦，人们认为这样的安排可以帮助她少受折磨，尽快地生出孩子。分娩的最初阶段人们通常不会把她送到医院接生，交通路线曲折蜿回，地况颠簸，这反而会增加孕妇的危险，最重要的是关键时刻想要寻找合适的车辆难度太高，因此若非必要，孩子一般在村中出生，除非实在不行才送往医院。

例 5-7：据张 BW 回忆，25 岁时生第二胎，由于胎儿位置偏移原因，使她分娩时间加长。当时卧室只有接生妇、产妇的婆婆和丈夫的大嫂。经过一段时间后，孩子仍未出生。于是接生妇要求产妇的丈夫进屋，在其安排之下，后者抱着妻子的上半身，并把头部放在自己的怀中，使妻子呈半卧状态。随后，在产妇婆婆的安排之下，屋中多了 10 名妇女，皆是产妇丈夫的嫂子、弟媳及婶婶和伯母。据当地人讲，丈夫陪伴在旁可以使妇女更快地分娩，因为父母同时在场，使未出生的孩子更想见到他未来的父母，而妇女站在一旁，可以帮助她减少分娩的痛苦。在完成这些安排不久后，她成功地生下了一个健康的孩子。

当孩子刚生下时，不能立即用手去接住，需等他自己落地。如果孩子面部和双手双脚朝天，意味着他将来幸福安康、生活如意，遭遇人生困境时也能顺利地度过，并且在身体上能较少地遭受疾病的折磨。如果出生时面部、腹部和四肢朝下，预示着该孩子未来的人生将可能遭受许多的疾病，人生道路上也会比别人面对更多的挫折和磨难。同样的付出兴许他人早已小有成就，而自己还在苦苦挣扎。总的来说他的人生比同龄人经历了更多苦难、更多挫折。出生后的孩子要立刻给他清洗，用水盆（可以是木制的，也可以是塑胶制的，甚至铁制或铝制的都可以）装半盆温水（一种是用沸水和冷水按一定的比例调和而成，另一种是用冷水加热到温水的热度），然后把刚出生的婴儿放入其中清洗。清洗人必须是孩子的接生人。她是孩子来到这个世界第一个碰触他的人，也是孩子生命的接生者。为了感谢她对孩子的恩情，孩子父母会在婴儿出生的当天送给接生者 12 元钱和一升米，如果不想接受米，她可以从里面拿几粒表示自己已经接受赠送了。到孩子满月后，将会再次给接生者 12 元人民币、一碗米和一条红丝带。红丝带喻指孩子的家人祝愿接生者多子多福，日子过得红红火火，身体安康、子女前途有望事业有成。给孩子清洗的那个盆从此之后将归属他，在以后的岁月中他将使用它装自己的尿。孩子洗干净后，如果是女儿，接生者或家中妇女拿过用妈妈衣服制作的包裙（把衣服撕成几大块，然后再把它们有规则的缝制起来）把孩子放置其中；如果是男孩，则用由父亲裤子缝制而成的物品把孩子包裹在里面。这样做的原因是孩子以后将会听父母的教导，成为家中所期望塑造的人。在此之前，接生者将用剪刀剪断孩子的脐带，并在上面用细绳打一个结，一段时间后肚脐上的细线会自己脱落。父母将把细线与其他孩子的堆放在一起，以免它们散落在不同的地方。当地人认为，家中所有孩子的肚脐线放置在一起，意味着孩子长大后将会紧紧地团结在一起；如果各个孩子的肚脐线不幸散落在不同的地方，那么这个家庭的孩子长大后可能矛盾不断、时常发生争吵，兄弟姐妹之间甚至会发展到反目成仇的境地。

当孩子出生得知其性别后，有的家庭的男性成员（出生婴儿的爷爷或父亲）将会在祖先的神龛前烧香和纸钱，并告诉祖先家庭已经增加人口及所生孩子的性别，希望祖先保佑孩子健康成长、生活幸福美满。同时也希望祖先庇佑后代人，愿家庭枝繁叶茂，后代子孙事业有成以此实现光宗耀祖的宏愿。

三、三日期及回喜

孩子出生后的第三天早上，父母会早早地把婴儿抱到堂屋，家中辈分或年龄最大的男子祭拜完祖先后，如果所生孩子是男孩，家人会把早已准备好的柴刀、挑担、笔和书放在他的面前，并一一念给他听。苗家所居之地多高山大树，由于自身的环境因素，木材在家庭的使用中占有重要的地位。而一把柴刀不仅能满足苗族的基本需求，同时在山间野地也能为他披荆斩棘。以前苗族的房子基本是用木材搭建而成，家中取暖做饭都离不开木材，木材充斥于苗族生活的每个角落，而柴刀是获得它的重要途径，如何使用柴刀、怎样使好柴刀是苗家男人非常重要的技能。挑担是苗家极其重要的劳动生产工具，在当地一年四季都能看到寨中的男人在乡间田野用挑担挑东西。特别是农忙时节，挑担几乎是必备之物，没有它的话家庭的农业就会被延迟和推后。田土与沟壑的纵横交错，挑担的劳作方式方便了人们的生活，同时也是男人必须学会的技能，只有这样才能在繁重的农活中获得生存空间。有文化知识的人在本地有很高的地位，这意味着他将来可能融入外界的主流社会，获得令当地人羡慕的成就。因此，笔和书也是教育婴儿不可缺少之物，家中长辈希望孩子将来不仅能熟练地操作田间和山野的劳作，而且能很好地掌握文化知识。前者是孩子长大后在寨中生活的立身之技，后者是孩子以后走入外界社会融入其中的必不可少之物。学好文化知识于外界获得社会地位是父母对子女的盼望，把笔和书列入教育孩子必不可少之物，是对男孩基本生存技能的补充，同时也表现出与外界社会文化交流的渴望。

如果所生孩子是女孩，家中辈分较高的长辈（爷爷或奶奶，当然有时也可以由父亲代劳）会把针、线、布一一放在她的面前，即使她什么也听不到。这时母亲把她抱在怀中，奶奶或母亲，将拿起针向她讲述前者对苗家女孩的重要性。传统时期，苗族所穿之物全靠自己一针一线缝制而成。针在苗族中有着特殊的地位，孩子出生的第三天早上，长辈会用针在女孩的耳朵末尾扎一个小孔。自此之后，随着女孩年龄的增长，耳朵上的小孔并不会重合，此孔是便于孩子长大后有利于把耳环戴在上面，之所以选在三天后扎耳孔，是因为此时不会导致女孩耳朵感染和发炎。线和针紧密相连，布也是它的载体。如何使用线在布上制作精美的图案，对苗族女孩来说这是一项重要的技能，同时也展现出苗家曾经男耕女织的生活状态。线有许多不同的颜色，苗家所穿衣服上精美的图案就是由它们有规则的组织而成。每幅图案背后都隐藏着一个故事，苗族没有自己的文字。因此，苗家文化除了用歌世代流传之外，也用线在衣服上制作图案来传承自己的文明。布是苗族生活的基础，即使在今天行走在苗族聚居的地方，我们仍然能看到一些苗族人在用自己特有的技艺制作布。在以前，苗家所穿之物全靠自己解决，几乎每个苗族女孩从小就要跟着长辈学习怎么织布。它不仅解决了人们的生活所需，同时也是苗家文化的集中体现。

当给初生婴儿讲完未来人生所学之物后。孩子的爷爷奶奶（如果二老都已不在世间，只能是孩子的父亲）会着手准备去女方娘家。去之前会先准备一个鸡笼，如果生的是男孩，就往鸡笼中放一个公鸡，意指孩子将来像公鸡一样早起，并辛勤努力地工作；如果是女孩就往鸡笼里放一只母鸡，意味着女孩将来为他人生育子女、实现传宗接代的任务。更重要的是当父母把公鸡或母鸡拿到女方娘家，那边的人看着所带来的鸡就能辨别出所生孩子的性别。放在鸡笼中鸡的数量应与所生孩子的个数相对应，如果是一胎就放一个，是两胎就放两个，若他们都是男孩应放两只公鸡，一男一女那就放一只公鸡和一只母鸡，所生的两个孩子都是女儿那就要放两只母鸡，但一胎两孩这种现象极少。放在笼子中的鸡必须在这天抬着去女方娘家，而且是男方父母亲自抬着过去，不能假借他人之手。不能提前去，也不能在孩子出生三天以后去，如果这样做的话，女方父母的亲属会骂男方家没有家教、不懂礼仪。

当鸡挑到女方娘家之时，即使他们看到笼子中装的是公鸡或母鸡，依然会问所来之人，妇女生的是打柴的（另一种说法是读书的，指男孩）还是打菜的（指女孩）。随后，女方家把所带来的鸡拿到堂屋中祭拜自己的祖先，让自己的叔、伯宰杀这只鸡用来款待丈夫的父母。杀鸡的人不能是女子的父母，此时女儿已经出嫁了，她已经不再是家中人，对父母来说从她出嫁那刻起，相对于家中的成员来说她已经是外人了，如果由自己父母杀鸡，这会亏损她及她的家庭。所杀之鸡，在蒸煮之时不能切成片状，而是把整只完整且没有切割的鸡放在锅里煮。煮熟后，把它拿在堂屋祖先的神龛前用来祭祖，还要烧香和纸钱。在此过程中，父亲会向祖先讲述女儿的经历，并祈求保佑她的孩子健康成长。他希望自己的祝愿将被供奉给祖先的鸡传达给他们。杀鸡时只能在堂屋，而鸡煮熟后也要先祭拜祖先，这表示从头到尾这只鸡都是让祖先最先享用。

例 5-8：王 QJ，男，72 岁。2002 年小儿子的第一个孩子出生。三天后，他和妻子拿着早已准备好的公鸡去了女方的娘家，在路上夫妻互相抬着笼子行走。曾有过路人主动帮助他们抬鸡笼，但被两人婉言拒绝，并明言告知这是送去儿媳娘家的东西，除了自己不能让任何人抬。到了女方父母家，夫妻二人被迎进屋中。众人看到笼子中的公鸡后，女方的大哥问道："请问我妹妹生的是砍柴的还是打菜的？""是砍柴的。"王 QJ 如是回答道。随后，女方父亲把抬来的公鸡祭拜祖先后，请自己的二弟将它宰杀，以整只鸡的形式放在锅里蒸煮。女方父亲一再叮嘱，必须要用煮熟的鸡祭拜祖先，熟鸡不仅是对祖先的尊敬，同时也代表与祖先的关系。女方父亲把煮熟的鸡放在神龛上，然后在王 QJ 的注视中开始祭拜祖先，随后点燃了三炷香和烧了少许的纸钱，并向祖先讲述："我家姑娘如今生了儿子，望祖先保佑他健康成长，将来是一个上山能砍柴、下田能挑担、提笔会写字、看书能断文的人。愿他在人生的道路上少受一些磨难，多获得一些成功，他的为人能让左邻右舍所称道。也希望女儿的家庭越来越兴旺，家中人人健康安顺。"并告诉众人他的愿望会由供奉给祖先的贡品代为转达。

拜祖结束后，女方父母将所来之人请入烧火的屋中吃饭，把祭祖的鸡肉拿出来并切成片状放在报喜的男方父母面前。然后请左邻右舍及家族中的所有人，其中长辈将会被请来陪来访的男方父母，以示对他们的尊敬和重视。之所以如此做，一方面是为了提升女儿在男方家的地位；另一方面是因为孩子的出生意味着两个家庭将会有更加深入的联系，连接两家的纽带从以前单一的已嫁女子到如今的女子和孩子的双重纽带。这意味着双方姻亲关系伴随着孩子的降生将会进一步强化，女儿的孩子在祭祖时被提到，表明孩子已经同时被纳入两个不同的家族体系之中。去女方娘家的男方父母，如果路程太过遥远可以在女方娘家住一晚，于第二天回家。但若是两家路程相距不是太远，那么他们必须当天返回。如若不然，女方娘家的邻居就会说他的亲家不懂规矩，没有知识礼貌，不知风俗礼节。甚至有的人说得更加严厉，谈论留在女方娘家过夜且不走的人是有娘养没娘教的，主要是指责他们没有很好地遵从约定俗成的民族习俗。鲤鱼村村民一年中多数时间处于务农的事务中，对于生活在乡村社会的他们而言，田地和山林是他们坚实的依赖，交通、生活用水、市场等基础设施的不完善，增加了他们生活的艰难，同时也限制了本地的发展和与外界的交流，有的居民一辈子就生活在村中，至死也没有出过远方或在他地长期滞留过。他们的生活作息完全被农业生产所支配，“农家少闲月”决定了他们的身影更多地出现在山间田野。如果向娘家报喜的男方父母长期住在女方父母家，一方面女方父母为了招待他们需要请族中许多长辈作陪；另一方面农村农业生产活动完全是由种植的对象进行支配，在有些时候农业劳作并不是由主体支配的，如果长期待在别人家中，会妨碍别人的农业活动安排。女方父母对报喜之事本来就没有任何心理准备和安排，所以需要一定的时间来布置。

报喜后 10 日左右，女方娘家会组织一批人去看坐月子的女儿。必须注意的是，女儿满月以后娘家不能去看，所以必须在报喜之后满月之前回喜。去看女儿的人基本都是来自家族，有女儿的哥哥、弟弟、叔伯、婶婶、嫂子和父母等。他们用鸡笼装着鸡，每人送一只。带着甜酒，此物只能是女儿的父母送，意指她是有父有母的。并且从他们的关怀中让她感受到父母对她就像甜酒的味道一样，处处透着甜蜜。父母必须送给孩子一整套衣服，从头到脚不管是穿的还是戴的都要配置齐全。伴随而来的家族中人，男人大部分送钱，因为他是家庭的主要经济来源，他的社会地位和所承担的社会角色决定了他送礼的形式。作为男人，家庭中最艰难的那一部分他必须负担起来。而女性则主要送孩子穿的、戴的及背孩子时所用的背带和包裙。这些物品中有少量的东西是去市场购买的，而更多的是女性在家中辛苦缝制出来的。当回喜之人到女方的丈夫家后，为了不怠慢客人，丈夫家会去请家族中的长辈来陪坐，与客人聊天喝酒。而年轻的来客也会从家族中找相应的晚辈陪谈。这天丈夫家将会拿出早已准备好的食材，给前来帮忙的邻居请他们制作。在招待来客时，不能因为食材缺乏而动用娘家给坐月子妇女的物品。这是娘家给女儿生产后补身体的物品，只能女儿食用。当娘家人酒足饭饱之后，如果回家的距离相距遥远，那么他们可以在这儿停留一晚。如果相离不是太远，那么他们必须在饭后回家。即使女儿和他的家人真心实意地留他们多玩一段时间，但他们仍要回家，不然男方的邻居会说他们不懂礼节，在别人家待着就不知回家，甚至说他们是赖客。从中可看出，当地人对生活习俗自有一套系统去对它进行规则和约束。

四、满月和取名

在本地，生孩子的妇女的满月期是 28 天，而在其他地区，妇女的满月日期与生男孩和女孩有关。据村中一位 70 岁的大爷所言，在有些苗族地区，妇女生儿子的满月期是 28 天，生女儿的满月期是 30 天。如果当她生了三个或三个以上的女儿时，她会把生女儿的满月期改为 28 天。意思是希望自己下一胎生的是一个儿子。在本地妇女满月后，丈夫家会组织一批人去女方娘家，当地人称这一行为叫“吃竹米酒”。丈夫家所去人数是女方娘家回喜时的两倍，如之前女方娘家来了 20 人，那么丈夫家所去之人必须 40 人。在这期间如果丈夫家所去之人不到预期人数，必须想办法凑足人的数量。去的人中多以女性为主，也有少量的男性掺杂其间。男方家只有妻子带着孩子一同去，她的丈夫和公公婆婆不参与其中。去时女儿要带着一斗二的糯米到娘家，用它来打糍粑，以便分给娘家左邻右舍和族人吃，并把鸡放在鸡笼中，由丈夫家这边的人抬着过去，吃竹米酒时用它们来做菜。丈夫家需早早地准备一条成年的狗，狗的体重不能太轻，否则会被娘家人笑话。至于狗可以是自己家养的，也可以是购买的，甚至还可以向亲朋好友借，当然别人赠送的也可。到妻子满月那天，由丈夫家这边的人牵着早已准备好的狗去女方的娘家。此狗到娘家后将被娘家人宰杀给在场的所有人吃。据老人说，孩子满月后必须牵一条狗到女方娘家宰杀，这样孩子以后才像狗一样的听话。他们认为狗乖巧、温顺、听话，孩子满月后杀狗，希望他以后不做违背长辈的事，认真地听取他人的意见。

当在娘家吃完狗肉和喝完酒，孩子的外公外婆会当众宣布给孩子早已取好的名字，并祝愿孩子将来能活到 120 岁。满月日从一定程度上来说也是孩子的取名日。在当地孩子出生之时是没有名字的，只有到满月后才由母亲娘家为其取名，通常是孩子的外公外婆负责孩子的名字。如果二老不幸离世，则由他的舅舅、舅母负责取名。此名当地人称小名，今后两方亲人都用该名字称呼他。通常情况下，孩子的姓名虽然是女方娘家所取，但是依然要用他父亲的名字。如仲咎，仲是指他在家中排行老二，而咎是他父亲的苗姓。孩子的大名是由男方所命名，所谓大名，是指孩子即将上学时，为了能在学校报名读书，由男方家临时给孩子取一个汉语名字注册在户口簿上，此名将被孩子以后在学校和社会所用。但在家乡人们仍称呼他的小名。大名和小名的称呼泾渭分明，从不发生混乱，因为称呼他的人是属于不同的体系，唯一的一点是两个不同名字的主体需根据生境不断地实现转换。当然，并不是所有的小名都必须由女方娘家所取，也有特殊情况，只不过这种现象很少。而且男方家就算给孩子取好名后也必须经过女方娘家的同意，此名才算被认可。

例 5-9：岑 JH，男，23 岁，鲤鱼村鲤鱼村布依族人。[1]1991 年 6 月出生于

[1] 在鲤鱼村就其人数而言，苗族为主，布依族和汉族为辅，其风俗多与苗族有相似之处，尤其在婚姻、丧葬上最为明显。

一个农民家庭。按照当地习俗，在满月期间他是没有名字的，而且他的小名只能是女方娘家给他取。之后的大名一般是要上学之时男方长辈临时起意给他取名。但是，岑 JH 出生之时恰好是早上太阳临出那一刻。当他降落人间时，太阳的全貌刚好从地平线中显现出来。村子里的人认为，他的出生是在太阳的托付之下而造成的。在这一时刻出生，又恰好遇到太阳的帮助，出生时天边伴随着朝阳初生的景象，这意味着他将来一定有美好的前程。当时老人说此子以后必定做大官，光宗耀祖。大家一经商议遂在孩子出生时就给他取了小名，大名是后来因为需要时才取。苗名确定后，男方家随后把所取名字给女方娘家看，并讲明当时的状况。得知实情后，他们对这一做法并没有任何异议，对所取名字表示认可。

当然，女方娘家给孩子取了小名后，孩子若夜间叫哭不停，身体孱弱多病。男方家有权更改其名，但为了显示对女方娘家的尊重，依然要询问他们的意见。通常情况下他们都会同意男方家的做法，毕竟这是为了孩子的健康幸福。孩子若满月从一定的程度上来说，他已经获得双方家庭的认可。被两方纳入各自的家族体系中，取名意味着他在这一系统里的合法性是经过他们赋予的。当妇女带着孩子从娘家回丈夫家时，族人将会送她回来。娘家在孩子满月那天所收到的东西也将给妇女。竹米酒所消费的物质，许多都是女儿提供，而且举办这一活动的目的本是为满月的孩子。给妇女的东西包括孩子的衣服、裤子、背带，有的家庭送鸡蛋、大米等，部分人送钱。妇女娘家把所收到的东西给她，并说明哪个人送了什么，至此，孩子的满月结束。妇女在满月后可以带着孩子在父母家玩耍，直到想离去为止。

五、周岁庆

在本地孩子满一周岁后，女方娘家将要给孩子举行庆祝称为“周岁庆”。关于周岁庆的来历有这么一个故事：很久以前，一妇女带着刚满月的孩子去娘家吃竹米酒。由于当时医疗条件落后，医术水平有限，初生期的孩子本就身体孱弱、容易得病，孩子常常哭叫不停，妇女常常为此彻夜难眠。由于孩子较小，不能开口说话，不舒服时就不停地哭，而大人也不知道是怎么回事，除了干着急别无他法。孩子的外公看着一家人因此闷闷不乐，于是就对孩子说只要你不吵不闹、乖乖听话，等你到一岁我们全家人给你庆祝生日。第二天，孩子变得乖巧无比，既不哭又不吵闹，老人家看到后非常高兴，当即决定孩子满一周岁就给他过生日。于是这一传统就被后人所流传下来，目的是庆祝孩子健康成长、乖巧听话。

孩子一周岁这天，其外公、外婆、舅舅、舅母会来到他家，并且带着早已置办好的物品。如衣服、裤子、鞋子、玩具等，还会包红包送给孩子。钱的数目基本上与月份相对应，如果给得多的话可以是月份的若干倍，当然有的人会把钱的数量与吉利、喜气的数字相对应。下午，当各种饭菜做好摆上桌后，需要先祭拜祖先。祭拜者主要是孩子的爷爷，如果他不在由孩子父亲代替。祭拜时神龛前需烧三张纸钱，为祖先上三炷香，之所以选三代表的是天地人，并在桌子前面倒少量的酒在地上，这叫给祖先敬酒，为了以示尊重而请他们先品尝。这时，主持祭祖之人向祖先诉说感谢他们对后代子孙的眷顾，使他们遭受更少的灾难、避免许多疾病的折磨，愿祖先保佑后代子孙兴旺发达、顺利安康。

近年来，村中许多外出务工的苗族村民，由于在城市深受主流文化的影响，因此也把一些风俗习惯带进了所生之地。抓周，这一习俗在汉族中普遍存在。在鲤鱼村由于人们外出务工，极个别苗族村民受此影响，因此在村中也存在抓周这一现象，但仅存在于年轻一代中，人数也是相当的少。在孩子一周岁生日这天，年轻的舅舅会买许多东西放在托盘里（如书、塑料枪、粉笔、铁锤等物品）让孩子任意选择，第一次选中的东西就意味着他将来的兴趣方向和职业。当他选到大家理想中的物品时，人们会赞扬他的聪明和未来前途的光明，但当他抓到令长辈们不满意的东西时，大家会相互劝慰这只是一个游戏，不要太当真。

六、处于困境中的婴儿

本地人认为双日出生的男孩，口齿伶俐、能言善道，长大后较有成就，但身体孱弱；若单日出生的男孩，身体健康，但沉默寡言，少与人交流。女孩若单日出生，活泼精灵有胆量但身体抵抗力方面略有不足；若双日出生，则诚实稳重、但缺少灵动。这意味着不管男孩或女孩总是存在某一方面或多面的缺陷。传统社会时期，由于生存环境的原因，许多婴儿在生病时不能被治疗，药物治疗的无效迫使本地居民使用自我传承的方法来治疗。

如果孩子出生后，整日哭喊、夜间难以入眠，请医生查看仍无效果。那么其家人将会请道士先生根据孩子的出生日期为孩子卜卦。在本地请道士先生为孩子看病时，必须要带一碗米，先生用来插香，还要带香和纸钱，并给他一定数额的金钱。当地人认为先生不敢多收礼物，因为多收了要遭受上天的审查，但如果一点也不给他，他就不会给孩子看病。若命中犯某一事物，他将会为孩子改命。若不能改命，道士先生将会建议孩子的家长寻求一个对孩子的命格有补充的人认干爹或干妈。所认之人必须是三代中的中间一代，至于认的是干爹还是干妈，则根据八字而定。干爹或干妈给孩子取名时，依然根据孩子父亲的苗姓而改一个名字，也就是说他的姓氏依然随着父亲。

有的孩子经过算命先生看过后，要求他的父母向别人讨钱，用来买铜或银。先生并指定了讨钱的姓氏，一般是三个姓或五个姓，姓的个数只能是单数。父母把买来的铜或银交给银匠，要求他们打制成可放大缩小的手环和项圈，把它戴在孩子的身上，当地人认为戴在这些地方能够吊住孩子的一条命，因此又称为“吊命圈”。

剃头是治疗困境中婴儿的一种本土方法。经道士先生给孩子看过后而确定剃头日期，人们认为剃头有伤孩子命理，但至少可以治疗孩子。剃头人通常是家中之人。爷爷奶奶是剃头的首选人，若他们都已离世，那父亲或母亲也可以为孩子剃头。当人们遇到无法解决的事情时，总会向超自然需求力量，以期从困境中摆脱出来。

七、月子中的妇女

在鲤鱼村生孩子的妇女要 28 天才能满月，在这 28 天里人们称之为“坐月子”。在坐月子期间妇女只能待在家里，不能到处乱跑，更不能去别人家里，如果这样做她将遭到全村人的非议和批评。人们认为坐月子的妇女由于生孩子的缘故，她看起来比较“红”，做什么事情也比较“红”。这儿的“红”与我们平常的理解不一样。在苗家话语里，此处的“红”与厄运相关，代指不好的事情。因此在家坐月子的妇女是不允许祭拜祖先的，这一时期的她，祭拜祖先会被认为对他们的不敬，同时也可能引来祖先的不满。

当人们遇到坐月子的妇女时，打招呼之前必须站到自家屋檐以外的地方去，这样才能确保不好的东西不被引进家中。若因特殊事件，坐月子的妇女跑到别人家的屋中，那么她必须赶快退出来，不然会影响人家的气运。在这段时间内，她本身就是不祥的代表，所以她走到哪儿，人们都倍感小心生怕自己遭受无妄之灾。跑到别人屋子里，不能因为退出来而完事，因为你首先破坏了别人家的气运，所以还要自己去补偿受害人家。满月当天，妇女要去月子里去过的人家挂红，需要带着一只鸡（不分大小，也不讲究公母），一些香、纸钱和一尺二的红布。香和纸钱在大门口处烧完，而红布则在别人的帮助之下，挂在别人家的堂屋门口。这预示着，这家人霉运扫尽将迎来红红火火的生活。值得注意的是，妇女在坐月子期间冒犯的人家必须在满月的当天挂红，而且还没有去过娘家，若是去了娘家才回来挂红，那么她将遭受寨中居民的责骂。

在孩子出生以前，夫妻之间常常以各自的名字称呼。妯娌之间是以丈夫在家中排行为基准而进行称呼。寨子中的人提到她时，多是以某某的媳妇称呼。当她生孩子后，夫妻之间的称呼就会发生变化，他们大多时候不会直接叫彼此的名字，而是会把孩子的名字放在前面，如某某他妈或某某他爸。公公婆婆也乐意在公众场合提到他们的儿媳妇，并且赞扬她对这个家庭的贡献。寨子中人们谈到她的时候，常常会说某家的媳妇。从中可见，当女孩被娶回家后，虽然可能通过一系列的本土仪式把她纳入家庭体系之中，同时也从国家法律的层面加以巩固两者的关系。在地方和国家的层面下加强男女间的关系。但是若她没有给这个家庭延续后代，她仍然不会得到当地人的认可。从一定的角度来讲，在某些情况下个人的情感让步于子嗣的继承。

第六章　死丧与葬祭

生命的终点就是死亡，死亡乃任何人都不可避免。儿女的婚姻是父母对儿女的义务，子女到了一定年龄仍未婚配，父母有一定的责任为子女寻求配偶。丧葬祭祀乃是子女对父母应尽的责任，若不尽心，但凡稍有疏忽，不但沦为他人笑话，在孝道的大义之下，更可能背上大逆不道的罪名。因此了解丧葬中的许多细节至关重要。

鲤鱼村的丧葬形式主要是土葬，但又分为顺葬和横葬。顺葬即顺山而葬，头上脚下，特别讲究风水，即当地人所说的“向山”，一般葬地都是请阴阳先生帮助选择。横葬是一种较为古老的习俗，无论葬于何处，均为头东脚西，之所以采用这种独特的丧葬习俗，是因为鲤鱼村多数苗族认为其先祖是由东方迁移而来，这样好让亡灵回到故地与祖先团聚。现今，流行于村庄的主要是顺葬，村民因为风水对子孙后代的延续和发展起着重要作用。鲤鱼村虽是苗族、布依族、汉族聚居地，但其丧葬习俗基本一致，而横葬和顺葬除了死者的摆放位置有差异外，其丧葬习俗大致相同。

一、守断气

老人病入膏肓，不久将过世。他的儿子、儿媳妇、女儿、女婿必须守在身边，即使他陷入昏迷。人们常说，养儿抚女，不就是在死的时候有人陪伴在你的身边吗？走的时候不显得太过孤单，至少还有人陪伴着你。

如果家里有老人病重，不管你身在何处，是否有重要的事情，都必须在最短的时间赶回陪伴在老人身边，并保证时刻有人在床边照看老人，目的是在老人弥留之间，孩子为他送终。如果老人离世时，后代没有陪伴在身旁，这样的人家是会遭到全村人的唾骂和鄙视的。若老人长期重病在身，后代则会轮流照看他，毕竟每个家庭都有事情要忙。对于还有一口气的老人，人们最大的心愿就是：您老人家安心离去吧。当出现这种状况，对老人来说是一种痛苦，他时时刻刻遭受病痛的折磨。而对后人来说更是一种精神上的煎熬，他们可能熬了无数个夜晚，就是为了老人离去时让他知道有人陪伴在他的身边。另外，长期遭受疾病折磨而不死的老人会被别人说闲话，村民会讲：你看，他年轻时做过什么什么，我都说了不是不报时候未到，现在老天都在惩罚他，让他遭受病痛的折磨，想死都不能死。

在重病期间，老人如果是女性，他的女儿和儿媳妇每天都给她擦拭身体和洗头，必须保持老人家身体的洁净。如果老人是男性，则必须由他的儿子和女婿为他清洗身体。守老人主要是家族中人和周围邻居，亲朋好友听说老人病重也会过来看望，但别人不可能整天陪着，有的到晚上十一二点就回家了。守老人期间是不能睡觉的，就算再瞌睡也必须熬通宵，如果有谁在夜间守老人，因自己睡觉老人什么时候离去都不知道，那他将成为村里的大笑话，人们经常会拿他作为谈资。

老人气尽长眠时，帮忙的人马上燃放早已准备好的鞭炮，以示老人升天。听到鞭炮声的人马上就会明白这家的老人过世了。乡村社会是建立在熟人基础之上的，居住在一起的村民彼此间都相互了解。家中老人重病即将过世，更是人们关注的对象。人死不是一家人的事，整个家族和邻居都有义务帮忙，即便是平时有矛盾的村民，也要放下偏见，听从主家及管家的安排，死者为大的观念胜过村民的一切矛盾和农活。所以当鞭炮声响起时，即使在地里忙活的村民也会纷纷往家里走，于家中换一身干净的衣裳，然后到老人去世的人家帮忙。

二、穿衣裤

老人去世之时，他的直系后辈必须站在床边。先检查他的身体是否干净，如果有脏的地方必须用帕子擦干净。随后在他去世的地方放上两根凳子，在凳子上放一块木门，当地人称木门为凉床。如果去世的老人是男性，则由他的儿子把他抬到凉床上，去世的是女性则由她的女儿和儿媳妇将她抬到凉床上。

当去世老人躺到凉床上后，此时该为他换上早已准备好的老衣。老衣包括裤子和上衣，这两者的数量必须是单数。通常上衣七件、裤子三条。过世的人是女性，则必须由她的女儿和儿媳妇为她穿上。穿老衣时过世的女性身上不能穿任何东西，上衣总共有三种颜色：绿色、白色和青色。白色的衣服穿在最里面、绿色穿在中间、青色穿在外面，数量是白色两件、绿色两件、青色三件。帽子是黑色圆帽，近似古代人们所戴的帽子。裤子三条，里面一条是白色、中间一条是绿色、外面一条是青色。鞋子是以前老人们特钟情的布鞋，袜子可以不穿也可以穿，完全由后人决定。

在给死者穿衣裤期间，帮忙的部分妇女也在另一处开始剪切孝帕。孝帕的长短有明确的规定：正孝子（死者的儿子、儿媳妇、女儿和女婿）的孝帕长 4 米。孝帕必须把头部包裹起来，在其腰间须系一根麻绳，这就是当地人所说的披麻戴孝。在丧葬期间只有正孝子才履行这一义务。一般状况下孝帕只能发给死者的晚辈。在有的人家孝帕是不能乱发的，即使来的人是晚辈也要看与死者是否有亲属关系。但有的人家不讲究这些，来者只要是晚辈就发一张孝帕。所发的孝帕必须于当时系在头上，这表示对死者的尊重和默哀。

三、入棺

当已故老人穿好老衣，接下来就准备把老人抬进棺材。由于老人死在家中棺材必须放在堂屋。在村中上了年纪的人如果不幸死在外面，那么将不会抬进屋中，而是把他放在屋门口。当然也有极个别的家庭会把死在外面的老人抬入家中，但是把老人安葬后，活着的人必须把房子的屋顶打倒，让屋子的每个角落得以见天光。

四、请先生

已故老人入棺结束，主人家开始请村中威望较高、使人信服的中老年人做总管。如果此类人物是家族中人或离家较近，就会优先选择他。在整个丧葬期间，主家把一切事物交给总管，后者有权调配主家的人力和物力。在这期间，主家主要负责为老人守灵。自老人入棺那刻起，主家必须时时刻刻守在老人的棺材旁，每隔一段时间换一次，所换之人必须是已亡人的亲生子女。

总管人物确定后，他做的第一件事就是与主家商量请先生[1]。先生专指给已亡人念经做法事的人。商讨此事时，帮忙的人亦可以献计献策，通过大家共同讨论，最终确定人选。在去请先生的这段时间中，总管会给帮忙的人布置相应的任务。已故人的家族中人，通常都会负责比较重要的职位，如管楼、坐礼桌、当厨师等。所谓管楼是指办事期间所需的物质都要从他那里拿出来，因此管楼人掌控

[1] 20世纪90年代以前，村民称“先生”为“巫师”，苗语为：“ghet xangs”（耈相）。在当时“巫师”是村中备受尊敬的人，被视为是连接死者与生者、生者与祖先鬼神的纽带，他能解释引起村民思维混乱的现象，使其被村民认知和归类，也被认为是超自然力量的获取者和使用者。然而，随着“破除封建迷信，崇尚科学知识”的宣传语被地方政府粘贴在乡村社会的各个角落，加之村里外出务工的村民日渐增加，主流文化在传统文化所寄生的乡土社会不断地置换，流动较强的乡村主体强调用科学知识武装自己，以便融入主流社会。“巫师”这一主体在主流文化和国家政权的作用下，逐渐的与迷信、愚昧相勾连。地方主体为了显示其生存地的“文明”，“巫师”为了摆脱这一尴尬称呼，“先生”这一称呼随之呼之欲出。

所有重要物质的流动。坐礼桌是所来客人送的物品和现金全部在这里登记，因此此处必须找极为可信的人负责。

先生第一天刚进入灵堂门前时口念："天黄黄、地黄黄，天妖妖、地妖妖，太上老君送我一把刀……诸神回避，姜太公在此，天无忌，地无忌，大吉大利。"进入灵堂就座后开始默念："天无生，地无生，这张板凳随我身，我的名字叫张元帅，坐起鬼不挨，站起鬼跑快。"

默念结束后，先生向亡者的子女询问已故人的生辰八字，随后拿出自己随身携带的黄历和通书相互对照，挑选埋葬死者的日期。所选日子是依据死者的出生日期而定，死者下葬的日期不能是破日，即使在这天只有一个小时的破日也不行。下葬日，必须有星宿下凡，这样的日子埋葬去世人，不仅对去世人有好处，对在世的后人也有好处。如果老人去世的日子含有"七"，那么先生将要给去世人做头七。据村中老人所讲，老人过世的那天如果是农历初七、十七、二十七中的任意一天，那么去世之人的罪孽很大。去阴间时他将会遭受各种酷刑。活着的后代为了减轻老人在阴间的痛苦，他们会请先生给老人做一场法事，当地称为头七。如老人在初七去世，本月的农历十三这天就是他的头七。头七必须请先生到家，而二七、三七、四七、五七、六七、七七只要这天给老人烧香烧纸即可，一直到七七四十九日之后方可结束。操办头七应该是已亡者的儿子负责，如果老人家没有儿子，那么女儿请先生为他做。如果老人去世时的日子没有含七，那就不需做头七。

五、报丧

报丧顾名思义就是通报丧事的消息。到了一定年龄的人死后，即使是三更半夜也要去报丧。20世纪90年代末以前，村中报丧以年轻小伙为主，人年轻、体力足，派年轻人去能最快地把消息传达到死者亲人的耳中。有些比较偏僻的地方，许多年轻人从没去过，不知道该怎么走。这时死者家属会派年纪稍微大一点的中年人过去。老年人虽然熟悉，但是他们的体力不符合报丧的要求，报丧要求必须在最短的时间把信息送到亲人那儿，并告知由先生定下的下葬日期。这样亲人才有足够的时间赶过来。埋葬日期有些时候是非常短的，而且埋葬的日期一旦定下绝不更改，因为下一个合适的埋葬日期，又要等很久。

如果死的是年龄较大的男性，报丧人主要去的是亡者已出嫁的女儿家或死者的姐姐和妹妹家。另外他的舅舅家也要派人去告知。如果亡者有兄弟在外安家或外出务工，在条件允许的情况下，也要尽量地把这一消息传达到。在那时，报丧全靠走路，有些地方道路不通，报丧人常常走上十来个小时。报完丧后必须立即赶回，因为死者家中还有事情等着他做。报丧的基本是男人，而这些男人中又以青年人为主、中年人为辅。报丧是件苦力活，在那时稍微有点本事的人，主人家都不会让他去报丧。报丧多是家境贫困、个人没有生活来源且在村中没有什么威望和地位的人。如果死的是年龄稍大的女性，报丧人主要去的是妇女的娘家、已出嫁的女儿，其中妇女娘家即使是再远也要把这一信息送到，当地称“报后家”。如果在死者下葬以前，亲人都无法赶到。死者下葬后，到来的亲人称奔丧。

如今，报丧再不像以前那样专门让人去送信。当人死后，死者家属就会拿出手机通知亲朋好友，报丧变得迅捷无比，这让死者下葬之前人们可以准时赶到，相应的奔丧这种现象变得极少。

六、吊唁

老人去世后，亲朋好友均会不分白天黑夜，陆陆续续前来鸣放爆竹、烧纸、敬香、跪拜，以此进行吊唁。安葬亡者的前一天，所有亲朋好友须聚集在死者家中进行隆重的吊唁活动。这天，亡者之子及其女婿须衣着素装、披麻戴孝，在灵柩一侧跪迎各路亲友，每路亲友到来时均跪拜一次，直至亲友供酒、敬香、烧纸、奉烛、磕头完毕，前来搀扶方可立身。亲友搀扶孝子起身时须高声呼喊“快起快发”。在亲友祭拜死者的过程中，亡者女儿、儿媳、族中女性晚辈及前来吊唁的至亲女性皆在灵柩周围悲伤痛苦，并述说亡者生前勤劳、善良、俭朴，养育子女的艰辛、为人处世的厚道，以及还未享受到人间清福便撇下儿女、子孙、亲友匆匆离去，让后人和亲友们悲痛思念、饭菜难咽。悲戚的哀哭声令在场的众人泪流满面、悲痛欲绝。

七、打露烛

打露烛是先生给死者做法事时，必不可少的一场仪式。一般是在埋葬死者的前一天晚上。当晚，帮忙的亲朋好友找一些细小的棍子和竹子，把它们折成每根长 1 米，一两百根。随后把去掉玉米粒的玉米棒插在棍子上。帮忙的老人将死者家属早已准备好的漆蜡放在锅里，然后把这口锅放在火炉上。过不了多久，本来是固体的漆蜡慢慢开始液化。这时将早先准备好的玉米棒放在锅里不停地翻滚，直到上面有一层厚厚的漆蜡为止。

晚上十一二点时，先生把做法事的地方转移到屋外，此时他身穿类似唐僧西天取经时的袈裟，头戴与唐僧相同的帽子，人们称这场法事为“打露烛”。出门时他身边跟着三四十人，这些人分左右两排站，先生在中间。当先生走时，两排的人也要跟着他的步伐一起走，速度不能太慢但也不能太快。这些人手里拿着白天准备好的玉米棒，此时这些东西全被点燃，他们一边走一边把它插在路旁。走在后面的几人手里提着稀饭，这些稀饭将被带到先生做法事的地方，在这儿帮忙的人早就设立好了法坛。法坛正中间放了一张桌子，桌子上放着一个由木板制作而成的工具盒。盒子里装满了大米，死者的灵牌插在大米里。灵牌是由纸制作而成，在灵牌上写着已故人的姓名、出生年月、死亡日期，还在里面放了 12 元人民币。桌子两边点着两个白色大蜡烛，并放着一碗早已炒熟的豆子。当先生念经做法时，桌子的三面必须用布遮挡起来，只有道场老师背面这个位置不用遮挡。

在门外大致要做一个小时的法事，当手中所拿的经书念完后，意味着这场法事快到终点了。在念经书的过程中，先生会抓碗里的豆子朝某个方向扔出去，村民认为这是他用豆子打恶鬼。由于明天死者就要下葬，今天晚上恶鬼到这里来准备欺负已故人的鬼魂。先生用豆子可以把他们打怕、打疼。他每次从碗里抓起来的豆子都往不同的方向撒去，等每个方位撒过后就停止撒豆子。此时，碗中所剩下的豆子被围观的人争相哄抢，他们所得的豆子有的是给自己吃，有的带回家给孩子吃。据说吃了这种豆子可以减轻疾病带给病人的伤痛。特别是时常生疮的人吃了这种豆子，他的病不久之后将会得到有效的治疗。豆子撒完后，先生将会把早已准备多时的稀饭洒在来时的路的两旁，这些稀饭是特意煮给这些恶鬼吃的。据道场老师所言，这些鬼仅靠打是不行的，打了之后你要把他喂饱他才会离去。至此，持续一个小时的打露烛结束。

八、出丧

出丧的目的是为死者“开路”（苗语为：job gid）。当地人信奉鬼神，认为人死之初，以灵魂的形式在身前居住地的周围游荡。此时，须请先生为其开路，亡灵才能离开生前所在地，回到祖先居住的地方与他们团聚。开路时需要亡者的生辰八字，一方面确定开路的具体时间；另一方面查看亡者还有什么犯忌须进行解忌。

出丧时间到时，先生头戴青帕、身穿黑色长衫、斜肩披挂一束白棉纱，左手握一把弯刀和一把长茅草，右手抓一把米，站立于灵柩旁，一边抛撒手中米粒，为亡者指路开道，一边吟诵开路经。

开路不仅是为了亡者，也是生者及其后代生存所需。如词：“途中见景不要迷，见花不要讨，见戏不要看，不要逗留，您去是一人，您走是一个，要快快离去，迅速到‘阴间’，在管事处讨个职，保佑您的子孙人丁兴旺，财源滚滚……”毕后，开路先生用弯刀将置于灵柩上的碗敲碎，将踩窒息的公鸡抛到大门外，亲朋好友迅速将灵柩抬出堂屋，在大门外捆扎好抬杠，并在灵柩盖顶中部系一只鸡冠完整的“踩丧鸡”。

棺材一旦被抬出堂屋就绝对不能碰到地上，如果不小心落到地上，那么棺材要在此地放置三年，据村民所讲因为在棺材碰地的那一刹那死者的魂掉在此地，他至少要在这儿住三年。所以抬棺材时大家总是小心翼翼的，一旦不小心把棺材滑落到地上，即使你是在帮死者家属的忙，但亡者亲属依然对你心存怨恨，在死者家属看来，你是故意这么做的。棺材放在屋外，必须用两张高凳子放在它的两头。上坡时间一旦到，即使帮忙的亲朋好友没有吃饭也一样跟着抬棺材。死者的大儿子抬着他的灵位走在灵柩的正前面，灵位放在一个由木板制成的盒子里，盒子中装满了玉米，并有许多烧尽的香。抬灵位的人行走的速度必须与抬棺材的人一致，在这期间他必须撑一把黑色的大伞，这是为了避免死者的灵位被太阳光照射，这一行为将保持到埋葬死者的地方。

九、退魂

灵柩入土安葬前，先生必须为所到生者举行退魂仪式。亡者不要送葬人的“魂”跟着他，要叫他们立刻返回。退魂过程中，先生必须吟诵退魂经，并一一呼名唤姓地点到亡者的配偶、子女、儿媳、女婿、内孙、外甥等人。退魂结束后，女性可以离开埋葬地，但返回的途中不得回头看，否则还要请先生再次退魂。退魂经由先生吟诵，所吟诵内容依据死者与生人的关系而定。

十、清棺

当棺材抬到埋葬地时，帮忙之人早已挖好了放棺材的墓穴。此时他们用绳子捆绑在棺材上，然后借助滑轮把棺材吊进墓穴中。当看到棺材所放位置不准确时，旁边指挥的人会要求再次移动，直到放方正为止。

棺材摆放位置正确后，随之是清棺。清棺时，必须用一张大布盖在棺材上，然后让四个男人牵着布的四只角，让布遮挡住太阳光，保证不能让一丁点太阳光照在死者的身体上。清棺之人基本是死者的家族中人，而且他的子女也在旁边。他们查看死者尸体在棺材中是否发生移动，躺着的地方是否有不干净的东西，如果发现必须立刻清理。棺材中不能有丝毫的金属，即使在制作棺材时也不能使用铁钉。当确定棺材中没有任何不干净的东西后，负责清理的人将会叫死者的子女见他最后一面，随后其他想看的人也可以到坟坑处观看。

接着，所有孝子、孝女背靠灵柩并撩起后衣尾，先生从灵柩之下抓起两三把泥撒向跪在地上的人，口道："要金吗要银？"所跪之人齐道："金银都要。"接到泥土后，亡者长子手撩着盛有泥土的后衣尾，走到灵柩旁，并用手拍打棺木三下，口喊三声："爸（妈），儿子用泥土掩埋您了。"随之，将衣服所兜泥土撒于灵柩之上，再用锄头分别从灵柩左、右两侧挖三锄泥土撒在棺木上，其他孝子、孝女也将后衣尾所兜泥土撒向墓穴之中，并把孝服、孝麻解下，于坟墓前焚烧结束后，便低着头从来时之路返家。途中不得言语，不得回头看望，不与路人搭讪。亡者坟墓垒砌由亲朋好友和至亲负责。

十一、扫堂和烧月

从亡者埋葬之地回来的当天，死者至亲中的女性需象征性地打扫灵堂。清扫时，儿媳们拿着扫把往里扫，女儿们则拿着扫把往外扫，意为扫"金银"。往里扫，象征在老人神灵的帮助之下，今后财源滚滚到家来，世世代代富贵荣华；往外扫，喻指由于老人神灵的保佑，今后金银滚滚不断地进女儿的家，子孙后代兴旺发达。

"烧月"又叫"烧灵"（苗语为：pieed hlat），即将亡人送去安葬后，先生于当天回到主家，为亡人举行的一种丧事活动。进行时，须将一张凳子四脚朝天，并把装有井水和若干个铜钱的盆子放在板凳上，在水盆之上放一个支架，将死者洗脸用的毛巾挂在上面，先生将其点燃，在此过程中并不断地吟诵经词。

十二、神灵入神龛

丧葬仪节，前后相连。丧葬之后，又有祭祀。此时已由生人入于鬼域，居灵龛以享祭祀；初死为鬼，久而成神；祖宗充为家神，子孙日夜祭奉；数世之后，其神主迁往支祠，得享全族的祭祀。此乃族人对于人鬼演化的信念。[1]"烧月"之后，先生随之进行的仪式是请亡者的神灵入神龛，苗语称之为"jit ghab jab dangx"（寄孤家当）。

神灵入神龛就其本质而言，是将亡者已入鬼域的灵魂引渡到神龛之中，使其世代享受后人的香火供奉，进而转化为家神，以保后世子孙荣华富贵、安享太平。

---

[1] 林耀华．义序的宗族研究［M］．北京：生活·读书·新知三联书店，2000：167.

十三、守孝

守孝指死者的亲生子女自死者下葬之日起须遵循一定的丧葬规则，守孝的时间是120天。守孝期间不得欢声笑语、寻欢作乐，不得划拳酗酒，不得理发和刮胡须。守孝人头上必须时刻戴着孝帕。但当他去别人家做客时，他要拿下孝帕。戴着孝帕去别人家，主人会不高兴，他们认为这会给这个家庭带来灾难。在那时，许多人去别人家做客时总会忘掉取下自己头上的孝帕，这常常使得双方不愉快。为了避免这一困境，当地人用黑色的布制成小袖套，把它戴在自己的手臂上。这样即使到了别人家也不会使人不高兴。直到孝期结束后正孝子才可以取下袖套。

十四、早逝者的丧葬

20世纪90年代以前，村中医疗落后、交通不便、经济发展滞后，由于缺乏基础设施和物资设备，外加村民生活水平低下，因此，常会出现20多岁的青年因为疾病突然死亡。青年在死亡时如果还没有结婚，许多家庭是不会为他做法事的，因为他没有留下自己的后代，做法事时难以找到正孝子。已逝青年的父母也不会为他准备棺材，最多在亲朋好友的帮助下找几块木板，用钉子钉一个长匣子，随后把青年放在里面，在他人的帮助下随意抬到一个地方就埋了。如果青年死时已结婚，家中父母会请先生给他做一晚上的法事，他的正孝子是其后代，如果没有后代就让他的妻子暂时替代正孝子。父母会特意给他准备一副棺材。上坡之前会去请教家族之中的长辈埋在什么地方较好，死者毕竟结过婚有后代，当地人认为他所埋葬地方的好坏对他的后代有极大的影响。

如果小孩死亡，好心人看到会主动帮助死者的父母将他埋掉。通常会选择坟比较多的地方，埋葬时没有木匣子，随便挖一个坑就把孩子放在里面，随后填上土并搬若干个大石头压在埋葬死者的正上方，这是防止动物把孩子的尸体刨出来。许多父母连孩子埋葬的具体位置都不清楚，他们也不想知道。在他们看来，父母尽心尽力地抚养你，在你的身上投入如此多的感情，而你说走就走，这纯粹是欺骗父母的感情。偶尔想起早死的孩子，父母会伤心不已，但是他们绝不会去坟前看望他，更不会给他烧纸钱，因为这是后人祭拜祖先时做的事。

第七章　民间信仰与节日仪式

第一节　民间信仰

一、苗族信仰

兴仁鲤鱼村常住民族是苗族和布依族。

兴仁县境内的苗族主要信仰自然崇拜、图腾崇拜和祖先崇拜。

(一)自然崇拜

苗族自然崇拜的对象主要有天、地、日、月、枫树、竹、巨石、山岩等，主要的人造物崇拜有桥、水井、门、芦笙、铜鼓、木鼓、土地庙等。自然是宗教的最初原始对象,《苗族古歌》中，从天上的雷电乌云、日月星辰，地上的花草树木、豹、虎、牛、马、犬、狗、蛇，到地下的金银珠宝，水中的鱼、虾、龙、蟹等，在原始社会的苗族先民头脑中，就已经被赋予了人的特性。对于未知世界的恐惧和好奇，让古苗族人对于这些事物逐渐产生崇拜感。这些自然现象和外界物体，和人一样会说话，并且有喜怒哀乐的情绪，有善恶美丑。泰勒在《原始文化》中，就说到“万物有灵”的思想，原始苗族人民赋予自然现象和物体以人的特性，正是“万物有灵”的体现，由此产生了最早的原始宗教，即自然崇拜。

鲤鱼村的苗族先民认为最早的时候天地是连在一起的，天宇是宝公、雄公、当公、且公四位祖公用金银撑起来的，天被撑上去之后，就主宰人们的凶祸吉福，天大无比，是不可蔑视的象征，天地分开之后，土地生万物，是孕育人类的“祖母”，人们对大地非常的尊敬和爱戴。天地始开，一片混沌，漆黑一片，万物不能生长，是四位祖公运用金银制造太阳、月亮和各种星辰，使得大地充满生机。天地与人们的生活息息相关，因而最能寄托苗族先民们的存在感，时至今日，鲤鱼村苗族地区的节日聚会，婚丧嫁娶都要祭祀天地和祖先。

苗族世代崇拜枫树，鲤鱼村的苗族也不例外。在《苗族古歌》中说："天地生枫木，枫木变蝴蝶妈妈，蝴蝶妈妈生祖先姜央，然后才有了苗族，才有了人类。"苗族先民所属的九黎部落首领"蚩尤"，逐鹿中原之战被黄帝擒杀之后化为枫木。《云笈七签之·轩辕本纪》记载："黄帝杀蚩尤与黎山之丘，掷械于大荒之中，宋山之上，后化为枫木之林。"枫树崇拜在黔东方言苗族之中都是极为盛行的，在鲤鱼村苗族的古木建筑中都会把枫木作为横梁和中柱，认为枫树能生人，用作中柱，子孙能够得到繁衍，家族兴旺。在鲤鱼村大部分苗族村寨的水井边或村头寨脚都会有挺拔苍劲的枫树，神之祭之，它能保护大家平安、繁衍后代。

（二）图腾崇拜

苗族图腾崇拜的主要对象是动植物。在《苗族古歌》中，苗族曾把蝴蝶作为自己的图腾，《苗族古歌》中的"妹榜妹留"和"十二蛋"，叙述了"妹榜妹留"，即蝴蝶妈妈从枫木心孕育出来，长大后同"水泡"一起游方，生下十二个蛋，由蛋中生出龙、虎、牛、蛇、雷公、蜈蚣、姜央等兄弟，姜央系人，即苗族祖先。[1]由于"蝴蝶妈妈"是苗族的始祖，自然也就成了苗族人民的保护神，她能给予后人逢凶化吉，驱灾避险，带来丰收和安宁。在兴仁鲤鱼村，据传说：在远古时候，姜央从蝴蝶妈妈的十二个蛋中孵出来之后，就与其他的几个兄弟争夺天下，由于姜央是人，他很聪明，很快就取得了天下。其后就开垦土地，繁衍子孙。后来突然发生瘟疫，人也死了很多，而祸不单行，又逢天下大旱，粮食颗粒无收，百姓几乎就要绝望了。在这时候，姜央突然觉得这可能是没有祭拜自己的母亲——蝴蝶妈妈，使其非常生气而降罪于天下百姓，于是姜央就带领剩下的人祭祀了蝴蝶妈妈，祈祷降福于人间。通过祭祀之后，果然一切都慢慢得以好转，瘟疫去除，天降大雨，人寿年丰。现在鲤鱼村苗寨妇女们的服饰、围腰和背带上都会绣有一对蝴蝶图案，这就是鲤鱼村苗族的图腾信仰。

（三）祖先崇拜

祖先崇拜是在自然崇拜和图腾崇拜的基础上发展而来的。鲤鱼村的苗族人对

---

[1] 王元鲲．兴仁苗族［M］．昆明：云南科技出版社，2013：189.

自己的祖先十分虔诚，认为祖先虽死犹生，其灵魂仍然存在于世间。鲤鱼村的苗族和黔东南地区的苗族一样，最早都是崇拜枫树，崇敬蝴蝶，后来转为崇敬人类始祖姜央，认为他是苗族人的始祖，苗族人最早是祭祀蝴蝶妈妈，后来便祭祀姜央，再后来就是我们看到的祭拜各代祖宗。若是不祭拜祖宗，其灵魂就会给活着的苗族人带来灾难，只有祭拜祖先才会得到祖先的庇护，得到神灵的保佑，才能五谷丰登，人丁兴旺。所以，苗族人民每逢节气都会祭祀祖先。

祖先神灵是鲤鱼村苗族人最普遍、最重要的崇拜对象。鲤鱼村苗族祖先崇拜有宗族祭祖和个体家庭祭祖两种形式。宗族祭祖如“三月三”、清明节上坟，全宗族的成员不管身居何地，路途远近，都必须携带祭品到家族祠堂和祖先坟前进行祭祀，不忘祖宗，祈求祖先保佑后代子孙兴旺发达；家庭祭祖表现为无论是任何节日、婚丧嫁娶及其他的重大活动，都有在家中祭祖，在祖宗香火前摆放贡品，点上香蜡，燃烧纸钱，同样是祈求祖先保护家人平平安安。

在祖先崇拜之中也有鬼神崇拜之说。对祖先进行祭祀，即是对祖先灵魂的祭拜，鲤鱼村的苗族人们相信人死后灵魂还在，每逢节日灵魂回到家中，人们需给予一些物品让其带回去，而这些活人用的东西，死人是无法带走的，只能通过燃烧的烟气和灰烬，以及饭菜的香气才能传递物品。在祭祀的时候是需要燃烧纸钱来传递祖先所需物品的，同时这些酒菜、香蜡和纸钱也是祖先在阴间需要的。祖先去到阴间就会变成鬼，而鬼也有好鬼和坏鬼之分。好的鬼就会成为神，而不好的鬼就会成为厉鬼。不管是好鬼或是坏鬼都是必须要进行祭祀的，在祭祀中会请求鬼神们来吃饭，好鬼（即是神）就会被请到家中进行祭拜，而不好的鬼就会让他们停留在门外，待家中的鬼吃好之后，再把酒菜抬到门口，让外面的鬼进行食用。所以，在苗族人祭祀祖宗之时，都会摆两桌。好鬼会得到苗族人的尊敬，时常祈求神灵保佑；坏鬼会得到苗族人的排斥，经常会让巫师（也称老摩或鬼师）对其进行清除。苗族人认为，凡是遇到不好的事情都觉得是坏鬼干的，于是就请巫师作法，祭祀一下，让它尽快远去，不好再做坏事。

好鬼和坏鬼的形成也是有依据的。人们常说好死是寿终正寝，坏人不得好死。不得好死有很多种，例如毒死、吊死、摔死、砍死、打死等，这样的死法就是不得好死，不得好死的人是不能进入祠堂的。不得好死的人丧事都是只能在家门口搭棚做法事，逢年过节祭拜也是只能在门外摆一桌单独祭祀，鲤鱼村苗族人对祖先崇拜也是如此。寿终正寝的人算是得到好死，死在家中就是好的，这样的人可以在家中祠堂供奉，逢年过节就可在家中享受贡品。鲤鱼村苗族的鬼神体系就是这样逐渐演化而来，好鬼就是受到族人崇拜，坏鬼就导致族人排斥和谩骂。

二、布依族宗教信仰

（一）《摩经》信仰

从兴仁县鲤鱼村布依族的社会历史调查中看，布依族的宗教是一种原始的自然宗教。鲤鱼村布依族由于没有自己的文字，所以它的宗教受到客观规律的限制。只不过是从最古老的部落文化而发展成为自然的、民族的宗教形式，并没有成为国家宗教和世界宗教。但它在自己的民族中已经形成了一种社会意识形态，成了布依族人在自然社会中的有限思维的精神寄托和希望的思想产物。经过一代传一代的漫长历史，已发展到了基本成熟的阶段，成了一个民族的教义信条。礼义制度已经达到了民族自我教育的目的，使布依族人从一个野蛮的时代逐步进入到了一个具有丰富而悠久文化的文明时代。从这个方面来说，它是进步的。

《摩经》（准确的解释："摩"是布依语，"经"是汉语）是布依族宗教信仰的主要内容。兴仁县鲤鱼村布依族信仰的宗教可以说是信"摩"，亦可说成"摩教"。从鲤鱼村布依族村落社会调查中得到的反映，只有"摩教"的提法才能得到布依人的承认和接受，自从布依人受汉文化的影响以后，逐步学会了汉语，学会了汉字。因而创造性地借用汉字的音或义，把自己的"摩"整理成了有文字记载的经文——《摩经》。汉字的音、义不够用，布依人还从中取用近音或造字来补充，由此完整地保存了《摩经》文本。传教有"抱摩"，抱摩有继承人。摩有它的神学理论，也有它的教规戒律。这说明摩作为一种宗教形式是可以成立的。

布依族人的房屋居住格局总是十几户、几十户，甚至上百户人家自成村落，单家独立的极少。在鲤鱼村布依族就是这样非常具有典型性。这是古代的部落民族，为了防御外敌侵略和方便民族教育所采取的一种战略形式。加上山区地理自然条件，毒蛇猛兽较多，单家独户易被攻击、难以生存。布依族既然有了聚居习惯，也就必须有头目，有自然领袖，头目领袖就得有一套制度和理论来宣传群众、组织群众和教育群众。但由于布依族只有语言而没有文字，所以"摩"实则就是布依民族进行自我教育的"教科书"，也是布依族最古老而内容极为丰富的一部"百科全书"。由于没有文字也就没有学校，"经"就不可成文，也就没有教堂。而整个布依民族的人想要受教育又是必需的。鲤鱼村布依族之所以有精明强干，热情好客的一种民族心理素质，就是由于受到摩文化的影响和教育的结果。摩的产生年代应该很早，内容很广泛。它是一部布依族人民不可多得的民间古歌，或者说是叙事长诗。《摩经》可分几大类，即《大摩经》《小摩经》《大邦》《小邦》《祚神经》《荐神经》《孩儿经》《驱邪保安经》等。内容上有反映鲤鱼村布依人在蒙昧时代和野蛮时代的生活习俗；有描写布依人古老的劳动生产和生活方式；有对自然现象朴素的唯物论观点和对征服自然的丰富想象力；有描写天堂富丽堂皇、美满，神主宰一切的深化；有歌颂母爱和酷爱自由，向往光明的强烈愿望；有对家庭、社会礼规的倡导，有品德道义的文明说教。总之，《摩经》的内容不仅丰富，而且文学艺术的色彩浓厚、戏剧性很强。

《摩经》的书目大大小小有数十本，还有110多篇翻译整理出来的文章，有60多万字。整个民族的祭祀、祷告、驱邪、保安、节日、丧葬、寿诞等都离不开“摩书”——《摩经》，都希望通过摩的念诵来达到人们的要求和向往。

在调查中得知，摩是兴仁县布依族的“宗教信仰”，同样是鲤鱼村布依族人的信仰。是古代布依人民族教育的思想结晶；是古代社会的政治、生产、生活、爱情等生活中孕育出来的民族古老文化；是布依族人民在历史的长河中集体的智慧和力量创造出来的民族韵体文学。用它来研究民族的政治、经济、文化的历史概貌和民族的心理素质都非常具有价值。《摩经》是一部不可多得的民族史料，也是整个中华民族文化宝库中一份珍贵的文化遗产。

（二）布依族铜鼓信仰

20世纪80年代黔西南州兴义的万屯、兴仁的交乐汉墓出土的文物中就有铜鼓、铜车马、摇钱树、连枝灯和许多珍奇的铜制品，由此可知，布依族铜鼓起源于青铜器时代的中晚期，大约在西周的时候，铸造成仿锅的造型，经过多次铸造发展，在秦汉时期已经铸造成鼓面有图纹的布依先民铜鼓。

鲤鱼村布依族铜鼓其声音穿透力极强，气势恢宏高昂，传播遥远，辐射面广，正所谓有“惊天地，泣鬼魂”之气势，不同凡响。

1. 布依族铜鼓的主要功能

鲤鱼村布依族是个淳厚朴实，热情好客的民族，这也是鲤鱼村布依人自古以来就具备的民族性格特征。这是由于鲤鱼村的布依族人自生自立的能力强。布依人分布的地域较广，居住区又相对的集中。布依族人没有自己的文字，没有学校，也没有形成自己的宗教团体，所以，也就没有教堂。那为什么布依人又有一个共同的性格特征呢？它主要依赖的力量，就是用自己特殊历史文化传统教育方式——铜鼓文化来统一，靠摩经文化来教育。使自己的民族在思想感情、意识形态上去追求民族认识中的统一，把它作为和谐社会风尚的共同标准。事实上，布依族铜鼓文化所涵盖的摩经、古歌，就是布依人几千年来进行自身利益教育的方式，是唯一的民族历代用于口传，而又统一规范化的民族历史教科书。

布依族人的祖先，用智慧和力量发明和制造了属于自己民族的标志物——铜鼓。它的用途越来越广泛，大致用于如下几个方面。

（1）驱散凶残猛兽。在鲤鱼村中，布依族的祖先为了生存，经过若干艰难险阻而又漫长的岁月和大自然做斗争，不断改进生产劳动工具，不断提高生产力。他们不但要跟天斗，与地斗，还要与凶残的猛兽——豺狼虎豹斗。在访谈中我们得知，布依族年长者经常给后辈提醒："豺狼虎豹和很多的野兽都惧怕金属敲打的响声。一旦发现野兽，你就乒乒乓乓敲起金属器物发出响声，野物就会跑得命都不顾。"1953 年以前，兴仁县鲤鱼村布依族居住的地方，到处都有几"抱"❶大的古树，有茂密的大森林覆盖。出门上山，夜间行动，都要随身带上能够作响的铁器，用以驱逐野兽。

（2）防御外敌入侵。在中华人民共和国成立以前，鲤鱼村的布依族人时常遇到匪患或外族人的侵扰，布依族有了铜鼓以后，在抵抗外敌入侵方面，为了守护自己的疆土，军民联防非常严密，自然就要产生其具体的分工。各部族年长者，管理各部的内部事务，即生产、生活的指导与安排，做好老少互敬互爱、人与人和睦相处，互相帮助的道德教育工作；各部公推能者担任本部领头，组建地方治安保卫，并在能登高望远，前景辽阔的山头设亭、建营、修路，与周围各部保持紧密联系。常用不同的铜鼓节奏声互通情报，传达信息。青壮年男耕女织，协力同心。鲤鱼村布依人还对自然环境、生态家园的保护特别重视。保护森林是布依族有史以来的传统习惯。古时的布依族人还充分借助森林作为作战时的天然屏障。遇有险情、战事，就听铜鼓的信号声，军民联合防范，行动于森林中神出鬼没，敌方不敢轻举妄动和贸然行事。直至现代，鲤鱼村的布依族人都是生活在依山傍水，风景秀丽的坝子之中，在鲤鱼坝的后山顶上多数的古"塀"❷和周围都保留古树林，这就是当地布依人重视生态环境的历史现实见证。鲤鱼村的布依族人常会说，他们不会去欺负弱小民族，也不惧怕强敌入侵。在调查

❶ "抱"，是布依族人使用的一种计量单位。

❷ "塀"在《汉语大词典》中解释为：猪、牛、羊等家畜粪便沤成的肥料。

中，我们发现，布依族与人交往，相处的最大特点是以和为贵，大事化小，小事化了，避免冲突。据布依族人传说，在很久以前，布依人祖先的疆域和其他民族有交叉之处，其他民族人民同当地布依人紧密配合保卫地方安全。后来，地方太平了，布依人把自己制造作传递信号的铜鼓，赠送一些给其他民族同胞作为友好交流信物，同各兄弟民族融洽相处，紧密团结为一体。因而，其他民族只把铜鼓当作团结、民间欢庆的乐器，唯独鲤鱼村的布依人视为神灵，这也是鲤鱼村布依先民能长期立足于自己的疆土，自卫防护的关键所在。它是民族长期共存的根本保障。所以，千百年来，鲤鱼村的布依族人总是以大家族和大寨子而聚居。

（3）驱赶“凶神恶煞”。鲤鱼村布依族信仰多神，认为世间的一切祸福都是神的降临。人要多做善事，积功积德，以人为本，各种神都会将福恩赐于人间。反之则会招来祸殃，受到报应。但是，布依人又认为，神也是有正神和邪神之分。凶神和恶煞，都专门同正神作对，给人类降灾作难。布依铜鼓以及相关之神才是人间的保护神，即天神、山神、树神、官厅神（祖先头领）、家神（祖宗）是正神等。鲤鱼村的布依先民普遍性借助于它的威力去驱赶凶神，例如自然灾害（水患、火灾、旱灾、病患、夭折等），都是凶神恶煞所为，要请老摩公念词、祈祷、敲击铜鼓报天动地，驱散赶走邪恶鬼蜮。常规中超荐树神，用铜鼓进行。也就是说树神为保佑人类社会，付出了多年的艰辛，应该送它们重返天堂，好好保佑和降福于人类，求得民间的吉祥平安，万事如意。

（4）祭祀，超荐树神。鲤鱼村布依族的铜鼓，最早用在山头，由头人支配，铜鼓常年挂在瞭望亭中。从鲤鱼村布依族的口传中，大约从春秋战国时期开始，境外的战争，常常给“濮越人（布依）”的本土带来骚扰；到了秦汉时期，外民族的骚扰已日趋频繁，但是布依人的紧密团结一致配合做得很牢靠。一旦边防哨所有事传来，铜鼓发出通知的信号，在很短时间内，布依全地方都能知晓。全族军民联防，准备投入自卫反击。据老辈人传说，现在铜鼓上挂着的牛、羊角，是纪念布依人对外战争取得决定性胜利的标志（也是为被杀死的牛、羊带来胜利福音的纪念标志）。古代先民在一次保卫战中，入侵之敌以数倍的强大兵力进犯，层层包围了鲤鱼村布依人的一些军事基地，妄想一举消灭布依民族。但是，山头的布依族铜鼓一响，军民一心，全力以赴投入战斗，多次击败了敌军的进攻。但是，因敌众我寡，侵敌还十分之疯狂，万分危急之际，头领就果断传下号令：立即宰杀牛羊，给将士饱餐，动员与敌人决一死战。一阵阵的铜鼓声令下，布依将士瞬间如离弦之箭，像发威的猛虎下山，冲锋陷阵，锐不可当，山头到处鼓声大作，战场上喊杀声惊天动地。后方布依族男女老少作充分的物力支援。布依将士越战越勇，加上有茂密的森林作天然屏障，又加之军纪严明，军民团结，齐心协力，把强大的敌军切分为若干段，各个包围歼击，弄得敌军晕头转向，首尾分离，指挥失灵，顾此失彼，把入侵之敌杀得尸横遍野，血流成河，敌军遭到了毁灭性的重创。布依军取得了保卫疆土的辉煌胜利，保住了民族生存重大成果。从那时候起，布依人就长期生活繁衍在自己的土地上，后代为了纪念先辈的业绩，传承先辈历史成就，世世代代把他们和相关之物敬之为神而年年祭祀。如今，每年正月初一的清晨，家家户户都要备办香火酒食到官厅拜年。首先，村中几位德高望重者，做过去一年的全面性工作总结。然后又要做新的一年工作计划。讲清楚后，全村人肃立厅前，由头人带领向官厅行三躬九叩头之礼！时至今日，在兴仁县的田湾波秧，还有布依族人在叩拜后，还保持着在官厅前，青壮年男士持古兵器（刀矛剑）进行演武的习俗。表示布依人的子孙后代，永远效法祖先守护好自己的疆土。其他地方也有长辈教练武术，当天各家各户还须给铜鼓、神树用物贴纸钱。下午撤供后，才能击鼓锣为欢。正月，或择吉日，有些人家要把自己的儿子带去祭拜铜鼓。铜鼓在谁家，东道主要热情接待，举行对铜鼓的祭供仪式。接着三年连拜，每年正月三十夜息鼓后，以后就不可闲击了。铜鼓也放置于头人家中，保存设灵位，拜之为神。

布依族的铜鼓更显为特殊的作用是，用它来祭祀神树，在鲤鱼村的布依村寨中，若有年份遭受重大灾害时，头人就要用铜鼓举行禳灾祭祀活动，为求神灵祈福保安。摩师以“鸡卜”“问卦”等形式做出决定，然后进行非常庄重的祭祀活动。首先明确谁处寨神代表主客，谁处为随客。然后对所有神树一一进行排查，该度返天庭的依古礼而行。不度的要通戴孝。大体同人类超度相似，但是非常严肃。必须击三天铜鼓祭祀。仪式结束后，要沉默三天，严格要求，寨门前有人看守，禁止生人入寨。与“二月二”祭官厅的风俗，有相同之处。但在这三年内不许拿粑粑出门拜年，不许办大型喜酒。以此来由衷表示对神灵的虔诚。任何时候，布依族村民都不准砍伐古树起房、造家具、作建材，也不容许任何人转让出售。就是古树干枯了，也禁止用为民户柴火。因为古树也是当地布依人民的保护神。所以自古以来，在鲤鱼村布依民族地区，民众就已具备了保护自然植被，维持原貌生态的文明历史和传统美德。

（5）娱庆丰收年，欢度节日。鲤鱼村的布依族人娱庆丰年，欢度节日，主要时间是在正月和七月。如果有特别大喜的活动，通过请鼓过程，也可以用。在黔西南州，随着改革开放政策，盛世时代的到来，2000年首届兴仁“八月八”苗族风情节在鲤鱼村举行，兴仁县各地大批的布依族铜鼓，已经集体出台庆盛世。在这之后，鲤鱼村的布依族铜鼓出席政府举办的各种大中型节日活动，逐步走出乡镇，到县城，跨出州府，迈步省城。在2005年，参与黔西南州组成文艺节目《盘江鼓乐》到贵阳参加“贵州省第三届少数民族文艺会演”，2005年参与兴仁鲤鱼“八月八”苗族风情节庆丰年。铜鼓的出场，按鲤鱼村布依族民间习俗，它是祈福，是非常吉祥的象征。

（6）超度亡灵。鲤鱼村的布依族丧俗离不开铜鼓。鲤鱼村布依人认为，老年人死了都要上天堂，跟随布依族的祖先及保佑布依族安居乐业、繁衍子孙后代的各神，一起去享受天堂之乐。但是，如果没有铜鼓就去不了。可以说，鲤鱼村的布依文化就是铜鼓文化。所以，没有文字记载的布依族历史文化，只有从铜文化的研究，摩经的古老念词中才能得到。鲤鱼村布依学者认为，我国56个民族中，布依族历史文化的印证资料，只能从铜鼓文化方方面面去探索才会得到完整性的补充。汉代出现一个夜郎国，“夜郎”是什么？至今是个谜！布依人用铜鼓，为什么布依人处处有铜鼓？这就要从铜鼓文化研究中才能找到答案。布依族的铜鼓有许多神话故事，有许多有趣的民间传说。布依族人对铜鼓的尊重、崇拜，尽心尽力地保护它，都是布依历史发展的必然性。在鲤鱼村，布依族办丧事时，某些家族开路中有“细苏样朗”之词。起始击铜鼓、开路击铜鼓、开天门、上幡、外家悼念、马郎客下祭、“摩当”、转场回归、摩公诵诀别经等关键时必须击铜鼓，这里面就有极其重要而丰富的内涵，极具戏剧色彩的铜鼓历史文化内容。

鲤鱼村的布依人去世了，不管年龄大小，都要通过铜鼓超度这一过程，区别在于新仙西逝（刚刚过世）超度，还是先逝后荐（以前死亡）才超度。

从表面上看，鲤鱼村布依族人使用铜鼓，似乎充满着浓厚的封建迷信色彩，但从实质中去探索，它是布依族文化历史的真实写照，是一部较完整而源远流长的民族文化历史档案。随着铜鼓文化的发展，经过民间摩师和老艺人的不断改造发展和补充，开始出现了古老的、节奏简单的鼓调。在对铜鼓鼓调进行创造、发展传承中，又在《摩经》（如图7.1、图7.2）里用汉字的字音来记录鼓谱（表音不表意）。形成了较完整的铜鼓鼓谱“九首”和“十四首”的手抄本，代代相传，沿袭至今已有近千年的历史。

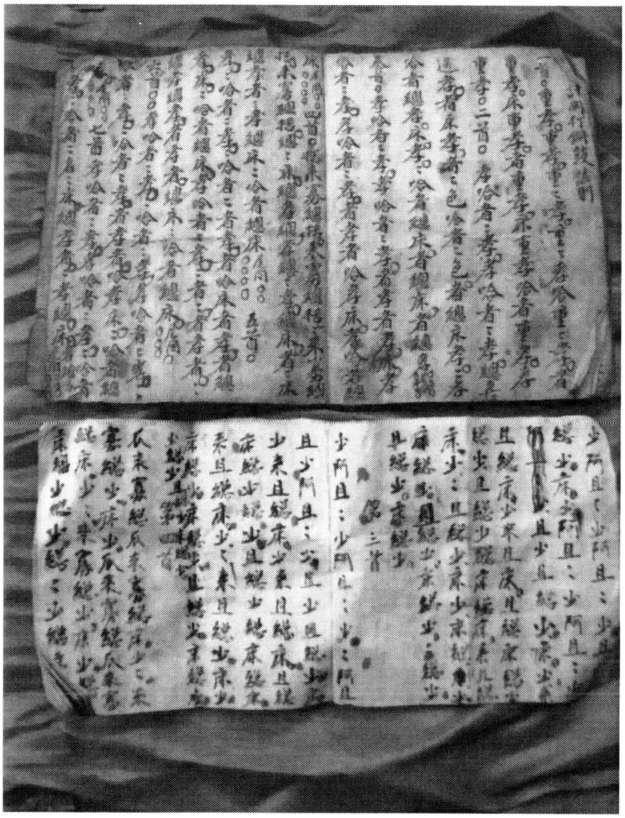

图 7.1　布依族《摩经》　　何磊摄

图 7.2　布依族《摩经》文本　　何磊摄

2. **布依族铜鼓文化习俗的主要内容**

一是铜鼓面纹上的象征和含义；二是铜鼓演奏内容；三是其铜鼓祭祀、保存民俗中的禁忌（人类与大自然的关系）。

（1）铜鼓面纹上的象征和含义。

当地布依族人对铜鼓面纹上的内容有自己的解读（如图 7.3）。

图 7.3　布依族“铜鼓”　　何磊摄

A. 太阳纹（鼓心为太阳、太阳芒）：象征布依部落的领导核心、祖先头领，核心照耀，光芒四射；

B. 芒间纹：表示核心周围互相联系；

C. 云雷纹：表示布依族部落的天地山水；

D. 节纹：表示布依族人的自卫武器；

E. 里圈乳钉纹：表示布依族人民紧紧围绕和保卫领导核心；

F. 游旗纹：布依族部落的营垒设施；

G. 回旋纹：布依族地域内与其他民族的相互往来；

H. 二圈乳钉纹：表示共同保卫布依族部落区域内的各兄弟民族；

I. 地域标志纹：根据不同住地，有山、水、鱼、虫各不相同的图纹；

J. 外圈乳钉纹：表示大范围的兄弟民族；

K. 鼓胸、鼓腰、鼓脚和各种图纹：表示布依族的服饰纹样。

当地布依族人认为，这些布依族铜鼓面纹，是布依族文化历史的真实写照，是一部无字的、较完整而源远流长的民族文化历史档案。

《狮子》："钟鼓之声，怒而击则武，忧而击则悲，喜而击则乐，其意变，其声亦变。"

（2）铜鼓演奏内容。

布依族铜鼓演奏内容主要表现在鼓谱《铜鼓乐九首》（祭祀专用）和《铜鼓乐十四首》（祈福调）中，反映内容极为丰富深刻，不同的鼓谱在不同的生活环境和不同的民俗事项中，则表达不同的思想感情。

祭祀专用《铜鼓九首》，鼓谱的敲击者，必须是"摩公"，闲者不可击。"九"的寓意是至高无上的九重天，敲击铜鼓谱九首，古树神灵、人间亡灵才能升天找到归宿，才能"开天庭，破地府"，整个祭祀过程要敲击九次，故称《铜鼓九首》。

第一首"招灵封棺"：意为天庭、人间都做好准备，当你听到铜鼓之声，你就往宽阔的上天之路去吧！

第二首"立幡"：意为要顺着祖先指引的方向，踩着"天梯"（幡杆）上天堂。

第三首"上灵灯"：意为亡灵上天的路是明亮的、平安的。

第四首"醒灵鼓"：意为告诉亡灵我们要为你烧灵了。

第五首"开鬼场"：意为死者开场坝，使他们到阴间可以交易做生意。

第六首"转场"：意为给亡灵带着耕牛，使其在天界有牛耕种，过天堂般的生活。

第七首"年倒给"：意为转场回房击鼓，为亡灵找到了上天之路的高兴心情。

第八首"亲家、孝家祭奠"：意为已经为亡灵准备好了奉供之物，祖先正在那里等待迎接你。

第九首"高挂铜鼓"：意为铜鼓声息，地狱已封，亡者到达天庭，望在天之灵保佑民族及家人兴旺发达，幸福安康的喜悦心情。

《铜鼓十四首》为布依族祈福，是布依族历代农作栽培的经验总结，常在庆典、节日中使用。

鼓谱《铜鼓十四首》内容：

第一首"起鼓调"：意为备耕到来，祈求保佑今年，风调雨顺，平安幸福，喜得丰收。

第二首"正月调"：意为春天到来，万物复苏，农活开始。

第三首"二月调"：意为选好种子，按时下种，企盼得到丰收。

第四首“三月调”：意为种植忙绿，你追我赶，格外繁忙。

第五首“四月调”：意为田间护苗，精耕细作，抗旱防涝，确保丰收。

第六首“五月调”：意为除草追肥，祭祀秧苗，防御虫害。

第七首“六月调”：意为丰收在望，乐待尝新，欢歌跃舞。

第八首“七月调”：意为抢割抢收，乐在田间，热情欢乐。

第九首“八月调”：意为修补粮仓，囤积仓库储备五谷，尝新喜节。

第十首“九月调”：意为储备粮草，缝制衣服，准备防寒防冻。

第十一首“十月调”：意为耕牛做好防寒过冬准备，打“牛王粑”酿造米酒，喜迎客人。

第十二首“冬月调”：意为备办柴火，喜庆丰收，休闲过冬。

第十三首“腊月调”：意为备办年货，迎春接福，欢度春节。

第十四首“尾鼓调”：意为月尾息鼓，焚香撤供，封存收藏。

3. 布依族铜鼓祭祀的民俗与禁忌

布依族铜鼓祭祀的民俗与禁忌主要表现在对铜鼓的保存和取用上都有一整套严格的仪轨。例如，保存铜鼓的人家一定会具有某种象征性的受人尊重的地位，谁家取用铜鼓时一定要举行一定的起鼓仪式，使用后送回收藏铜鼓的人家时要清洁铜鼓并举行仪式。在平时，对于铜鼓也有许多禁忌，村民视铜鼓为神圣之物，无人敢随意触摸和敲击。

4. 布依族铜鼓习俗的主要特征

（1）历史性。布依族铜鼓文化习俗是布依族人在漫长的历史长河中，在生产和生活的实践中，不断积累历史经验创造出来的文化，具有悠久的历史渊源和发展进程，在一定程度上反映了布依族人的历史文化和发展轨迹，具有鲜明的历史性特征。

（2）符号性。布依族铜鼓在长期的发展中，形成了一整套有声的文化符号体系，使其在独特而强烈的音调中，对布依族人产生强烈的文化召唤力和民族凝聚力，不同的曲调反映不同的内容、情感、状态，人们一听便知其意。在历史的长河中，铜鼓一直是布依族人的神器，是布依族人传递文化和情感的有声的符号工具。

（3）音乐性。布依族铜鼓的鼓声作为一种文化符号表达了丰富的文化内涵，同时也表达了当地布依族人对音乐审美价值的诉求，布依族铜鼓的演奏是具音乐性的。布依族铜鼓的演奏有一系列的技巧，根据鼓槌敲击鼓心、鼓边、鼓腰、鼓足各部位的轻、重、缓、急发出的音色组成不同的铜鼓曲调。铜鼓以高昂韵律、雄浑粗犷、古朴深沉的节奏，鼓声穿透力强，传播距离远，辐射面积广，有“惊天地、泣鬼魂”之架势，表达了布依族人的气势磅礴、热情欢腾、绚丽奔放，具有原生态民族打击乐的特点。当地的布依族铜鼓有专门的鼓谱，传承主要依靠老辈人的口传心授。

（4）地域性。兴仁县布依族铜鼓地域性表现主要在两个方面：一是铜鼓鼓面纹样，二是铜鼓演奏曲目。

由于所在的地区不同，兴仁县内的布依族铜鼓鼓面纹式各异，但图纹反映的布依族文化内涵体系是相一致的，这是兴仁县布依族铜鼓不同于其他地方铜鼓的显著特征之一，是让省内外专家饶有兴趣、不停研究的一个方面。

兴仁县布依族铜鼓演奏曲目丰富多样，一般的布依族地区铜鼓演奏曲目多数只有《铜鼓十二调》，没有专门用于丧葬仪式和祭祀仪式的铜鼓演奏，而兴仁县布依族铜鼓演奏曲目中有专门的《铜鼓九首》。并且布依族传统的《铜鼓十二调》，在兴仁县布依族铜鼓演奏中不是“十二首”，而是“十四首”，鼓谱增加了起鼓和尾鼓两调，另外，在铜鼓的敲法上又增加了对鼓脚的敲击部位，敲击的音乐节奏更为丰富多彩，具有鲜明的地域性特征。

（5）宗教信仰性。布依族铜鼓用于祭祀、祈福、祛病、消灾等习俗中，信仰文化特征明显。在布依族人婚礼中是不敲铜鼓的，但也要祈求铜鼓神保佑新人白头偕老，幸福美满。小儿生病，同样要在铜鼓神前，祈求保佑祛病消灾，快快长大。庆丰收和节日活动中，演奏是祈求铜鼓神保佑来年风调雨顺，寨邻老幼平安幸福，具有自然宗教信仰文化性色彩。

（6）集体性。布依族铜鼓的演奏，不管是在祭祀中、丧葬仪式中，还是在重大节日活动中，在院坝、广场，晚上篝火旁，在保管铜鼓之家请出铜鼓等，都是以集体演奏的形式进行，围观群众少则数十人，多则上千人，具有自发性的群体性特征。

（三）布依族之“神树”崇拜

布依族村村寨寨都有茂密的古树林，即布依族的神林或神树。布依族人视“神树”有灵。至今，布依族人走进神林间，不分男女老少，自然而然都会肃然起敬，谁都不会在那里随地吐痰、拉屎撒尿、抛弃污物或做有损于神灵的任何举动，大家言行举止都较文明，都是毕恭毕敬的，怀着敬畏之心。老人传说，神树也是对保护布依族人的疆土完整和民族生存有着非常密切而不可忽视的保护神。

古代，布依族先民们都居住在有山有水、古木参天的大森林旁，打仗时，森林作保护疆土的天然屏障，外敌是难以进攻的，敌人不敢贸然逼近森林。布依族祖先的军队除了穿铜铁甲外，最早还有用树皮和藤条编织成的战衣、头盔，椰树皮做挡箭牌，敌人称为“重甲”或“藤甲兵”。后来“重甲”便自然成了外族对布依族军队的称谓——“仲家”。

仲家军在头领的指挥下，出没于森林。外敌入侵，仲家军常常出其不意向来犯者给予致命性的打击，神林里的地面常常保持整洁、卫生、不易引发火灾，敌人用火攻也无济于事，保卫本土，几乎百战百胜。布依族人民得以安居乐业。为此，布依族人对森林、古树寄予神的想象，认为屡战屡胜是树神的庇佑。因而，千百年来布依族人总是把树神置于与人神享有等同的地位。布依族村庄是严禁村民进神树林随便砍伐树木的，不准进神林中取柴火、不准用神林的树木作建材建房、打制家具，甚至于神树的干枝落叶也不准任意践踏。若有神树干、枯、死，或国家建设、对村寨民房有不安全因素的、必须砍伐的，布依族人要用“超荐神主”的民俗进行非常庄重的超荐仪式。老摩公要诵《荐神经》。要用铜鼓敲击“祭神调”（专用调九首）。时间过程是三天，三天中全由男性操作。事前，村寨寨老、头人、老摩公聚集议事，问卜、看卦、择良辰吉日、选神孝，选择临近村有神树的别姓代表神外家、神马郎。然后就要对所有神树（包含神林中的藤条）进行一一排查，超度的要记下树种树名，一棵不可疏漏，不超度的也要一一戴孝。“超荐神主”意在神树保护布依族生存，树在人间年代很长了，劳顿了。应该度上天庭了，让它继续保护我们布依族人间太平、吉祥、风调雨顺、无灾无难、万事如意。超荐仪式毕，休息三天（祭三）。接着三年不准拿粑粑拜年，不准大办婚、丧、嫁、娶大事、不准寨中青年男女到社会上去惹是生非，意思是不要给主神、树神添烦恼。

“二月二”要在官厅里举行“官厅”祭祀仪式，这是布依族每年一度庄重祭祀节，也称“布依族铜鼓文化节”，有的布依族地方称“三月三”“六月六”“七月半”。在祭祀时，摩公要诵《洒卧亘暑》（神宴经），意思是布依族祖先头领宴请各路山神、树神、土地神，在一起赴宴，共同保佑人间。

“六月六”是祭山神，祭秧苗。布依族附近村寨（不分姓氏）到共同选定的神树点去祭祀山神，祈求各路诸神共同保护秧苗土地，每家每户需用一只大雄鸡到田边宰杀，插上一束纸花马，以此来消除虫灾、旱灾、瘟疫等各类灾祸。

总之，对树的敬畏是布依族人千百年来的传统美德，是人类与大自然的和谐相处、共同发展的典范。许许多多人与树的民间传奇和神话故事就是布依族人追求天人合一的最好例证。

第二节　节日仪式

兴仁县苗族传统节日丰富多彩，每个节日的来历都有其优美动听的故事传说。祖祖辈辈每逢节日，都会备好酒好菜供奉祖宗，然后族人、亲朋好友都会聚集起来开怀畅饮，并伴随着各种各样的娱乐形式，唱歌、跳舞自然是少不了。黔东方言和川滇黔方言苗族的语言相差较大，但在各种节日庆典上的仪式形式都是大致相同的，只是在一些细节上有略微差别。总的来说，兴仁县鲤鱼村苗族主要有以下一些传统节日。

一、过大年（春节）

“过大年”黔东方言苗族叫“nongx niangx”（囔聂）。苗族是一个有着“百节”之称的民族，一年四季每一个月都会有几个节日。然而，最为隆重的是“过大年”，这是所有中华儿女都过的节日。对于“过大年”人们几乎都是花了一年的时间在准备。在以前，刚过完年，就开始养殖下一年所需的猪、鸡、鸭等，种植玉米、水稻等粮食作物，就是为了在新年里能吃到好的饭菜。在新年到来之际，真正备年货就开始了：一种是自己家里本来就有的食物，只需要简单加工处理；另一种是到市场上买或是邻居家换取。首先，在冬月就需要做好“霉豆腐”“豆豉”“甜酒”“米酒”等，给小孩添置新衣服、鞋袜等。随后，进入腊月之后，各家开始杀猪，准备腊肉和做香肠。而且杀猪也要选取日子，不是哪一天都可以杀的，一般选择在农历单期，例如在农历十三、十五、十七，不能是十二、十四、十六。

在苗族地区，杀猪时间多数会定在农历二十三、二十五或二十七，之所以在这个时候，是由于在以前人们很难吃到肉，加之猪较小，杀早了不够吃到过年，且杀早了也就没有太多的年味。在杀猪的当天，主人家会请村寨中的屠户来帮忙杀猪，邻里及亲朋好友也会在这天拿着一些礼物来吃“杀猪饭”。在杀猪的过程中，当猪被杀死之后，主人家会立刻做简单的祭祀，将纸钱沾上一些猪血之后，燃上三炷香，放到家门口燃烧，期间还会简单说几句祭语，大意是今天杀猪了，请家中祖先即来享用，保佑六畜兴旺，来年继续祭祀祖先等，而在饭前还会在供桌上摆满饭菜祭祀。

图 7.4　苗族“打粑粑”　　何磊摄

除杀猪之外，“打粑粑”是最为热闹的了。在杀猪好了之后，接下来就开始做粑粑（汉族人称“年糕”），这是由糯米蒸熟之后，放入“粑槽”（由石头或是木头做成）之中，两个年轻人手持粗木，站在粑槽两头，用力轮回揉打（如图 7.4 所示）。直至把糯米揉成一团且看不见米粒之后，才可以把它拿出来，再由妇女们揉成饼状，不掺杂其他东西。由于苗族人都喜欢糯食，每一家都会做 80~120 斤的粑粑，一是自己食用，二是在正月里走亲访友作为礼物。杀猪和打粑粑是苗族人内部共同的大事，一家人是不能够完成的，所以就会大家轮回帮忙做，发挥集体的力量。在这样喜庆的节日活动中，彼此感情更加稳固，这也造就了苗族人相互团结的共同心理意识。在杀猪和打粑粑之后，就开始打扫家庭卫生，用竹丫枝将家里的阳尘（火烟灰），蜘蛛网一扫而空，该洗的全都洗干净，房前屋后都要清扫一遍，保持环境干净整洁。

过年前的最后一次赶场（赶集）称之为“赶叫场”，一般是在腊月二十八。这一天家家户户的人都要到市场上去购买缺少的年货，集市拥挤，人山人海，场面很是热闹。大人们都忙着买各种小年货，如花生、瓜子、苹果、梨、木耳、粉条、调料、香、纸钱、对联、炮仗等，小孩们则会看自己喜欢的玩具、衣服、鞋子等。因为在正月里不能随意花钱，所以，在这一天大家都会把东西全部买齐。

大年三十晚，苗族人叫作“Nangt niangx bib juk”（忙聂别九），每个人这天晚上都要守夜。在吃完年夜饭之后，长辈们会给小孩发“压岁钱”，同时，在香案上点一根蜡烛，保持蜡烛不会熄灭，全家人会坐在一起谈论一年中的各种事情，或是讲故事。在十二点之后，会煮一些粑粑来作为宵夜，吃好后，孩子们可以休息了，大人们则需要坐到凌晨三四点才能睡觉。在六点左右，大人们则会起来开财门（就是将自家大门打开），燃放一串鞭炮，以示告知。以前，守夜时都不能去别人家串门，而现在，虽然守夜的形式还有，但年轻人都会互相串门、喝酒、聊天、打麻将。

春节期间（从初一开始），家家户户都燃放鞭炮，贴对联。初一早上，男孩子则早早起来，到家族长辈或是亲戚家中拜年。进入家中，首先说“叔叔伯伯，新年快乐，我来您家拜年了”，然后再到香案下磕头，长辈们就会给“压岁钱”。这一天有禁忌：所有人不能洗澡、洗头，必须在年三十晚之前就洗干净自己；女孩子不能到别人家串门；不能将水从房屋前门倒出，只能是后门倒出；不能做饭，只能是食用年三十晚做好的饭菜；不能扫地；不能动斧、锯等。

初二早上，首先是“挑水进财”，男主人会挑着桶，拿着香纸到河边或井边祭拜，然后挑着水回来；此外男主人到山上去砍一棵柴木扛回家，寓意“进财”。从初二这天开始，大家都可以自由活动，走亲访友和拜年活动。

二、跳花节

农历正月初八至十五，是川滇黔方言苗族的“跳花节”，也是鲤鱼村黑苗的盛大节日。

“跳花节”又名“跳花坡”或“采花节”。“跳花节”的来历有两说，一说是：古时候，苗族在战争中撤退时，每到一个营地，首领们都要高高地竖起一面旗帜，传令前后人马，就地宿营，天天升旗。后来定居以后天天升旗为正月初八，主要是为了纪念过去竖旗屯兵活动。另一说是：三百年前，一对青年男女军人（男生名杨信，姑娘名李梅），同居一个村，青梅竹马，可是父母都为他们各自定了“背带亲”（娃娃亲）。正月初八，杨信带着芦笙，李梅携起铜琴，相约到远离村寨的一座山头上，依偎在一棵大杉树下，杨信吹起芦笙倾诉对李梅的爱情，李梅吹响口弦，发出生死相随的和声，后双双殉情吊死在杉树上。后人为了纪念他们争取婚姻自由，歌颂他们忠贞纯洁的爱情，把正月初八定为“跳花节”。

在节日到来的这一天大清早，鲤鱼村人们就认真打扫“花场”，竖好“花竿”，然后鸣放鞭炮，告知人们一切都已经准备就绪。之后，四面八方涌来的人们便陆陆续续云集“花场”，他们穿着节日盛装，吹着芦笙、唢呐，唱着山歌，满面笑容，流露出无比激动和喜悦的心情。正午时分，颇具民族特色的传统爬“花竿”体育比赛仪式正式开始。首先是男女青年围着“花竿”起舞、吹奏芦笙，然后便是爬竿比赛。在比赛过程中，最精彩的场面首数倒悬吹芦笙取物，即是由一名男青年，头朝下，口吹着芦笙，双脚朝天夹紧花竿，边吹边往上攀爬，直至爬到竿顶取下所挂之物为止。以速度快、动作多、技巧娴熟者为胜。因此，一般的青年只能望而生畏，不敢参与比赛。一些不愿服输的青年，虽有勇气和胆量参加比赛，但是往往爬至半中时，便因体力不支或是技巧不达而败下阵来。爬“花竿”比赛，胜者备受尊重，能获得许多美丽姑娘的青睐。所以，很多男青年为博得美人爱慕便参加比赛，败者虽是心中充满不甘，然而却也无可奈何，要想夺取“桂冠”，只能等到第二年再来。

比赛结束之后，男女青年便在“花山”上自由活动，交朋结友、谈情说爱，情投意合者可以互赠礼物，形成婚姻默契，通过以后的进一步交往，便可结为连理。“跳花节”是川滇黔方言苗族青年男女交流感情，交友寻偶的传统节日，每年节日到来，都会有不少的青年男女不约而聚，交流情感，互诉衷情。节日之夜，包括邻村近寨，男女青年的歌声、芦笙声、嬉戏之声不绝于耳。直至深夜或是通宵达旦都不愿离去。在节日期间，人山人海，浓浓的节日气氛让整个鲤鱼苗族青年非常开心、快乐。

三、“二月二”

（一）“二月二”苗族迎亲节

在兴仁县鲤鱼村，“二月二”被当地布依族人叫作“龙抬头”，苗族人则称之为“迎亲节”或是“祭桥节”。在这一天需要进行祭祖活动。

“迎亲节”是指出嫁的女子在“坐家”满了之后，由自己家的兄弟护送至夫家，而夫家则会举行迎亲活动。整个过程对于娘家人来说是“送亲”仪式，对于夫家人来说，则是“迎亲”仪式。苗家人的出嫁迎娶时间一般是在农历的八月之后，这段时间是收获的季节，在丰收之后举行婚礼，一是刚收获庄稼，可以接待亲朋好友，还可以吃到新米；二是在这之后，农事稍闲，大部分人都有时间可以走亲访友。所以，八月到十二月是结婚的最佳时期，苗族男女在相识之后会选择在这一段时间举行婚礼。婚礼一般会在来年的“二月二”之前的两三个月举行，这便于新娘“坐家”的时间可以长一点。新娘在结婚的当天，由新郎从女方家中接到男方家中，在这一天晚上，他们不能圆房。第二天，新娘由其兄弟接回娘家，到了“二月二”这一天再由兄弟护送至夫家，新娘在娘家的这段时间就叫作“坐家”。这与其他地方苗族新娘“三年不落夫家”也极为相似。

“二月二”迎亲节较之结婚时的迎亲，形式较为简单了。迎亲是由新郎带着兄弟媒人一起到新娘家中把新娘接回家。同时，新娘的兄弟也会陪同护送其至新郎家（见图 7.5）。这一过程对于接送的人员没有过多的要求，对于礼物也没有什么要求，只是新郎去接新娘时会带上两瓶米酒，12 个糯米糍粑。到了新娘家吃完午饭后就可以接新娘回家了。新娘由一个兄弟和两个同族的妇女（这两个妇女一般是自己家的婶婶，若没有，其他的亲人也可以）送到夫家。在新郎来接之前，新娘的母亲会为女儿梳妆打扮，穿上母亲为她特制的服饰。新郎则会在这一天早上带着一个媒人和家族中名望较高的长者一同去把新娘接回来。第二天娘家人全部离开之后，新郎和新娘才能真正地圆房，在这之前他们不能住在一起，不然会招致闲话。

图 7.5　新郎接新娘回家的路上　　何磊摄

迎亲节具有以下几个特点：一是迎亲时新娘进新郎家跨门槛时，先进左脚，反映了父系社会遗风的特点；新娘到新郎家进屋必须靠中柱而坐，反映了母系社会遗风特点。结婚的当天或头几天，新娘新郎不能同房，次年“二月二”迎亲节由新娘的母亲、叔母或兄弟 5~7 人，送到新郎家。几日后，返回家时，以板凳舞相送，并对唱欢舞一场，表示对新人的祝贺和亲家的欢送。二是女方送新娘到新郎家时，新娘背 12 个红蛋到新郎家，这是蝴蝶妈妈生下 12 个蛋，孵出了“宇宙万物”（即人类），是苗族卵生观的体现，具有古老的苗族神话传说的特点。三是苗族结婚用的竹刻字符，标志着苗族文字的创立和最早使用结婚证历史的特点。

（二）“二月二”苗族祭桥节

农历的二月初二是苗族的祭桥节，苗语叫“掩旧掩当”，也就是“祭祀桥梁”之意。其实在这一天，所祭祀的对象不仅有桥，还有碑、古树、石头、水井、山洞、竹子、溪流、湖泊、田园、路，甚至马槽、砧板、手镯、项链等，皆可作祭拜的对象。所有祭拜都是根据祭拜者的实际情况来决定，比如有人小时候胆子过大的就立指路碑，有人到该走路的年纪没有走路的就祭拜竹子，有人生于虎日且不听话的就祭拜砧板，有人家不生子女的就祭拜桥梁等。桥梁多是以家族集体祭祀形式，如“子孙桥”；有的则以个人祭祀，如水井、山洞、石头等。

在鲤鱼村的祭桥活动中，凡是婚后不孕或是少儿少女的，在二月二这一天都要举行搭桥的习俗。搭桥分为两种形式，一种是在大门内搭桥；一种是在野外选择有沟的大路、小路，或是田埂上制作一块较宽的石板搭沟桥。

在“二月二”之前，桥是各家已建好了的，二月二是祭桥的机会，居住在外地的族人也都赶在节日这天纷纷来到。当一切准备就绪，祭桥也就开始了。这些祭品有鸡鸭猪肉、糯米饭等，红蛋自然不可以少，300 个鸭蛋被染得红红绿绿的放置在新桥面上。桥面的两侧插上“用穹”—— 一种用竹条片和红绿纸装饰的彩色条，在鬼神界相当于彩色的护栏。桥头也用纸花装饰。这些装饰的目的就是吸引小孩灵魂的注意，让子孙的灵魂渡过河来，走近这个村落，并附体于人的身上。

祭桥是需要有巫师的，在祭祀时，巫师头上捆扎麻丝线，手拿卦象，唱着一种巫词，面向东西，呼唤着子孙灵魂的到来。苗族曾经住在遥远的东方，那里有着很多的人类灵魂，他们住在东方的森林、河流、山洞、谷底等，或许他们已找不到苗族迁徙之后的住处，于是还在那些荒芜的村落转悠着。要靠巫师的呼唤，然后成群结队随巫师的指路涉水过河而来。从巫师的巫词里，我们能听出一些巫词的内容出来：航兮！航兮！我们已远走了他方，这里只留下荒芜的村庄，无人耕种的土地！你们的父母已去了很远很远的地方，他们随着西去的河流，向着太阳落去的地方走了。这些地方已没有山林，也没有土地，耕地的牛儿也离开了嘎几尼（太湖），牛儿都是知道去找父母，你们为什么还在这里寻找？走吧！我带着你们前去。不要走错路呢，走过九十九座山，跨过八十八条河，有路你们跟着路走，有河我已给你们搭好了桥梁，走累了，那山坳上有凳子休息，口渴了大树底下有水井可以解渴……你们要抓紧着赶路呢！不要贪玩呢！你们的父母在家等着你们。他们已经架好了桥梁，不要上走，也不要下行！桥梁是新修的，桥头也有长凳，那里有很多的花朵供你们玩，桥梁的边儿有花护栏让你们休息。不要走错呢，记住那桥边，东岸是绿色的修竹，西岸是麻色的竹青。你们就在那里休息，有饭给你们吃，有肉给你尝，蛋是红红绿绿的，饿了你们随意取，成串的钱在那里候着，你们可以取钱买新衣！父母都在那桥头等着，他们可能没有见到你们，你们可以变成蜘蛛由他们带你们回到家中去。不要害羞，他们都是你们的家人，你们要走出来，让他们看到你们。如果看不到你们，你们就拉着他们的衣角随他们回到家中去……当巫词念到一定的时候，巫师会告诉在祭桥的人寻找蜘蛛！寻找到蜘蛛后，人们带回家去，放到床上去，之后就是期待来年的生育了。

还得感谢曾架桥的先祖，感谢他们送来子孙，送来子女，送来富贵，叫他们在桥梁上随意吃喝，然后又将他们送回东方去。

所来的子孙灵魂当然有男有女，去迎接子孙灵魂的人除大人外，人们最欢迎小孩一同前往。小孩子们的身上要挂上很多彩蛋，寓意是与来自东方的子孙灵魂同乐同玩，以增加灵魂们的童趣，灵魂们也才想到去寻找父母，寻找家庭——让他们知道原来这人间是多么的幸福。

“二月二”是苗族的祭桥节，因架桥子孙才能从东方来，于是也可以称为“子孙节”，这是让子孙得以出生繁衍的节日。那么，为什么这个节日不选择在正月呢？那是因为苗族人把一年只分为两季，一个是热季，一个是冷季。过年的时候，正月还属于冷季。冷季万物没有复苏，正月里人们还过小年，意思年还没走向东方，太阳还阴沉着并不亮丽。大年三十年才走，其尾巴还在小年里被踩着。当正月十五之后，年去了东方。它要到东方之后，呼唤风雨雷电，呼唤波哇（杜鹃鸟）和加法（也是一种鸟雀），呼唤子孙的灵魂。当这些都来到之后，人们才开始劳作。二月，大地萌动，催生百草的雨才开始润泽大地，百鸟才开始争鸣，子孙的灵魂也才在这春暖花开的季节来到。苗族人认为，百鸟是成双成对来的，子孙的灵魂也是成双成对邀约而来的，只有这二月的二日他们才结伴而来，于是苗族的先祖选择了这最早的双日。

苗族古歌里说，耇嬉是最古老的人，他独自来到这个世界，觉得自己很孤独，他要去找“哈当项卅当劳”，这是他要的妻子。可是他什么也找不到，于是他发火了，见到南瓜在地上横躺着挡住他的路，他问南瓜哪里才能找到自己的妻子。南瓜不知道，他将南瓜藤砍成很多的段，南瓜告诉他，你去东方找吧，找到之后你得把我接活。他同意了，于是他去东方寻找。路上遇到了竹子，他向竹子要妻子，竹子也说不知道。他气了，也将竹子砍成很多的段，竹子用同样的口吻回答他。于是他跋山涉水一直走，终于见到了妻子。于是他们结伴回来，并从东方带回了子孙。他恪守信条把南瓜接了，也将竹子接了，由于接得不好，所以南瓜和竹节都起了疙瘩。他们从此有了子孙后代。

《后忙》又叫《刊都浏席》(汉译成《焚纸烧书歌》)，说是冯氏和几安是夫妻，他们家比较富有，有田园万亩，家有学校，楼阁千间，又有丝织坊，但穷于没有子女，枉有万贯家产。单阿嘎李（织布仙女）告诉他们夫妻：你有万贯家产，楼阁千间，田园万亩，可你太刭（铁公鸡，即舍不得之意）了，你连你门前的溪沟也不愿架个桥方便行人，那些子孙怎么有路到你家来？于是他们找到了巫师，商量着修桥之事。巫师告诉他，要他在二月二这天架桥，架桥要最好的木料，必须是杉木，建桥一尺二宽，三尺二长，架于溪流之上。果然第二年，生了贵子。修桥补路是积德之事，也只有做了好事，才有水耕地，才有子续后，于是祭桥之风流行起来。

兴仁、施秉、黄平苗族大歌之《妈卞妈浏》传说：妈卞妈浏，也叫“蝴蝶妈妈”或“祖母歌”，说是人类的先祖是枫木树，枫木树生了蝴蝶妈妈，蝴蝶妈妈与水塘里的泡沫谈恋爱，她生下了蛋，她请来鹤字鸟（也有写作“鸡宇鸟”）帮助孵蛋。经过十二年的悉心的孵养，十二年后，生出了姜央、雷公、龙、虎、蛇、象、牛等十二个兄弟。于是蝴蝶在后来成了苗族文化中富有较多内涵的文化图腾，如爱情、生殖、生命等。苗族人认为，人是卵生动物，蛋就成了生命产生的象征，祭祀桥梁用蛋习俗也就印证了这种说法，鲤鱼村同样有这样的说法，但也只是一些老人才知道，年轻人多外出务工或是工作，不过多的关心这些了。

20 世纪 80 年代收集整理的《开亲歌》也载：说是卞儿去了舅舅家当媳妇之后，第二三天就要去挑“新媳水”，住在井里的井老太告诉她，一头挑两瓢，一头挑三瓢，以免摔倒，掉了小孩的灵魂。井老太是一种神或鬼，苗话叫她“无”（wuk），她是天宝松（tieeb baod songd）和讷欧娟（niak eb joeb）所生的。原有姊妹 7 人，漂亮的都出嫁了，“无”长得丑，嫁不出去，父母把她嫁给一个稻草人，生活在水井边。她专门负责生育方面“工作”的。当某一户人家没有养育小孩之后，外婆家就从井里把她请出来，放到没有小孩人家的床脚下，等到这一家人生儿育女之后，人们又将她送回井边，这种习俗叫“耶无”。

“步跟”，意译为“护路”，这是召唤灵魂的另外一种说法。有个故事这样说：无宝菲念和耇宝遨又，他们半夜游方（即谈恋爱），感情谈到至深的时候决定结婚，走到半路时遇到一只略几（野鸡）正在路坎上刨食养小鸡，一不小心，刨出一颗石子，正巧滚到无宝菲念的脚边，她一不小心正好踏在滚动的石子上，摔了一个跟头。回来之后没有生育，是凶血娄和几达巴给他们算命，说是他们结婚走路的那天，因踩到石头摔了一跤，小孩的灵魂失落，必须得请架桥，哄骗小孩的灵魂才能来。无宝菲念和耇宝遨又请来凶血类和几达巴来帮助架桥。“桥”是用布匹制成，分别是三尺二的黑布和三尺二的白布，杯子四对，红蛋绿蛋各一对，又制作了护“桥”用的“用穹”——代表花桥，小花旗等。当一切备好之后，无宝菲念和耇宝遨又头戴麻线，手拿卦象，提着鸡鸭浩浩荡荡出发了。如果能记住在什么地方摔倒的就可以从摔倒的地方开始卜卦，如果记不住地方了，就从险要的路段开始，每走几步摔卦一次，重复进行，直至卦象准确找到点。然后就在路中央把桥（布做的）摊上，四对杯子放好，插上用穹、花、小旗等，巫师念念有词。此时来观的人比较多，因这是“好事”，所以凡观者均获酒肉糯米红蛋之物食用。当一切做完之后，就找蜘蛛，蜘蛛找到后，就拿一对红蛋与蜘蛛一道用背小孩用的背带包好，背在身上，一路回来。见人问也不能回话。随行的人上路跟上，说的都是些吉祥的“子孙回来了”语境之类的话。这蜘蛛到家之后，把蜘蛛及红蛋放在床上，蛋三日之后由媳妇食用，以保证来年繁衍后代。

因地域不同，习俗有一定差异，作为一种文化现象存在，祭桥活动则是普遍的。其所谓“人丁兴旺”“子孙繁衍”或“多子多福”是苗族社会的共同愿望。从祭桥文化我们得知，同时也让我们知道这个灾难民族的共同心理，那就是“有人才有一切”“有人才有发展”，世界上没有一个民族能做到让自己的民族灭亡的。几千年的中华文明史里，我们早就读懂“不孝有三，无后为大”。

在鲤鱼村，苗族同胞非常注重家族人员的生育和培养。人丁多了才能干活，才能延续自己家族的香火。通过桥这一种媒介将人们的愿望在仪式中得到展现，连接神灵与孩子，获得繁衍。

四、“三月三”节（清明节）

苗族的“三月三”节，与汉族的清明节一样，都是为了祭奠亡灵。在“三月三”这一天，各家各户都会到祖先的坟头上去挂纸，祭祀亡故的祖先和亲人。过去的“三月三”比较统一，现今有的过“三月三”，有的过“清明”。

在三月三之前，各家需要把所有的祭品和器物准备好。一般每个家族都会将自己的族人葬在一个地方。一是由于家族土地区域在原始划分的时候就连在一起，以便管理；二是葬在一个地方便于家族祭祀。虽说是各自祭祀，但是在祭祀过程中还会念到一个共同的祖先，是他带领他们的祖先来到了这里。

（一）祭品

1. 彩色糯米饭

祭品主要是彩色糯米饭。三月初正是花开时节，在节日之前，各家就已经开始在山中、田地里采摘各色花朵，以备染糯米饭之用。在各种彩色糯米饭中，以黄色糯米饭最为特色。香喷喷的黄糯米饭其颜色为“黄米饭花”所染，主要做法为：用马钱科植物密蒙花（*Buddleja officinalis* Maxim）的花朵煮汁，浸泡糯米，浸泡的时间也不宜过久，过久会使得糯米严重软化以及汁液的味道过浓而影响食用，然后上甑蒸两道即成。蒸的时候也要讲究火候，需用柴火，火必须旺盛，一气呵成，否则蒸的糯米不入味。密蒙花系一味中药，具有利胆、明目、退热、止咳之功效，染糯米饭，对人体无害。

2. 纸钱

纸钱分为两种用途。一是上坟挂坟头之用，二是上坟燃烧之用。第一种纸钱（如图 7.6 所示）是白色的，原是一张长宽一米的白纸，纸张很薄，轻轻一戳即破。这张白纸需剪成六张小白条，又将六到十张白条重叠在一起，老师傅用“钱戳”将纸敲打成各色纹路。这些纹路是半圆形连在一起的，不会折断，这样的成品在鲤鱼村苗族这里叫作“亲”，所以“三月三”上坟也叫作“挂亲”。“挂亲”的时候需用一根树枝或是小竹子将“亲”撑起来，这样一根树枝或是小竹子的顶部是需要留几片叶子的，不能是一根独棍子，寓意要发新芽，祝愿后人能像树枝一样得到繁衍。一些苗族人家还会在“亲”的上半部分贴上一张红纸，这是对于新坟才有的。将“亲”绑在树枝上只能是用麻线（披麻戴孝的缩影），不能用其他的绳子。第二种纸钱是暗棕色的（如图 7.7 所示），是民间百姓用树木加工制作而成。这种纸钱很粗糙、易燃，中间同样是用“钱戳”戳打成对称的几排半月图形。这样的图形一是为祖先送去日月，代表着光明；二是易于燃烧，祖先不能直接带走这些纸钱，只能通过燃烧的灰烬和火光取得，所以必须把纸钱全部燃尽。纸钱是祖先在阴间生活、购买物品所必需的，就相当于阳间人们所使用的钱币一样。哪一家烧的纸钱越多，也就意味着这家人很有钱，祖先也会过得很舒服。纸钱在鲤鱼人家是必不可少的，婚丧嫁娶、传统节日或其他各种祭祀都会用到纸钱，烧纸钱就是为了能让祖先在阴间过得好，保佑后人。

图 7.6 白色纸钱 何磊摄

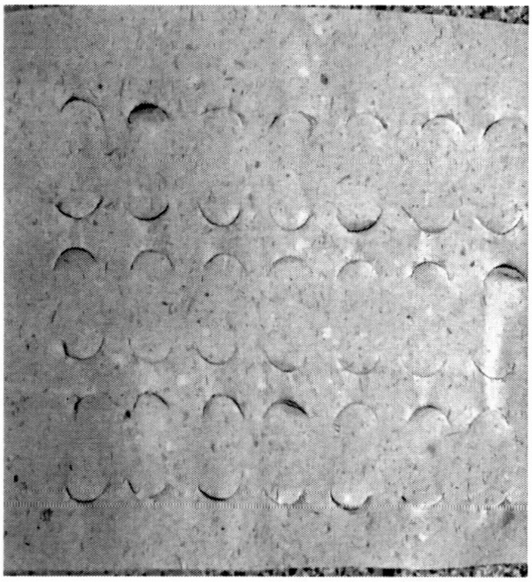

图 7.7 棕色纸钱 何磊摄

3. 酒菜

“三月三”上坟酒菜是必不可少的，在这之前，人们都会把菜买好，前一天晚上就会把菜做好，在三月三当天热一下，用竹篮装好就直接带上山了。肉菜是猪肉，其他菜是入不了席的，一般多为腊肉，很少人家用新鲜猪肉。这些菜是切成小片炒好的，可以直接食用。另一种菜叫作“刀头”，也是一种祭品，实际上就是一坨猪肉，只是没有切开，呈正方形，一个大碗可以装得下。这坨肉不宜过大，须为方形，肥瘦肉兼有，用干净水煮熟，盛于大碗或盘中。这一坨肉，是专门做祭祀之用，一般在上坟时不食用。酒就是平日里自家酿制的米酒，在30℃ ~40℃，这种酒度数不高，浓浓的香味都能让人沉醉，口感很好，但是不宜喝多。所有的酒菜都是在祭祀完所有的坟墓之后统一到一所坟前食用，每一个去祭坟的家族成员会一起食用这些菜，每家一个菜，看谁家做得好吃。祖先只是闻闻气味就可以了，真正的食用还是祭祀祖先的人。

（二）仪式过程

“三月三”上坟，主要是带酒肉饭菜、纸钱、鞭炮和坟飘（上述第一种纸钱）到家族亡人坟前供奉和敬献亡灵，并简单清除坟前后杂草刺丛。每到一所坟前，都要供奉祭祀，由于每所坟的亡人不一样，祭祀时也有小小区别。祭坟若是有巫师在则程序较为繁杂，若是主人家自己祭祀程序则较为简单。主人家自己祭拜则只是在坟前放一张桌子，将一碗酒、一碗饭、一盘菜放在桌上，桌下再点上三炷香，燃烧一些纸钱即可。然而要是有巫师的人家，程序则较为烦琐了。

首先，巫师先是在主人家中将纸钱做好。纸钱用“钱戳”打好之后，分成一沓一沓的，每一沓都用白纸包好，约 2 厘米。一所坟需要 24 沓纸钱。巫师会在每一沓纸钱上写上一些字，内容一般为:“某姓老大人享用”，例如：王公老大人享用，同样也会准备“坟飘”；其次，巫师还会让主人家准备“刀头”；再次，准备一只活公鸡，这只公鸡必须是第一次祭祀之用，用于其他祭祀过的鸡是不行的，公鸡的冠子必须是又红又大，未有伤痕，没有疾病，是一只健康的公鸡，最为重要的是，这只鸡必须是开叫过的，没有开叫的公鸡禁用，这些就需要主人家在祭祀前要辨别公鸡的真伪，多用当地的土鸡；最后，需要准备一升米（约 2 千克），这个大米是主人家自己生产的，每一颗大米都非常大而饱满。用升子（一种木质器皿）把大米装满，在升子里放入 12 元或 24 元人民币（这个钱在法事完成后交给巫师，以作谢礼），还有放入一杆秤，这是祭祀专用秤，长约 30 厘米。

开始祭坟前，巫师会把祭品全部摆放在桌子上（桌子上有一盘菜、一块“刀头”、四碗饭、四碗酒，八双筷子、一升米等）。巫师会在坟周围的八个方位挖一个小坑，点上蜡烛和香（每一个方位点上一支蜡烛、三炷香、用纸钱包上一小坨彩色糯米饭、一沓纸钱），在每个方位放上一杯茶，一碗水饭。在祭坟时，巫师和主人家都需跪在坟前磕头，巫师磕头，主人家也必须跟着磕头。巫师会诵念一段很长的经文，将亡灵的生前死后之事诵念完，并送上一些祭品，保佑主人家人丁兴旺、富贵发达。巫师站起来走向每一个方位进行诵念时，他会将茶和水饭倒掉，而此时主人家紧跟其后，将放在旁边的纸钱燃烧掉。整个过程持续约半个小时（因为有很多的坟需要祭祀，若坟不多的话，可以延长时间。若是只单独祭祀一个坟时，时间可以持续四小时）。巫师再一次回到桌前，会将公鸡的冠子割破，用它的血在桌前晃动，并在纸钱上写下一些字或符号（下一个坟同样如此）。仪式结束后，需在坟上放一些新土，插上坟飘，所有的香蜡纸烛都会在坟旁的钱罐中进行燃烧，由于纸钱包得比较厚，需拆开燃尽，留下一人在此燃烧，其他人到下一所坟进行祭祀。

在所有的仪式结束之后，家族人就开始食用带来的祭品。每一家都会将酒菜摆放在一起，除了“刀头”和公鸡之外，所有的祭品都需要在山上吃完，不能带回家里。“三月三”上坟也成了家族人集体聚会的日子。

五、“六月六”节

“六月六”，鲤鱼村苗家除了杀鸡宰鸭、烧香祭祖之外，每家每户都要包粽粑。粽子是由糯米做的，这种糯米都是当地苗族人自己种的，由于种植糯米的产量较低，种植糯米的人越来越少，所以糯米较之其他米略贵，也是稀少之物，人们很是珍惜。在六月六走亲戚时，包好的粽子都是煮熟的，这样更为好看，也更显得对亲戚的尊重，熟食拿去即可食用。这些粽子都是白粽子，不掺入其他的东西，就只是大米，粽叶也是精心选取的，包出来的粽子非常香醇。所包粽粑有三角形和枕头形两种，三角形的粽粑体积较小，只供自己吃，一般不作为礼物走亲戚；枕头形的粽粑每个重四两左右，一部分自己吃，一部分作为礼物走亲访友。刚新婚的人家，男方家须邀 5~7 人，挑 200~300 个粽粑去女方家慰劳岳父母（这些粽子多是分给女方族人食用）。女方家里除请人作陪外，家族中将轮流宴请，划拳打马，唱歌跳舞，猜谜聊天，持续 2~3 天。

一般人们认为吃粽子是在五月端午节，然而，当地的苗族人并不过端午节，只过“六月六”。在六月六这一天吃粽子不是为了纪念屈原，也不感到悲伤，而是非常欢乐地载歌载舞。在“六月六”这一天，苗族人和布依族人都会祭祀祖先。同其他祭祀形式一样，只是这是在族人修建的祠堂前进行祭拜。祭拜活动结束之后，各家各户就会聚集在一起吃饭、唱歌、跳舞。

六、“七月半”节

“七月半”中部方言苗族叫“nongx mol”（囔牧），大多数人家有的过十三，有的过十四，只有少数人家过十五。所过之日，主要是根据姓氏宗族而定。过“七月半”要连续数天祭祖，供品主要有：鸡、鸭、鱼、鲜猪肉、腊肉、酒、糯米饭、粘米饭等。有的人家还要扯几根打苞的秧苗，几株结籽的黄豆和几个嫩苞谷，洗干净后连叶带秆煮熟后一起祭祖。不少人家喜欢杀狗过节，可以招待客人，但不能作为供品，“狗肉不能上桌”这是苗家的一句口头禅，无论什么时候都不能拿狗肉供奉祖宗。[1]

过节之夜，苗族人不烧包，一般只是在神龛下、大门前、灶边、火坑旁烧纸、敬香、插“路香”，即从大门口将点燃的“香”一根接一根的一直插到岔路口或是田地边，表示迎接“稻花”，苗语叫“seik bangx gad”（色别嘎）。而小

---

[1] 一是狗为苗家人带来了粮食种子，值得敬拜，不能杀狗敬祖先，狗就如同祖先一样；二是由于农历七月正好是三伏天，厉鬼易出来吓唬人，吃狗肉可以驱邪避恶。

孩子们则喜欢用竹竿或小木棒一头穿在棒瓜、茄子或是橙子上，将点燃的“香”插在其上扛着玩耍，称为“Gid Bod hxangd”（扛香），有的拿着相互追逐奔跑，香火在黑夜中随着儿童的身影晃动闪烁，别有一番风味和情趣。过“七月半”“nongx mol”（囔牧）与过小年“nongx niangx niab”（囔聂牙）一样，黔东方言苗族要接姑妈和已出嫁的姑娘回来一起过，是一家团聚的节日。

七、“八月八”节（“吃新节”暨“苗族风情节”）

“吃新节”在中部方言苗族叫作“nongx xenx”（囔新）。以前过节主要是根据各地庄稼成熟早晚而定，一般为农历八月或九月逢“辰”日因而有时为八月初八，有时又是八月初七或初九不定。

“吃新节”的来历源于苗族一个美丽动人的民间传说。相传，古时候，天降大雨，连续下了三个月而未停，洪水滔天，四处一片汪洋，生灵涂炭，唯有阿依（石）、阿兰兄妹及其所豢养的一只猎犬“阿嘎”躲藏于葫芦中四处漂泊而得以幸存。洪水退了，可是什么也没有了，怎么办呢？阿依（石）、阿兰兄妹伤心地抚摸着猎犬“阿嘎”流泪叹气，突然之间，他们发现“阿嘎”毛茸茸的尾巴上粘着几颗稻谷粒，这是“阿嘎”在逃难时穿梭谷地侥幸粘在身上的。“这不就是谷种吗？”阿依、阿兰喜出望外，小心翼翼将其摘下来收存好。到了栽种季节后，兄妹俩将谷种精心栽种、培育，最后获得了收成。第二年，他们又将收获的谷粒全部作为种子进行栽种，喜获丰收。如此反复几年，谷子越来越多，人类从此就有了粮食。为了感激猎犬带种功劳以及阿依、阿兰兄妹的辛勤劳动，每年农历八月初八或逢八月辰日，正值稻谷黄熟收割时节，苗族同胞们，便洋溢着丰收的喜悦，家家户户杀猪宰羊，烤一锅热腾腾的米酒，煮一甑香喷喷的新米饭，邀客共饮、举家同乐。但是，在饭菜做好，烧纸敬香供奉祖先之后，必先舀一碗新米饭喂狗，然后所有的人才能端碗吃饭，以示对狗的敬重和感谢。这一天，男女老少皆是身着节日盛装，佩戴华丽首饰，载歌载舞，欢聚一堂，喜庆节日和丰收。

“吃新节”这一传统节日，在苗族中流传已达数千年之久。在2000年以前，吃新节都是民间活动，没有政府的参与。每逢节日都是各个苗寨里或是苗寨之间的苗族人自发举行活动。2000年之后，根据苗族人民的意愿，兴仁县人民政府报请黔西南州人民政府批准，将“八月八苗族吃新节”易名为“八月八苗族风情节”，并在兴仁县城隆重举办“首届八月八苗族风情节”大型节庆活动。2003年，兴仁县人民政府在兴仁县城举办“第二届八月八苗族风情节”。2004年之后，每年“八月八苗族风情节”相继在屯脚镇鲤鱼苗寨或兴仁县城举办。2007年，黔西南州人民政府将“八月八苗族风情节”确定为全州苗族人民法定传统节日，每年节日到来，全州依法放假一天，让广大人民一起欢度佳节（如图7.8所示）。

图7.8　“八月八”苗族风情节　　何磊摄

第三节　仪式呈现

一、铜鼓祭祀仪式

鲤鱼村的布依族人把铜鼓视为神灵。布依族认为它能为地方驱除邪恶，保一方平安，能给人间带来吉祥和幸福，因而铜鼓在谁家保管，谁家就要设灵位祭供。“二月二”这一天清晨，布依族人都设香案备“三牲”（祭品）以敬酒、焚香、献礼，重击三响，请到用事的处所再行事。行事者必须是摩师（巫师），或是德高望重者，闲人则不可敲击。祭祀活动完毕之后，请鼓人护送铜鼓返还时，必须有酒、食相敬祭供。然后管理之家才收藏起来。

“二月二”兴仁县鲤鱼村布依族铜鼓祭祀活动的主要程序和内容有以下几个方面。

（一）祭坛布置

香案正中置铜鼓王（有代表性的铜鼓）一面，铜鼓周围放上“三牲”祭品（猪首、羊首或牛首数个以及糯米粑、豆腐、刀头等），香案上置布依族摩师用草纸或白纸剪的一些纸质动物或镂空的有关祭祀的图案剪纸。主香案周围对称放上同等数量的铜鼓陪祭，象征着以铜鼓王为核心的铜鼓神整齐列队接受布依族人的顶礼膜拜。祭坛左右两方及正前方呈“八”字形插上纸制麒麟等怪兽类花纹图案的旌旗，象征着布依族首领巡检时卫队紧紧列队跟随，随时保卫着布依族首领的安全。祭坛周围还准备有刀、箭、弓、戟、剑等武器（现在已无法找到真正的武器而多采用竹木仿制代替），整个祭坛内外布置得纷繁复杂而又不失庄重肃穆。

（二）祭祀仪式

1. 司仪、主祭和客祭

司仪是为使整个祭奠仪式庄重有序，选取德高望重的摩师为礼官主持整个祭祀过程。祭祀方式可以分为主祭和客祭两类。

主祭是布依族摩师为首，布依族寨老和德高望重的族人及布依族村寨中说话做事有一定威信的中年人及传承布依族文化有显著特长的年轻人为中间，再以年少轻狂、朝气蓬勃的青少年继后组成的三支各为一队，相对独立的庞大祭祀队伍。队伍中老、中青及小孩按 2 ∶ 2 ∶ 3 的比例组成一个代表布依族文化源远流长，传承有序的阵容。这里的比例“2”，既暗藏着好事成双、兴旺发达的玄机，又是祈望农产丰收、家庭和睦、社会安康、万事万物合顺之意。“3”的意思则是象征布依族人的事业后继有人，繁荣昌盛。“3”是“2”的再进一层，也就是说布依族人的事业好上加好，好事成双，锦上添花。

客祭是以与布依族人以外的其他民族到场的祝福祭祀。布依族人勤劳勇敢而又乐善好施，对内大家互相帮助、和睦相处，对外或其他民族，则是友好往来，互为依存。因此，布依族人至今都还流传着与其他兄弟民族共生共荣的、可歌可泣的故事佳话。远古的如布洛陀不仅带领布依族人保护自己的疆土，还帮助弱小的“鹢骨族”（远古的一个少数民族）打败外族的入侵。

2. 祭祀过程

（1）主祭。

待主祭进场到位后，司仪首先洗脸、净手，然后焚香、燃烛、化纸（此时摩师的帮手宰牲，包括鸡、猪、牛、羊等，并以牲血滴于铜鼓神灵牌位）后，司仪于祭坛前稍偏右位置处庄严宣告："有事者各行其是，无事者禁止喧哗，祭场内外，肃静！"

首先，司仪带领全体主祭三鞠躬九叩首，司仪击鼓三声，在场的全体摩师击《铜鼓九首》一调，"献彩"司仪慕请德高望重的寨老或当时在布依族中有威信和实力的布依族最高领袖给铜鼓神敬献红布扎成的大红花或彩带。其次，司仪以布依族语抑扬顿挫地庄严诵读祭文，其大意是说：某年某月某日是铜鼓祭祀之良辰吉日，叩请以布洛陀为首的布依族先祖和布依族人尊敬的铜鼓神光临祭坛，接受布依族人的祭拜。再次，以缅怀的口吻诉说布依族先祖与铜鼓神一起在过往岁月中如何带领布依族人生存发展，在保护布依族疆土的过程中如何辛苦操劳等。最后，以布依族先祖与铜鼓神的口吻教导布依族人紧密团结，抓好生产的同时自力更生，爱家爱族爱天下所有人，共创美好家园。祭文讼毕，参祭铜鼓全奏《铜鼓九首》。

（2）客祭。

仪式相同，只是表达敬意的方式是以被接受而感恩的口吻诉说怎么样得到布依族人的关心帮助，让他们平安幸福、生活美好。最后，共同祈祷布依族先祖护佑、布依族铜鼓神赐福，各民族团结一致，天下太平，安居乐业。

祭文讼毕，参祭铜鼓全奏祈福《铜鼓十四首》。鸣炮，全体摩师退位。整个铜鼓祭祀仪式结束。

二、祭桥仪式

"桥"在鲤鱼村随处可见，有一种特殊的桥叫作"求子桥"或"保爷桥"，这类桥是由一家人或是一个家族搭建。祭桥分几种：一种是祭新桥（为求子、保爷而新修的），另一种是旧桥（祖先修的桥或是近几年修的）。鲤鱼村村民认为，人从另一个世界来到人间或祖先回东方都要从桥上经过。因此之故，苗族青年男女在婚后多年不育，或是有女无子，都要请巫师看好时间、地点、方位，架设"求子桥"，一般可架设在家中、家门口或田间地头的溪沟上，在每年"二月二"这一天则需要对桥进行祭拜。

（一）祭坛布置

将香案置于桥的一头，香案正中放一升大米，米上有三炷香、一支蜡烛、24元人民币。在升子（一种容器）前放一盘肉菜，周围摆八个碗，四碗酒、四碗饭，香案上还摆上祭品（猪头一个、糯米饭、刀头、米酒），还有巫师所需要的木鱼、烧纸、铜锣、惊堂木（是一块长方形的硬木，古时县官审判拍板之用，巫师用来拍案，示意祭祀结束）。在香案四周燃上香（四个方位的神灵都需要请到桥上来），点上一排蜡烛（将祖先引领到这里）。香案前放一张椅子（巫师讼念经文时可以坐）和一捆稻草（巫师磕头时需要跪在上面）。在桥的两边插满用彩纸包好的竹条（吸引孩子沿着彩纸过桥来），桥上放满彩色鸡蛋和鸭蛋。

（二）祭祀仪式

主持祭桥仪式只有一个老巫师（苗族人认为老巫师法术更高），在主人家按照巫师的吩咐将祭坛和祭品摆放好之后，就开始祭桥。在祭桥的时候，所有到场的人都不能说话（以免惊扰神灵），巫师面对桥坐下，背后站着两个头绑麻线、穿着苗族服饰的童男童女（寓意：祭桥之后也能得到男孩或女孩）。巫师敲一声铜锣就开始用苗语请东方的祖先到这里汇集，祭文大意是：某年某月某日在某个地方举行祭桥活动，尊请以蚩尤为首的各路神灵光临祭坛，享用祭品，接受主人家的叩拜（主人家随巫师一起跪地三叩首）。巫师将举行本次祭桥的目的与神灵述说，恳请神灵能为这个无子之家带来子女，在逢年过节时一定隆重祭拜，感谢各路大神的到来，吃好喝好，保佑主人家平平安安、顺顺利利。巫师讼念祭文约半个小时。讼毕，巫师会敲木鱼并用惊堂木在香案上拍一下，以示讼文结束。此时，主人家将桥上的彩色鸡蛋和鸭蛋分给参加祭桥活动的人。然后，穿着节日盛装的苗族妇女在桥上站成两排，每排四个人，进行对歌，这些歌曲都是关于祭桥、求子送福的。在对歌结束之后，整个祭桥仪式算是正式结束，全体村民到主人家进行聚餐。

第四节　祭桥仪式的嬗变

在鲤鱼村苗族中依然有人在唱“苗族大歌”。一些老人会在节日仪式中对歌，主要内容也是来自“苗族古歌”。这是一部苗族文化的史诗，记录了苗族人上千年的历史。鲤鱼村的苗族是从黄平地区搬过来的，到了鲤鱼村之后，为了不让当地人说他们是“苗子”（一种不好的称呼），他们自称为“黑苗”。他们的语言没有多少改变，依然是属于黔东方言区。从黄平搬到鲤鱼村之后，以及随着时间的推移，当地人的一些风俗习惯和节日仪式也发生了一些改变。但是节日名称和总体的仪式过程没有多大改变，只是一些细节上有所变化。

一、桥的材料及外形

祭桥的目的同样是为了“求子”“保爷”。在鲤鱼村修建着很多较为古老和现代化的桥，这些桥一是为了村民过路、休憩之用；二是观赏之用，在 2011 年习近平同志到访鲤鱼村之后，当地政府为响应全境旅游的号召，开发了鲤鱼坝苗族风情区，因地制宜修建了很多座观赏桥；三是在节日仪式时祭桥之用，尤其是“二月二”祭桥节。在黄平，这些桥的建造本是用的木板，到了鲤鱼村之后，由于地处荒漠化地区，石头较多，改用石头造桥，进入现代化之后，桥的建造采用钢筋混凝土结构。由此，桥的外形和内部结构发生了很大的变化。之前的桥都是木板制作，较为轻便，并且桥的长度和宽度都较小，易于搭建，鲤鱼村现在的桥几乎是石块搭建，有平行的桥，也有拱桥，长度和宽度较木桥来说稍大，石块较重，不易搭建。现代化的混凝土结构桥，更是采用现代技术建造，无论在桥的长度、宽度，还是高度，都比之前的两种桥更大，简单的人工已不能搭建。外形的变化使得人们对于祭桥活动的热情并没有减退，而仪式的过程依然沿用之前的方式，只是在流程细节或是祭品上发生了一些变化。

二、祭品

祭品的种类和数量逐渐增多。祭品在祭祀中必不可少，有的祭品在很久以前就一直传到现在，从未改变过。例如，猪肉在每一种祭祀中都会用到。鲤鱼村的苗族人从黄平搬来之后，就一直沿用猪肉作为主祭品，其他辅助的祭品有增加也有减少。苗族的长者讲述道：“从搬到这里一直到改革开放之前，受政策及生产力的影响，很多东西都比较少。例如，鸡蛋和鸭蛋（这两个东西在祭桥中也是必须要有的，苗族的祖先就是从鸡蛋中来的），以前只需要六个鸡蛋和六个鸭蛋就可以了。现在生产力发展了，物质丰富了，在祭桥的时候也就没有那么多的讲究，直接用箩筐装满了带来祭桥，祭祀完后大家一起分着吃。”在以前祭桥主要的祭品有：猪头一个、鸡蛋鸭蛋各六个、糯米饭一碗、白酒一瓶、大米一升。现在的祭品有：猪头一个、鸡蛋鸭蛋若干、糯米饭一筐、白酒一壶（12 斤）、大米一升、熟猪肉一块（正方形，约 2 斤）、猪肉菜一盘、公鸡一只（约 4 斤）。稍微有钱的人家会在祭祀的时候，加入一些蒸熟的鱼肉、鸡肉、鸭肉，选择一些较好的现代工业发酵的酒。

三、仪式的变化

祭桥的地点一般是在当年新修的桥下面进行，若是没有新桥，则在当地人常祭祀的古桥下进行。在仪式的过程中，祭桥巫师花的时间更长。随着时间的推移，发生的事情越来越多，祭祀时巫师要将鲤鱼苗族人的来龙去脉全部说清楚。每一年都会有新的事情发生，每一件事情都要向祖先汇报。在祭祀开始之前，巫师会将祭坛布置一下，在桥的前面放上一张桌子，上面放满巫师作法所需的器物及祭品。巫师的数量也由之前的一个变为三个，主要的巫师是负责诵念经文，其他两个是学徒，主要负责递送作法器物及燃烧香蜡纸烛。在祭祀的过程之中，巫师不能和其他旁人有任何交流，只能与鬼神进行对话。经文都是在述说苗族的历史，但是现在祭祀中，巫师会加入一些现代元素，如地名会提到江西、北京、贵州等，西方会说到印度。请祖先享用祭品时，会将现在所称的物品名直接告知祖先，让他来取，纸钱不再说金子、银子、铜钱、大洋或是硬币，而是说享用人民币。现在仪式时间一般为一整天，从上午开始，年轻人就杀鸡宰猪，妇女们就负责生火做饭，中老年人就在桥下祭祀，在祭祀到一定时间时，巫师会通知年轻男女到桥下来寻找自己的家人（指的是一些小动物：如蜘蛛、蜗牛、飞蛾等）。祭祀时间长是由于巫师所述说的事情较多。

另外，以前在仪式进行时，闲杂人员（外族人员）不得进入仪式区，祭祀的人员全是本族人。因为外族人的进入是对祖先的不敬，这时候会有专门的人在祭祀桥场地的外围把守，对于想要进入的外族人予以告诫。现在仪式中出现了“客祭”，就是外族人可进入祭祀区参与祭祀，并且可以携带祭祀物品设坛拜祭，只是规模不大，还有就是一些游客或是慕名而来的人也可以参加祭祀仪式，在仪式中只能是静静地观看，不能有其他不敬的动作，拍照也是在主人家允许的情况下才能进行。发生这样一些变化的原因之一，就是现在的年轻人多数外出务工，思想有一些变化，也想以此方式来吸引专家学者来记录这即将失传的苗族仪式，并借助媒体的力量来传播苗族文化。当地政府为了发展旅游业（鲤鱼坝苗族风情区）重金重建仪式过程，吸引游客参观，带来经济效益。因此，祭祀仪式也悄然发生着改变，也有一些鲤鱼村苗族人觉得这些仪式失去了原来的味道，现在只能回味了。笔者在观看仪式时，总是觉得缺少点什么，虽说是一个外族人进入祭祀区，但是从老一辈长者对仪式叙述中可知，仪式的神圣性有所减弱。

过去，人们对于祭祀物品的准备会花很长时间。祭品会在仪式前的一个月开始准备，几家人会相约一起准备祭祀所需的各种东西，你来我往、互通有无，这样既能把所需祭品备齐，又能增加彼此之间的感情。现在，很多的年轻人都外出务工，村子里留下的都是一些老人和孩子，每逢节日也会有年轻人回来，但是来的很少，况且停留的时间也不长。所以，很多的祭品都是直接在市场上采购，这样虽是方便，但却是失去了很多原来的乡土情怀。

第八章　社会管理：社会秩序与控制

民族是由具有相同或是相似的历史文化语境的人群组成的共同体。民族的凝聚力、文化精神和文化气质，来自于民族内部传统的普遍价值追求，对社会生活具有重大的影响。任何一个民族，都要维持社会生活的常态，保持种族的繁衍，因而会需要有效的处理好内部社会与外部社会的关系，建立并保持一个积极、健康、稳定、和谐的社会秩序。

第一节　传统乡村秩序

一、地主乡绅社会治理

追溯鲤鱼村的最近历史，当地人都知道曾经在此地盛极一时的胡氏家族的故事。胡家曾有过一段显赫的家族历史，据说胡家祖先是明太祖朱元璋的开国功臣大将胡达先的后人。先人胡公在洪武年间曾奉皇帝之命到黔东南平息瑶人之乱，在平定叛乱之后，由于功劳卓著，被皇帝任命为安顺地区的统领。之后逐渐迁往兴仁一带，最后定居于鲤鱼坝地区，其家族人员十分庞大，更由于是达官显贵，成为该地区的名门望族。随着时间的推移，曾经的望族胡家已今非昔比，散落在鲤鱼村各处的胡氏后人已难寻觅到。在中华人民共和国成立前还以土豪的身份存在；中华人民共和国成立后，“打土豪、分田地”“大跃进”“斗地主”使得胡家在历史的风尘中烟消云散。

在中华人民共和国成立前，盗匪猖獗，村落秩序处于一种风雨飘摇的不稳定状态之中。然而，不得不承认，地主乡绅却成为村落管理的重要主导力量，起着天然的平衡机制作用。虽说他们是聚居在少数民族地区的汉族权贵势力，但他们却对村寨秩序的稳定起到举足轻重的作用。身处鲤鱼坝，一个交通极为不便的地区，村落内部之间或是与外族人的关系，都是由这些地主乡绅来维持。他们懂得与少数民族人民的相处之道，不是欺压式的强制管理，而是民主友好的协商管理。当地最大的两个少数民族是苗族和布依族，苗族人口最多，主要以王、吴、杨三大姓氏族群为主；布依族次之，主要是以岑姓家族为主；汉族最少，散落各种姓氏。这几个民族在当地都各自形成自己的宗族组织，每逢传统节日他们大多以宗族的形式组织活动，遇上红白各类大事，都是由族内有威望和权势的人来主持。地主乡绅要维护自己在当地的地位，只能是与这些宗族组织的领袖结盟，平衡各方势力。

地主乡绅在当时社会中可以算是知识和财富的代表。人们虽然很看不惯地主老爷的作风，也许还会被地主欺压，但是，地主的威信无形地会在百姓身上树起。地主也并不全是坏地主，当时的胡氏地主就非常关心农家百姓，对于没有粮食的人家给予资助，按地租的原则适当收取租金，还开设私塾让贫苦人家的孩子能识字，每逢节日还宰杀猪羊和村民们一起享用。地主乡绅在村落中有自己的一套严密的管理制度，特别是对于家族内部的管理。家财万贯，需要有人来打理，土地收租，需要家奴完成；家中开支，需要管家分配。这些都犹如一个小社会，加之百姓依附于地主土地之上，更是离不开地主的管理。地主乡绅是村落中知识的代表，自古以来人们就懂得尊师重道，人们也相信只有读书才能有出人头地的机会，对于知识分子十分敬仰和尊重。地主乡绅凭借自己的身份地位就足以让百姓信服，加之处事公平、公正，更是让百姓默许，是地区稳定的重要力量。现在，当地人也心怀感恩。

二、寨老管理

在早先的乡土社会中，各个族群内部都有身负众望的寨老，这些寨老在少数民族村寨事物中发挥至关重要的作用。寨老是少数民族社会中一个普遍的角色，尤其是在苗族群体之中，只要是有苗民的村寨必有寨老。要想成为寨老除了学识丰富、见识广，除有一定资历和年纪（除特殊人才，一般需在 40 岁以上）之外，最重要的是有一颗公正的心，愿意为寨民做事情。久而久之，这样的人就在寨民心中树立起威信，寨中大小事务的处理都会由他们来出面，这样就成为寨老了。一个村寨中会有几个寨老，这样便于商量和决断。

如果说地主乡绅是地方上的权贵和发号施令的人，那么寨老则是各个村落中转接号令的实施者。若是有外敌入侵，地主乡绅则是动员和组织村民进行自卫反击，分配发放枪支弹药、粮食和药品给各族寨老，而寨老则聚集族内男青年商讨如何布防，如何保护老人孩子，分配枪支和其他物品，各守其点，相互照应，御敌于寨门之外。在此过程中形成了一个层层递进的网络管理体系，地主乡绅作为权力的最高层，寨老作为一个支点，负责本村寨的具体管理。

寨老最大的作用还是在村寨的内部治理上。苗族人民每逢节日必祭祀祖先，而寨老不主持祭祀活动，只是宣布祭祀活动的开始，但所有寨老必须到场，这也是表示对寨老的尊敬。寨老是村寨管理的具体实施者，但凡村寨中发生一点事情，都必须经过寨老的处理，衡量事情的轻重，由不同级别的寨老来处理。一般的事情则是由一般的寨老来处理即可。因为在村寨中寨老有两个级别：最低级别和最高级别。最低级别的寨老就是村寨中一般的寨老，他们负责村寨的日常管理。例如，村寨中发生偷盗事件，抓到盗贼后，交由一般寨老处理即可。对于这样偷盗的人，寨老会按照寨规处罚：首先是将偷盗之物返还被偷人家；再者罚鸡鸭各 24 只，猪肉 240 斤，大米 200 斤，酒 100 斤，这些东西都是寨子中全部人集体所有。偷盗者将这些东西交齐之后，寨老会召集大家一起聚餐。只有这样，偷盗者才会被原谅。正是由于处罚的严重性，大家都不会去偷盗。所以，苗族村寨夜不闭户，路不拾遗。

最高级别也是威望最高的就是村寨中最受尊敬的寨老，这样的人只有一个，他不轻易出来处理事情，除非村寨中发生大事情才会出来。例如，村寨中发生杀人事件，抓到凶手后，交由最高级别的寨老处理。一种处理方式是寨老将凶手交给官府处理；另一种是村寨内部处理，寨老指挥男壮青年将凶手浸水溺死，以命抵命。还有若发生通奸之事也交由最高寨老来处理，寨老会将通奸的两个人逐出寨门，永远不能回来。寨老的存在，使得官府的作用在村寨事务的管理中并不明显，国家权力在此未能得到充分发挥。地主乡绅联合寨老将乡土社会管理得井井有条，有效地、稳定地维持了这一地方的安定和谐。

三、巫师治理

苗族巫教文化源于很久以前的原始宗教，由于信鬼尚巫，作为沟通人与鬼神的中介人——巫师也就应运而生，成为从事巫师活动的专门职员。苗族人尚巫，只要是家中有何不幸之事，必求于巫师解难，巫师的作用和地位在苗族村寨中也是相当高，人们愿意听从巫师的话，不做坏事或是做好事来弥补自己的过错。就巫师的类别而言，可以分为以下几种。

（一）祭祀师

中部方言苗族称之为“ghet xangs luL”（耇相娄）、“ghet xangs hlieb”（耇

相略），其他地方有的称之为“祭司”。这类巫师主要从事大型祭祀活动［如“二月二”祭桥节、三月三节（清明节）、“七月半”（鬼节）等］及丧事中系列巫师活动。如丧事中的“发丧”“开路”“退魂”“入土”“烧灵”等，都是由祭祀师来具体操作完成。成为这类巫师的人，一般都有一定文化知识，好学习，记忆力好，对苗族历史、文化有一定研究了解，是民族文化的主要教育者和传承者。在外人看来，巫师活动就是封建迷信，应该唾弃。然而，苗族文化之所以能够得到传播和延续，功劳就在于巫师，他们将苗族文化用经文传唱的形式保留下来。可以说，巫师经文是苗族文化的精髓。

（二）神鬼师

苗族人有自己的一套鬼神体系，鬼神在苗族文化中占据重要地位。

中部方言苗族称之为“ghet xangs debbie”（告相裂）、“xangs niub”（丫相）。这类巫师主要是从事生产活动中常见巫事活动，如“bub Dlieeb”（卜裂，即寻查鬼神）、“bub Dlieeb”（卜裂，即寻查鬼妖）、“hxad gid”（吓格，即打老魔）、“dif jud Daid”（迪纠呆，即过阴）等。据说他们能请“神灵”附在自己身上，一是使自己成为神的化身，代表神说话和做事；二是让自己的“灵魂”到阴间去和“鬼神”交往沟通，使自己一时失去人的常态和知觉。所以他们在进行巫事活动、施行法术时，不时会伴有昏倒、癫狂、语无伦次等现象。例如，在“八月八吃新节”时，就是由这类巫师来主持祭祀活动，一切听从神鬼师的安排。在祭祀过程中，神鬼师与“鬼神”进行交流，代表的是“鬼神”，人们不敢冒犯鬼神，对于神鬼师所说的话和安排的事情都是言听计从。

（三）通师

中部方言苗族称之为“xangs langx”（相啷），即“准巫师”，其实就是巫师（相裂）的助手。巫师在进行祭祀活动时，不可能全部亲力亲为，所以会招纳一些学徒来帮助他完成祭祀活动，这就是通师。通师主要承担的任务就是协助巫师来完成巫事活动。例如，祭坛的布置，祭品的摆放，道具的整理，物品的搬运等。一方面，当巫师请“神”附身后，代表“神”说话时，充当人与鬼之间的媒介，对巫师和“鬼神”的交流进行翻译；另一方面，通师还有负责维持活动现场秩序，保障巫事活动的正常、有序进行。通师一般较为年轻（多在16~30岁），跟随巫师学习祭祀法术，一是为了生计迫不得已才学习，另一种是喜好巫术文化而学习。学成巫术的时间少则3~5年，多则10余年，学成之后可以独自进行巫事活动，成为巫师，成为对苗族文化深有研究之人，多会受到人们的尊重，所以，也会有很多年轻人愿意学习巫术。

（四）专业巫师

具有其他单方面专业的巫师，如阴阳先生——苗族称为“xangs fangb dab”（相非达）、算命先生——苗族称为“xangs hsent nangs”（相岁聂）、巫医——苗族称为“xangs zab dlieeb”（相加裂）、占卜师——苗族称为“xangs bax hsent”（相巴塞）等。[1]阴阳先生就是风水先生、地理先生，其巫事活动主要是以阴阳五行学说为根本，为苗族人选择地居（地基）和墓地。谁家要修建房屋，就会找他去看地基方位、朝向，何时动土等，另外就是谁家有人去世，要选择墓地，何时下葬、墓地朝向和方位都要找专业巫师察看。算命先生就是相命师，其巫事活动主要是根据人的姓名、属相、生辰八字等来推算一个人的命运好坏，或是根据人的面相或是手相来推断一个人的婚姻、祸福等，他还可以通过“烧鸡蛋”等形式来看一个人最近的祸福，通过鸡蛋炸裂的形状来判断是什么时间、什么地点遭受鬼神侵扰，还可以解除鬼神骚扰。巫医就是通过巫事活动和药物治疗的方式来治病救人，其实巫事活动是一种外在表象，药物治疗才是病人康复的根本。这类人其实就是能通医理、懂医术，掌握有祖传药物秘方的大夫，只是在传承医术的过程中，为了增加药物的神秘色彩及保护家族药品得以延续而采用的一种手段。“医者父母心”，他们为苗民带来健康，必然会受到他们的尊重。占卜师所从事的巫事活动主要是以阴阳五行和天干地支相结合，运用周易、罗盘来推算、推测一个人的命运，所用的方法有看卦象，如木卦、米卦、铜钱卦、竹签卦、蛋卦、水卦、龟卦等。看卦象可以推算一个人及其家庭的前世今生、往后运程，可以就卦解卦，按照占卜师的方法来做必定会慢慢好起来。对于占卜师，人们都不敢怠慢，毕恭毕敬。

由此可以看出，巫师在苗族村寨中的地位相当高，并在一定范围内对社会成员的行为起到一定节制作用。巫师通过巫事活动间接地对苗族人婚姻发挥了作用。例如，谁家要娶媳嫁女，都会请巫师将两个家族的来龙去脉理得非常清楚。在苗族有一项很好的规定，就是同族或是同姓的两个人是不能结婚的，同属一家族即使不同姓也不能通婚，不同属一家族即使同姓也是不能结婚的。所以，为了避免同一家族的人通婚，主人家会让巫师把自己祖先的名字念一遍，若有相同，则不能结婚。在解决纠纷方面，每一个社会都有自己的行为规范，这些行为规范和当地的经济基础

[1] 王元鲲．兴仁苗族［M］．昆明：云南科技出版社，2013：197.

和伦理道德相联系。这样往往会使得一个家族或是村寨能延续百年，并具有强大的权威性，谁都不敢轻易去挑战和尝试，否则就会受到舆论的谴责和社会成员的唾弃。鲤鱼苗寨能延续百年，巫师在其中的作用也是不小。他们运用巫事活动，掺杂宗教迷信，摆事实、讲道理，通过神明来裁定，这样大家都能接受，用这样的方法解决同族村民之间的纠纷。例如，两家人为地居或是墓地发生矛盾，一直僵持不下，这时候就可以请巫师来调解。巫师首先会说说两家人在祖上或是现在是什么样的关系（一般多是说好的关系），是否同族、同姓或是亲戚，以缓解心理上的怨气，然后再说说这块地的归属、用途，不管是做什么用，都是用来做好事（苗族人认为在自家土地上建屋和葬人是好事情，不管葬的是自家人还是别家人），双方要相互理解。用地一方该给予另一方多少补偿都是按规定的，将大事化小，小事化了。如果还是不行，就只能由巫师请神明来决定。巫师会在土地上设坛作法，念一串很长的经文，问问神明这块土地该给谁。神明的裁定带有一定的封建色彩，但是，加上巫师的自我解说，使得双方都能接受这个决定则是巫师的功劳。巫师在调解村民纠纷中的作用，让巫师也享受到了村民对他的尊敬。

第二节　现代乡村治理

一、乡村自治

在中华人民共和国成立以前，鲤鱼村这一带的少数民族村落与国内大多数少数民族乡村一样，长期处于一种有汉族地主乡绅阶层和村落寨老共同治理的社区安全秩序。在这样的情况之下，国家正式权力对于这些少数民族聚居地区的渗透和控制是相当的薄弱。中华人民共和国成立后，国家扫除西南地区的匪患，打土豪、分田地，使得地区霸权势力得到遏制。同时，颠覆了传统乡村社区的社会治理结构，对权力的控制、社会的秩序重新接管，国家政治权力逐渐在乡村社会中站稳脚跟，重塑了乡村社会的社会秩序。

在中华人民共和国成立至改革开放之前，乡村治理都是采用“公社化管理”或是“集体化管理”，实行集体劳动制，受到计划经济的限制。这时候的乡村治理就已经有很浓重的政府权力色彩。自改革开放以来，在适应经济体制改革而进行的政治体制的调整中，少数民族政治管理发生了几次转变：一是农村基层政权到乡（镇）一级，其下交由村民自行管理，于是就产生了至今还存在的村民自治委员会；二是政府权力从一些经济领域退出，把调节经济的杠杆交给市场，使得原先政府对于社会生活的控制转为社会自行治理。政府权力的收缩给社会自行发展带来了很大的空间。在这样的政治背景之下，少数民族人民的政治觉悟、力量、组织形式都发生了很大转变，社会秩序更加稳定，人民更加和谐团结。

在乡（镇）机关党委的领导下成立村民自治委员会，选举的村干部都是村寨中人。在选举之前是有村委会上一届的人在村寨中做好宣传工作，告知选举内容、选举时间和选举地点。选举当天由上一届村主任和乡（镇）政府一名干事主持，坚持公平、公正、公开的原则。村干部的提名方式有两种：一种是乡（镇）政府提名，另一种是村民联合提名和自荐。乡（镇）政府选举工作组对村干部的选举不带任何观点，严格按照《中华人民共和国村民委员会组织法》执行。村干部是通过村民无记名投票的方式产生，每人（年满18周岁以上）一票。从发票、写票、投票到计票都是有专人监督，保持公正。对于被选举上的人员，乡（镇）长会颁给证书。新当选的村委会成员发表讲话，乡（镇）长作总结，新一届的村委会就此产生。

二、鲤鱼村村规民约

鲤鱼村（居）村规民约

（2016年4月20日村民代表大会讨论修改通过）

为了推进民主法治建设，维护社会稳定，树立良好的民风、村风，创造安居乐业的社会环境，促进经济发展，建设文明卫生新农村，经全体村民讨论通过，制定以下村规民约。

一、计划生育

1. 公民必须自觉遵守计划生育法律法规政策，实行计划生育。

2. 男满22周岁、女满20周岁方能依法登记结婚，未达到法定婚龄同居的男女双方，应主动采取服避孕药、用避孕套、上环等避孕措施，并按季度参加妇检，直至双方达到法定结婚年龄方能生育。严禁早婚早育，造成早婚早育的，该家庭不得享受优先优惠政策待遇，同时对生育夫妇依法征收社会抚养费。

3. 生育两个及两个以内孩子的夫妇，在计划怀孕前必须到乡镇（街道）计生办或村（居、社区）委会进行生育登记服务管理，符合《条例》规定再生育的夫妇，必须申请办理《生育证》，同时夫妇双方要到乡镇（街道）卫生院进行孕前优生健康检查，并签订《“两非”承诺书》和“双诚信双承诺”协议书方能生育。

来进行生育服务登记和孕前优生健康检查生育小孩的，不得报销住院生育相关费用和其他优惠补助。

4. 已生育二孩夫妇（含再审批生育政策内多孩夫妇）、政策外生育夫妇，生育子女后 90 天内（刨宫产 210 天内）主动选择落实上环、皮埋或绝育长效避孕措施；经过 90 天（剖宫产超过 210 天）未主动落实长效避孕措施的，处以 200 元以上 1000 元以下罚款，并且是生育二孩（含多孩）的，其夫妇一方须选择长效绝育措施。

5. 凡选择上环、皮埋长效避孕措施的夫妇，其女方必须按季度规定时间自觉参加妇检，直至女方年满 49 周岁为止；凡一个季度未参加妇检的，处以 50 元以上 200 元以下罚款，并且是生育二孩（含多孩）的，其夫妇一方须选择长效绝育措施。

6. 生育二孩后不主动落实长效避孕措施，造成政策外多孩生育的，其夫妇一方必须选择长效绝育措施，并且该户不得享受优先优惠政策待遇，同时将依法征收社会抚养费。

7. 不得包庇隐藏计划生育对象，为计划生育对象代管财产、代耕土地或代养孩子的，处以 500 元以上 1000 元以下罚款，并且不得享受优先优惠政策待遇。

8. 流动人口服务管理，流出育龄人口流出前须到计生办办理《流动人口婚育证》，到达目的地后 7 个工作日内向村委会报告居住地址、联系电话；流入人口入住后，在 3 个工作日内向村委会报告，并交验《流动人口婚育证》审核；出租房屋户必须在 7 个工作日内向村（居、社区）民委会报告。未按时报告的，将降低该户诚信等级，并且不得享受优先优惠政策待遇。

9. 子女出生或家庭成员发生搬出、搬入、婚入、婚出、迁出、迁入、流出、返回、死亡等人口变动情况时，在 7 个工作日内主动向村（居、社区）委会报告。

10. 小孩出生后，主动按时到村（居、社区）卫生室或乡镇（街道）卫生院接受疫苗接种，确保孩子健康成长。

二、社会治安

1. 每个村民都要学法、知法、守法、自觉维护法律尊严，积极同一切违法犯罪行为做斗争。

2. 村民之间应团结友爱，和睦相处，不打架斗殴，不酗酒滋事，严禁侮辱、诽谤他人，严禁造谣惑众、拨弄是非；违者处罚 200 元。

3. 严禁偷盗、敲诈、哄抢国家、集体、个人财物，严禁赌博、严禁替罪犯藏匿赃物；违者处罚500元。

4. 爱护公共财产，不得损坏水利、道路交通、供电、通讯、生产等公共设施；违者处罚300元。

5. 严禁私自砍伐国家、集体或他人的林木，严禁损害他人庄稼、瓜果及其他农作物；违者处罚1000元。

违反上述社会治安的，触犯法律法规的，同时报送司法机关处理。

三、消防安全

1. 村民要加强消防安全知识学习，增强安全意识。

2. 严禁野外用火，严禁山火发生。每户要加强少年儿童和老人安全用火用电知识宣传教育，提高全体村民消防安全知识水平和意识；造成山火发生的，处罚500元。

3. 对村内、户内电线要定期检查，损坏的要及时请电工修理、更新，严禁乱拉乱接电线。

四、村风民俗

1. 建设社会主义精神文明，发扬移风易俗，反对封建迷信及其他不文明行为，不参加邪教组织，树立良好民风、村风。

2. 红白喜事邻里邻居座谈商讨，喜事新办，丧事从俭，破除陈规旧俗，反对铺张浪费、反对大操大办。

3. 建设新农村标准，创建文明卫生村，搞好公共卫生，严禁随地乱倒乱堆垃圾、秽物，修房盖屋余下的垃圾碎片及时清理，柴草、粪土定点堆放，随时清扫自家门前和道路垃圾。

4. 建房应服从村庄建设规划，经村委会和上级有关部门批准，统一安排，不得擅自动工，不得违反规划或损害四邻利益。

凡违犯上述规定的，处罚500元，情节严重的交上级有关部门处理。

五、邻里关系

1. 村民之间要互尊、互爱、互助，和睦相处，建立良好的邻里关系。

2. 在生产、生活、社会交往过程中，应遵循平等、自愿、互惠互利的原则，发扬社会主义新风尚。

3. 邻里纠纷，应本着团结友爱的原则平等协商解决，协商不成的可申请村调解委调解，也可依法向人民法院起诉，树立法律维权意识，不得以牙还牙，以暴制暴。

六、婚姻家庭

1. 遵循婚姻自由、男女平等、一夫一妻、尊老爱幼的原则，建立团结和睦的家庭关系。

2. 夫妻地位平等，共同承担家务劳动，共同管理家庭财产，反对家庭暴力。

3. 父母应尽抚养、教育未成年子女的义务，禁止歧视、虐待、遗弃女婴，破除生男才能传宗接代的陋习。子女应尽赡养老人的义务，不得歧视、虐待老人。

从鲤鱼村的村规民约可以窥见，村委会的管理主要是从当今社会的法律和道德两个方面对村民的行为进行约束，使得原来的寨老管理模式逐渐消失。进一步的调查发现，村规民约主要是由当地政府及村委会拟定，公示无异议之后执行，这样一个村规民约主要是利于村委会管理。例如，在“二胎政策”未出台之前，很多家庭都会想多生几个孩子，尤其是受到“重男轻女”思想的误导，很多苗族村民也是极力地躲避计划生育。所以，在20世纪七八十年代以前出生的人都会有3~4个兄弟姐妹，甚至更多。社会治安较好，几乎没有烧杀抢掠盗；现代化的钢筋混凝土建筑居多，不易发生火灾；风俗习惯依旧保存完好，只是一些仪式的过程有增减，物品有变动；邻里关系较为和谐，村寨中都是家族聚居的方式，互相帮助；夫妻平等、和睦，几乎没有离婚之人。

村规民约给予人们一种警醒作用，更是一种制约作用。触犯约定会受到惩罚，虽然惩罚的力度不够，但对于大多数的人来说，从道德的层面会约束自身的行为，从经济层面也会制约其行为。

第三节　社会权力与社会秩序的现状

一、族群间的交流与融合

鲤鱼村主要有三个族群，分别是苗族、布依族和汉族。其中，鲤鱼村的苗族多是黑苗，他们的苗语属于汉藏语系苗瑶语支，在族内多说苗语，在和其他族群进行交流的时候，他们则会使用带有黔西南口音的西南官话（地方汉语）。在鲤鱼村一带，各民族仍然保留着十分鲜明的风俗习惯，尤其是这一地区以黑苗为主的苗族人，他们的服装特色非常明显，妇女通常是穿着黑色裙子、白色的银饰，头顶有一把歪牛角梳，耳朵上穿孔戴着一对银耳环，每个耳环约 100 克，能把耳朵拉得很大，在人群中很是突出。这里居住的苗族人家约有 200 户，共千余人，男人外出种地，女人在家相夫教子，并做一些手工活，千百年来过着与世无争的纯朴生活。布依族是最早迁徙到这里的民族，布依语属于汉藏语系壮侗语族壮傣语支。黔西南地区的布依族同汉族交往最早，在汉族人进入该地区之后，逐渐受到汉族的影响，采用汉姓，产生宗族观念并使用字辈进行排序，后来苗族人也逐渐借鉴汉族人的字辈，创立家谱。现在，鲤鱼村一带的布依族人大多数都不会说布依语了，只有少部分上了年纪的老人才会说，平时在家中或是和外族人交流都是说的西南官话，这和苗族从小就说苗语的传统产生了极大区别。由此可见，布依族人的汉化程度比苗族人要高，原因就是汉族文化的强大影响。布依族人在汉族文化进入该区域时，很少产生排斥心理，推陈出新，对自身文化能简化的尽量简化，易于接受新鲜事物，在不经意间就融入了主流的汉文化之中。相比布依族，苗族人在心理上就认为自身的苗族文化就非常完整，需要保持自身的传统习俗，发扬本民族文化，不愿接纳其他民族的新鲜事物，思想负担显得较为沉重，民族心理谨小慎微，不敢轻易做出尝试。

谈及民族特色，布依族人很是淡然。在走访鲤鱼村附近布依族寨子时可以看到，他们的汉化程度很高，民族服饰都是放在闺阁之中，很少穿出来，只是遇到重大节日才会盛装打扮，平时穿着和汉人无异。然而，不仅仅是民族外在服饰的逐渐消失，就是本民族的布依语也是逐渐在消失，懂布依语的人只剩下一些老人了，在这些老人去世之后，不知道是否还能有人懂布依族语言。但是，布依族一个保存较为完好的文化遗产是“铜鼓文化节”，铜鼓文化将布依族文化全部囊括其中，不过这也只是一些“老摩”（巫师）才懂得。布依族能和其他民族融合程度较高，这和一个民族的民族心理较为开放有关，从一个民族的居住环境也可以看出。鲤鱼村布依族人的房屋是沿着坝子外围向南直抵屯脚街市，易于向外发展，并能与汉人交流。苗族的服饰和语言则相对保存完好，汉化程度也不是很高，这与苗族人民族心理息息相关。从他们的居住环境也可以看出，苗族人的房屋则是多靠山，居住在山脚不易于和外界接触，也是一种防守心理。苗族人自己觉得迁居于某个地方，都是源于被欺压和追打所致，每到一处他们都想着如何防御，尽量不接触外人，偏安一隅。总的来说，在汉文化的强势主导之下，多民族融合的趋势锐不可当，族群关系在多元文化下相互交融，取长补短、相互借鉴。

二、传统权力与现代秩序的融合

我国的乡村在中华人民共和国成立前形成了一个很稳定的系统，这一系统的维护就是地主乡绅、寨老、巫师、能者等，与之相联系的是这一带乡村的宗教、信仰、乡规民约及族内的风俗习惯。在民族地区，很多乡村都有自己的乡规民约，这些土生土长的乡规民约具有很强的生命力，它是祖祖辈辈沿用传承、不断完善、与当地自然地理人文习俗环境高度契合而形成的智慧的结晶，在一定程度上体现出它的少数民族适应性。

在传统农业社会向现代工业社会的转变过程中，现代化思想不仅深刻改变着农民自身，也深刻地改变着传统乡村的社会生态。鲤鱼村在改革开放之后就已逐渐受现代化的影响，现在交通便利，更是影响深刻。传统农业社会已经不能支持一个普通家庭的日常开支，只有外出务工才能补贴家用。在鲤鱼村一带，我们常见的是一群老人在田间地头劳作，青壮年很少在家务农，都是去沿海一带进工厂上班。人员的输出，各种现代化设备的传播、渗透渠道，使得政治、经济、文化、社会、生态的理念，在一定程度上改变了传统式的少数民族村寨的生活形态。在现代化的生活方式渗入这样一些少数民族聚居区的同时，国家的意识形态和汉族强势文化都在冲击着旧有的传统文化，人们觉得说普通话使自己自豪，穿西服更显得自己高贵，用现代化电子产品更显得自己有文化。大势所趋，我们无法改变，只能是取长补短，不能盲目排外。国家意识形态下的政治、经济、法律思想进入了传统社会秩序管理区，他们再也不能按照之前的传统秩序和权力控制的方式生活了，只能是纳入国家意识形态一体化之中。地主乡绅、寨老、巫师等只能与现代化接轨，尝试新的管理方式，国家不能一蹴而就，将这些人全部赶出历史的舞台。在乡村社会治理中，这些人仍然具有举足轻重的作用，学习政治、法律知识，使乡规民约与国家法器相结合，共同治理乡村。此外，现代化不仅是对原有社会秩序的冲击，强势的汉族文化也是深刻地影响着这一带少数民族的传统文化，这些传统文化在一个场域下与现代权力秩序结构共荣共生。

现代化的强力渗透无疑是改变乡村社会传统的权力秩序和权威，它不仅冲击着旧有文化，同时也为乡村社区带来了新的政治、经济、文化知识，取其精华、去其糟粕，更能推陈出新。传统文化加上现代化的传播媒介，更能将其发扬光大。在现代化的政治背景和生活环境之下，村民潜移默化的形成民主、自治的权利观念。在乡村能者的积极配合和正确引导下，村“两委”能更好地服务地方百姓，法制理念也定能在这些地方生根发芽，传统权力与现代秩序能更好地融合。

第九章 医　疗

医学多元或医疗多元（Medical Pluralism）是世界范围内普遍存在的文化现象，指在大部分文化中存在着多元的医疗选择，在一个社会中，群体能够利用的全部医疗资源和与人们健康有关的事实，都是一个多元医疗体系中包含的内容。美国医学人类学家亚瑟·凯博文（Arthur Kleinman）在 *Patients and Healersin the Context of Culture* 一书中将一个文化内的医疗体系分为三部分：大众的（popular）、专业的（professional）和民间的（folk）。❶大众的主要指地方性知识与民间经验的同一，以家庭、社区为主的医疗；专业的主要指西方生物医疗，以医护人员皆受过正规医药学院的专业训练和诊疗方式常运用现代的医疗设备为特征，也包括中国传统医疗方式；而民间的分为神圣的和世俗的，前者指以民间信仰为基础的仪式治疗，后者指掌握一定药理知识的草药郎中等。我国台湾地区人类学家张洵也将汉人社会的医疗体系分为三个层次，即以西医为主的现代医疗体系、以中医等民族医疗手段为主的传统医疗体系以及民间信仰层面上的医疗体系。❷

参考凯博文和张洵的理论模式，根据鲤鱼村以前存在的多元医疗体系并存的情况，可供鲤鱼村民众选择的医疗资源大致可归类为三种：以民间治疗仪式为主的民间医疗、以使用草药为主的大众医疗和以西医为主的现代医疗。仪式作为当地的传统治疗手段，在苗族、布依族、汉族中皆有流传；草药则兼具传统性和现代性，因为其背后有着苗族传统医学的理论为支撑，并夹杂着许多当地民众的疾病经验；卫生所则作为国家卫生体系的标志，伴随着国家政权的建立而产生，向当地的居民们普及着生物医疗的知识，村民亦逐渐接受其合法性与科学性。当地的传统医疗、现代医疗和民间医疗三者之间并非相互排斥，而是一种相互依存和包容的关系。

---

❶ Kleinman，Arthur. Patients and Healers in the Context of Culture［M］. University of California Press，1980：15.

❷ 张洵 . 疾病与文化：台湾民间医疗人类学研究论集［M］. 台北：稻香出版社，1989：13.

例 9–1：杨 N 讲述自己及村民的求医行为

我一般生病了都是父母直接送去正规的西医就诊，如果西医弄不好，就回来自己找点中草药来熬着喝，或者找个法师看一下。如果有些老人觉得不舒服啊，头疼脑热之类的，又舍不得钱去西医就诊，或者自己认识一些草药偏方，就自己找些草药来缓解头疼。

例 9–2：王 YH 讲述自己及村民的求医行为

现在生病了都是直接去医院嘛，普通的感冒啊之类的就在卫生所拿点药，严重点嘛就去县里面的医院，有些县里面都医不好的，就再去市里面的医院。草药也有人吃，但是不是人人都认得的，有些家里面有传下来的偏方的，得病了就照着方子上山去找点草药自己熬了喝。法师也是有的，但是那个一般都是你的病一直都好不了，才会想到找法师来看一看，是不是有啥子不干净的东西在家里面。

除以上两例外，在对其他村民们求医行为的采访中也大致存在着这样几点共识：就医行为根据自己的病情、条件和需要进行选择，通常情况下西医是首选，存在三种医疗模式交叠的现象。

第一节　民间仪式治疗

一、鬼神信仰与病因观

民间信仰又称民俗信仰，是在长期的历史发展过程中，在民众中自发产生的一套神灵崇拜观念、行为习惯和相应的仪式制度。[1] 在原始社会时期，人们对许多自然现象和人的生理现象感到困惑不解，总是把异己力量幻想为超自然的力量，对其既恐惧又依赖，便产生出崇拜物和信仰体系来。苗族认为人的人生经历和大自然的变化，都是祖先、上天和鬼神操纵的结果。他们秉持万物有灵的信仰，无论是大自然中的一切动物、植物、山川、河流、风雷、雨电等，还是人死后，都有看不见的灵魂附着其上。拥有好的灵魂，能够造福于人类的便是“神”，而给人类带来灾难和不幸的灵魂就是“鬼”。对于“神”，苗民一般都供奉于堂屋、火塘，以牲祭祀，以求保佑后人；而“鬼”则是强行驱赶，以免受其祸害。

[1] 钟敬文 . 民俗学概论［M］. 上海：上海文艺出版社，1998：187.

人们对疾病的认知带有明显的鬼神信仰特征，这反映了苗族仍遗存着原始宗教的信仰特征。原始宗教一般说来有以下特征：对具体的自然物或自然力的崇拜和产生万物有灵观念；原始宗教直接为人服务，直接作用于人与自然之间；各部落或民族中的原始宗教都与民族社会相结合，信仰的内容与整个社会意识形态混为一体，没有独立的部门，全体社会成员参与。在对病因的解释上，反映了对各种自然物和自然力的崇拜，以及由此而产生的“万物有灵”的观念。苗族人们就病人的“病”的起因的寻求，不是从“病”本身进行内在的具体情况的分析，而是从外在的“鬼神”作为起因进行解释的。人们认为疾病是鬼神或祖先的幽灵显示自身存在的一种方式，因此“把疾病看成不仅是身体机能的失调，而且是某种或多或少具有精神性质的自然诅咒的结果”[1]。对应着福斯特以致病因素为出发点，划分出的拟人化的医疗体系。在拟人化的医疗体系中，疾病由一活跃的具有目的性的中介带入，可为人类，如巫师、妖师，可为非人类因素，如鬼魂、祖先、邪灵等，亦可为超自然的神明与存在。苗族无论男女，若久病不愈，就会认为是鬼在作祟。所以，要想病愈，就只能把希望寄托在祛除致病的鬼魂和祈求祖先神灵的庇佑上。“病不服药惟祈于鬼”的现象就是这种鬼神信仰和病因观的表征。而致病的鬼灵又可分为两种，一般的鬼灵侵扰时，家人可行简单的仪式将其驱除；而面临邪法时，普通人常束手无策，非请巫师驱邪不可。

二、巫师的仪式

巫师是社会早期的一种社会分工，他们可以说是本民族最早的知识分子。“他不仅能治病救人，而且还呼风唤雨；他是部落的吟游诗人，有时候甚至是部落的首领，他是部落里知识最多的人，因为他了解传统，他掌握了巫术，利用自己的知识保护部落，并使之兴盛。”[2]鲤鱼村的巫师也一样，除了为病人施行巫术来治病外，他们还是村落中婚丧嫁娶和各种节日祭祀活动的主持者。受鬼神致病的病因观的影响，当一般的医疗手段都毫无作用时，被认为能与鬼神沟通的巫师是人们最后的希望所在。在有的地方，巫医的治病方式并不是单纯的仪式治疗，在仪式过后还会配合使用草药、按摩等方式来治疗疾病，呈现出一种“神药两解”的特征。但鲤鱼村的巫师治病并不具备这种特征，仅仅是单纯的仪式治疗，所以治疗效果有时并不尽如人意。加上尽管随着社会的进步，当地许多人已经不

---

1. 列维・布留尔．原始思维［M］．丁由，译．北京：商务印书馆，1987：256.
2. 亨利・欧内斯特・西格里斯特．疾病的文化史［M］．秦传安，译．北京：中央编译出版社，2009：123.

再笃信仅凭巫师的仪式就能将病人治愈，包括一些年纪较长的老人在接受采访时也用“迷信”等字眼来形容巫师的治病仪式。但人们并没有因此就放弃这样一种医疗方式，用当地人的话说：“就算治不好，也算是个心理安慰，表示已经用尽所有办法了。”就是说，虽然越来越多的人对巫术的实际治疗情况不再抱有充分信心，但是巫术仪式却能够给病人和家人带来心理安慰，增强他们战胜病魔的信心。列维－斯特劳斯曾用结构主义的方法对巫术治疗进行分析，比较了巫术治疗法和心理分析法的异同。他指出，巫术治疗法和心理分析法在目的和方法上是相似的。两者的目的都是诱发某种经验，都是使处于无意识状态的冲突和阻力进入意识之中，巫医使停留在情绪层次上的状况转为思维层次上的状况，使身体无法忍受的痛苦能被意识接受，心理分析专家是通过移情出现在病人的冲突之中，消除病人头脑中的荒诞故事。两者采用的方法都是给病人创造一种他应该体验或重新体验的神话，它们都是凭借这种方法而产生治疗效果的。[1]巫师在作法仪式过程中，常常口中念念有词，并伴随夸张的面部表情和肢体动作。整个过程显得极为正式严肃。仪式要求巫师和病人都极为虔诚，需要他们都深信不疑。这样一种特殊的场域对病人的心理情绪有极大的感染和调摄作用。这种特殊的环境给病人带来极强的心理暗示作用。仪式安抚了病人失望与焦虑的情绪，使病人增强战胜病魔的信心。

在鲤鱼村，苗族、布依族和汉族都有自己的巫师，苗族唤为“法师”、布依族叫作“老摩”、汉族称之为“先生”。当人们需要找先生作法时，不同的民族会找本民族的巫师，认为本民族的巫师作法会更加灵验，因为他会用本民族的语言念唱经文。在当地知名度高，被认为比较灵验，“法力高强”的巫师还需要预约。王 YP 就是当地一位比较受村民信任的苗族法师，在王 YP 家中，放置于堂屋里的祖宗牌位上挂着一个红符，他说这个红符是师傅传下来的，只有苗族的巫师家中才会有。

尽管各种病症的病因都指向鬼神的因素，但不同的病症所对应的鬼神是十分具体的，不同名字和代号的鬼神，决定了巫师作法事的详细方式及仪式过程中所需要的祭品也各不相同。村中一户杨姓人家 6 岁的小孙子长期茶饭不思，抵抗力极差，小病不断，显得十分孱弱，瘦弱不堪。孩子的妈妈也经常头疼脑热，四肢无力。家人说之前也去县医院看过，把医生开的药都吃完后病情也不见起色，便

---

[1] 吴利华.苗族巫医的文化内涵及其功能——以凤凰县两头羊苗寨巫医为中心［D］.武汉：中南民族大学，2008.

怀疑家中是不是有什么“不干净”的东西，于是便请王 YP 法师来家中做一个驱邪仪式。

例 9–3：王 YP 的驱邪仪式

在接受主人家的请求后，王 YP 翻看了历书，选择了一个吉日，于当天晚上 7 点来到主人家中开始为仪式做准备。他首先用草纸剪出两个人的形状，将其粘贴在竹签上。接着再用草纸剪出一个阴阳的图形，垂挂于桌子边缘。在作法时要坐的四腿凳的其中一个凳脚下放置了一个用草纸折成的四方形，作辟邪用。作法的桌子上盛放着一个装满大米的碗，碗中还插着从小孩和女主人身上剪下来的一小块布料，以及一瓶白酒、两根蜡烛、一些纸钱和几炷香。王 YP 的助手又用稻草编织了 12 个小人，用它们将一个鸡蛋紧紧缠绕起来，和另外两个用草纸剪成的小人放在一处。准备工作完成后，王 YP 就和主人家闲聊起来，晚上 8 点时，仪式正式开始。王 YP 用一条半透明的纱布裹在自己头上，拿过一碗白酒和三支点燃的香坐在一条长板凳上开始吹起口哨。大约过了 10 分钟，他喝了一口酒之后立刻吐了出来，并用缠绕在头部的纱布挡住自己的脸，开始坐在凳子上做出骑马的动作。双手用力地摇摆起来，双脚不停地砸向地面，发出巨大的响声。他用苗语一边念着咒语，一边发出马儿的咆哮声。坐在一旁的助手这时显示出神灵附体的样子，开始与王 YP 进行对话。又过了大约 1 个小时，王 YP 对主人说，他刚刚骑马去到了众神居住的地方，与他们说明了情况，并请求他们出谋划策，现在他将众神的建议转达给主人：“先用扫帚将屋内屋外彻底地清扫三遍，把桌上的两个草纸小人和与鸡蛋缠绕在一起的 12 个草人一起烧掉，针对孩子的病，需要一只公鸡作为祭品，而女主人的病，则需要娘家人用一升米和 3.6 元的肉与菜来做成一顿饭让女主人一次性全部吃完，娘家人还需要为她买一套新的衣服，并用红、绿、蓝三色合为一体做成一条绳子让女主人悬挂在脖子上方可辟邪。”说完后，王 YP 又开始做骑马状，大约半小时后，他的助手从他身后拍了他一下，他便清醒过来喝了一口酒立刻就吐掉，然后将事先准备的阴阳符和压在凳子下的草纸一起在屋外烧掉了，整个仪式自此结束。结束后他还交代主人家要在大门口用竹竿撑起一个圆形的竹篓，意在告诉人们家中正在辟邪，忌讳外人来串门。

焚香是仪式的第一步，从焚香开始，除非巫师主动发起谈话，场内所有人不得再进行交谈，因为“香到神知”，焚香之后人神沟通的通道就被开启。巫师用口哨声告知神明，请求神明派天马下凡接他前去与神明交谈。巫师骑着天马去与神明沟通，把神明的建议转告主人，再骑着天马返回人间。待香烛燃尽，人神沟通的通道关闭，屋内严肃庄重的氛围才稍微缓解。从孩子和女主人身上剪下布块插入米中，和用草纸或稻草做成的小人极具象征意味，体现着古代巫术的遗存。原始初民认为这样可以令人与鬼神沟通，达到征服敌人、消除灾难的目的，这些物象被符号化后与“病魔”之间产生隐喻关系。“仪式象征的含混不清和向超自然力量的祷告，夸大和伪装了人类的需要与情感。由于仪式是被表演的，有时处于令人恐惧的氛围之中，它们所承载的信息在精神—生物—逻辑的层面上付诸行动。象征和神圣的物体，在仪式中不仅通过操作增强了表演，而且传达了有关个人、社会和宇宙之本性的信息。仪式绝非宗教行为的附带现象，而是人类文化必不可少的内容。他们可以用来控制、推翻、稳定、增强、恐吓个人和群体，对仪式的研究的确为理解和解释文化提供了一把钥匙。”[1]

第二节　大众草药实践

《黔书》载：“黔之诸苗皆用弩，而其矢必敷药。制药者为补笼之仲家，谓之‘补笼药’。采杂毒物，碎而煎之以为膏。……凡七日，比成，以约名‘鮈’者合之，涂诸矢，插步叉中，悬于火侧，时时温养之，使勿败，然后可以伤人。中者与拔矢者皆立死。又有苗能医之，用利刃自顶至踵，寸寸割之使出血，用口吮之，血尽，则以他药傅（敷）之，始可生。”[2]草药的使用最早是用于狩猎，苗族先民将含有剧毒的草药煎熬后涂于箭头，后来人们在用弩药捕猎的同时逐渐创造性地将药用在为人治病上。配制者为适应给人治病的需要，有意减去弩药中的某些剧毒成分，加入蜂、糖等减毒药物，并用针沾药汁刺于患处，用以治疗风湿、关节疼等疾病。[3]苗族草药的历史源远流长，是草药知识最丰富的民族之一，素有“三千苗药，八百单方”之称。为了更好地生存和发展、繁衍后代，苗族人民在长期的生产和生活实践中，通过与各种疾病做不屈不挠的斗争，积累了大量宝贵的治病方药和诊疗经验。长久的用药实践积累下丰富的药学知识，在苗族社会中代代相传。苗族采药多就地取材，常于居住地及邻近山林采摘，以备不时之需。

鲤鱼村处云贵高原向广西丘陵过渡的斜坡面上，受东南暖湿季风、西南干湿季风和冬季大陆气团的控制，光、热、水组合优越，气候垂直差异明显，表现

[1] 菲奥纳·鲍伊.宗教人类学导论［M］.金泽，何其敏，译.北京：中国人民大学出版社，2004：209.
[2] 包骏，冉懋雄.贵州苗族医药研究与开发［M］.贵阳：贵州科技出版社，1999：19.
[3] 包骏，冉懋雄.贵州苗族医药研究与开发［M］.贵阳：贵州科技出版社，1999：29.

为“谷地干热、高山凉润、冬无严寒、夏无酷暑、四季如春”的气候特征，这样优越的自然气候条件使鲤鱼村动植物资源极其丰富，种类繁多。在农闲时候，端午前后，是采药的最佳时期。长久以来积累的采药经验以歌诀谚语的形式辈辈传递着，如“春用尖叶夏花枝，秋采根茎冬挖蔸，乔木多取茎果皮，灌木适可用全株，鲜花植物取花苞，草木藤本全草收，须根植物地上采，块根植物取根头”。这样的采摘方式保证了摘取的部分是植物药用性最高的部分。由于草药资源十分丰富，所以村民们采集的药物除了自用外，还会拿到集市上去贩卖，作为一项额外的收入来源。虽然这是以市场经济为导向的行为，但也增加了当地村民的中草药知识。

尽管当地草药资源丰富，但并不是家家户户都对草药知识了如指掌。普通人家只知道一些基本的、常用的内容，即当地人口中的“土办法”。这些“土办法”实际上是草药的知识与地方的具体环境互相适应后为村中人所掌握的一种地方性知识。比如，山中多毒蛇、毒蜂、蚂蟥等，当遇到毒蛇拦路、毒蜂蜇伤、蚂蟥叮咬等紧急情况时，几乎人人都能从大人那里得知一些传统的自救方式。如被蚂蟥叮咬后，可用马蹄叶、野胡萝卜、“一支箭”、串铃草与蚂蟥药一起捣碎后加入适量的酒或蒜，外敷于伤口处。其中“一支箭”为治疗蚂蝗与蛇咬的主药，有“蛇咬蚂煌窜，离不得‘一支箭’”的俗语。一些常见的病症，比如，感冒、头疼、腹泻等对应的药方也为许多人熟知。另外，与生育有关的草药和偏方在当地也颇为盛行。

例 9-4：杨 XH 谈生育相关的草药和偏方

以前那时候还是有一点重男轻女的，现在没有了，姑娘儿子都喜欢。但是以前很多人家还是想要儿子的。有些人一直生，生了好几个都是姑娘，为了生儿子就会去找点草药吃啊。比如那个“一支箭”的草，要找那种根部没有岔开的，煮来吃就生儿子，如果是岔开的，就是生姑娘。

普通家庭掌握的草药知识十分有限，据了解，因为在当下，多数人是在西药无效的情况下才会转向服用草药，村中也并没有专门的民间医生或草药郎中，只有一些老人家本身继承了家族中流传下来的草药知识和偏方，出于习惯和金钱的因素考虑，他们常常把草药作为自己第一医疗选择，为了方便，还会在自家门前屋后种植常用的草药。这些老人家并不负责诊断，只是当村寨中有人因为西医疗法无效而转向草药偏方时，就会找到这些草药知识丰富的老人寻求药方。如果年轻人对草药一无所知，不认识需要采摘的草药的形状，那么老人常会陪伴着年轻人上山采药，并在这一过程中向年轻人传授一些传统的苗族病理知识和草药知识等。草药的药名繁多，很多古苗药名称一直沿用至今。对药物的命名多是根据药物的形态、性味、功能等。如“尿果药”就是治疗泌尿系统结石，“结石草”就是治疗胆结石。

例 9–5：当地部分草药

大龙猫：单独煮水后服用，治疗小男孩下气。与马顶脚配合，煮水喝，治疗黄疸肝炎。

蒲公英：与马顶脚配合，煮水喝，治疗胸口和肚子疼痛。

喇叭花：适用于肺结核、拉红白痢。

矮坨坨：用于治疗肚子疼痛。

白龙希：用于治疗肚子疼痛。

发地香：用于治疗肚子疼痛。

鸭脚板：适用于发烧发热。

八矮香：主治肺结核、肺炎、肚子疼痛。

水杨柳：与爬山虎、胖婆娘配合，治疗肺结核。

水葫芦：与鸡蛋一起蒸熟后食用，治疗肚子疼痛。

民间草药治疗看似正在式微，但这是当地人智慧的结晶，是前人在生产生活实践中的经验积累，在仪式与现代医疗之间，它更像是一种中间状态，是当地人们在生病时最简单易得的方式，是地方性知识的典型代表。

第三节 现代医疗

西方现代医学在 20 世纪早期进入我国，自 20 世纪 30 年代起作为一种国家标准卫生体系，广泛推行。中华人民共和国成立后，国家通过制定卫生发展方针、合理调配卫生资源利用，推行中、西并重的卫生指导思想，采取了一些重要的措施以改善人民的医疗卫生状况，包括建立农村医疗卫生网，建立人才培养体系，开展破除四旧的运动，由此，建立的卫生网络成为国家生命政治管理体系中最重要环节。和我国多数乡村社会的医疗体系一样，合作医疗制度所建立的“县—乡—村”三级医疗网络，以及现代生物医学在传统社会中树立起来的结构性权威体现着国家政策的建构力量。

据《兴仁县志》记载，中华人民共和国成立前，县里人生病主要请草医或中医治疗，富商巨贾生病者方能请西医治疗，中华人民共和国成立后，县城及各区相继建立人民医院。1938 年，县设立卫生院，为公办医疗卫生机构之始，有人员 4 人。1950 年 4 月，人民政府接管县卫生院，1957 年改称县人民医院，有医务人员 25 名。1954—1956 年，巴铃、大山、屯脚、潘家庄、雨樟等卫生所相继建立。1958 年，全县各人民公社成立卫生所，每所 2~3 名医生，并在各大队设 1 名卫生员。20 世纪 50 年代，县、区、乡卫生人员下乡巡回为少数民族、军工烈属和贫下中农免费治病。1965—1980 年，各公社（乡）实行合作医疗制度，每一点配有 1~2 名赤脚医生，20 世纪 80 年代合作医疗消亡。[1]可以看出，在中华人民共和国成立前，鲤鱼村所在片区的西医医疗机构屈指可数，医护人员匮乏，诊疗费用昂贵等一系列因素都导致了西医疗法在当地并没有被纳入村民的医疗选择之中。20 世纪 50 年代开始，随着人民公社卫生所的成立和各级卫生人员下乡巡回义诊活动的开展，西医疗法开始逐渐在鲤鱼村中普及。

2007 年以来，兴仁县积极推进新型农村合作医疗，为进一步推进新型农村合作医疗步伐，兴仁县出台了乡村卫生服务管理一体化建设医疗管理方案。方案要求，乡镇卫生院实行县卫生局、乡镇双重管理，业务上，建立由卫生局领导对乡镇卫生院绩效管理工作督查指导联系点制度；行政和财务上，按照属地管理原则，由乡镇政府做好卫生院日常工作的监督管理；乡镇政府参与县卫生局牵头的乡镇卫生院绩效考核，乡镇卫生院人员工资由乡镇按《兴仁县乡镇卫生院绩效考核管理办法（试行）》的相关规定进行发放，乡镇卫生院的财务由乡镇财政所进行管理。在扩大村级定点医院机构覆盖面的基础上，兴仁县将村级卫生室纳入乡镇卫生院的管理范围，对所辖乡镇卫生院实行机构统一设置、人员统一选配、业务统一管理、财务统一管理、药品统一配送的乡村卫生服务管理一体化管理。

2011 年 7 月，兴仁县人民医院顺利通过"二级甲等综合医院"评审，晋升为国家二级甲等综合医院。医院开放病床 500 张，现有职工 750 余人，建有 21 个一级科室、41 个二级科室、1 个门诊部。作为新农合三级医疗保健网的最顶端，县人民医院能为病者提供较为完善的医疗服务设施，同时还承担全县的公共卫生事件、安全事件等应急救治任务。随着医疗条件的逐步改善，2016—2017 年度"群众满意乡镇卫生院"和"优质服务示范社区卫生服务中心"创建活动中，屯脚镇卫生院被授予了"群众满意乡镇卫生院"荣誉称号。鲤鱼村近年来积极实施村卫生室标准化建设，在鲤鱼坝处修建了村卫生室，具备通路、通水、通电、通

---

[1] 贵州省兴仁县编史修志委员会 . 兴仁县志［M］. 贵阳：贵州人民出版社，1991：525，533.

信、通网络的五通条件，配置了3名已取得《中华人民共和国乡村医生执业证书》或执业助理医师资格的医护人员。近年来为进一步减轻农民医疗负担，保障农民群众身体健康，兴仁县在原有的医疗报销基础上提高了新型农村合作医疗报销标准。同时新农合的补偿比例也延伸到了农村的新农合定点合作医疗机构——村卫生室。

在新农合政策的大力支持下，鲤鱼村卫生室积极有效地履行着医疗、预防、保健、康复、健康教育、计划生育技术指导六个基本功能。计划免疫、预防接种、防疫保健等工作开始面向每一位村民，预防保障的工作不再是针对某些突发的公共卫生事件而进行，而是采取了全年服务式的工作。计划免疫和防疫保健工作得到了加强，提高了当地疾病预防控制的能力。村卫生室医疗服务能力的提高和补偿比例的实施吸引了更多的村民去村卫生室看病，在一定程度上缓解了农村居民“看病难”“看病贵”和“因病返贫”的问题。因村卫生室扎根于村落中，又坐落在人来人往的风雨亭对面，所以十分贴近农民，能为农民提供健康咨询、行为干预等多种形式的健康保障。村卫生所门前张贴着许多的疾病防治知识和健康教育的内容，对于提高村民的健康态度，养成健康的行为都具有促进作用。

但是，在访谈中，村民们也反映了一些村卫生所当前存在的一些局限。如设备、药品少，医疗设施简陋等。村民们大多反映村卫生室的常备药品种类十分有限，有时需要买一些别的药物都需要去镇上购买，十分不方便。另外，受医疗条件和医生水平的限制，除基本的打针和输液外，村卫生所不具备实施小型手术和紧急救治的条件，难以满足村民就近治疗的愿望和日益增长的医疗保障需求。

现代医疗体系变革的每一步都给鲤鱼村人留下了深刻的印象，每一次的宣传都在普及现代医疗语境下的疾病知识，村民们在慢慢接受现代医疗方式和现代医学观念。如在2004年，村寨中出现大量的计划生育宣传标语，公路旁、农户房屋上随处都是大幅的标语口号。村中以往宣传计划生育的手段主要是村干部手写计生宣传标语字报、发放相关政策条文、开展群众动员大会、挨家挨户做思想工作等，为了进一步加大计划生育及妇幼保健的宣传力度，计生委拨了专款用于在村寨的田间地头书写宣传标语，普及了许多现代医疗知识。如为什么近亲不能结婚、孕妇贫血如何治疗、生男生女的科学道理、基础体温测量法、什么是胎教、怎样使用避孕套等。这些宣传文字在村落中随处可见，清晰直接地向人们传递着现代的生理卫生知识，潜移默化地改变着传统的近亲结婚、重男轻女等传统的思想观念。许多以往大家认为羞于启齿的话题，随着生理保健知识的传播，人们可以用科学的态度和观念坦然讨论起来。对疾病和生理的认知往往是某种程度上文化意义的建构，伴随着现代医疗体系的进入，当地村民也重新建立了相关的观念和意义。

鲤鱼村人的实践表明，多元医疗体系下不同的治疗方式在他们的实际生活中发挥着不同方面的实际效用。传统的仪式治疗方式在当地人的心目中仍占有重要位置；而流传于乡间的“土方法”和草药偏方等，亦扮演着十分重要的角色，人们从来不会忽略这些代代传递的民间经验，用当地人的话来说“平时知道了都会记下来，以备不时之需”；现代医学以伴随国家权力的形式进入当地以来，以其与行政体制相适应的县乡村的三级体制逐渐被人们接受，同时也以其显著的治疗效果得到更多的采用。多元医疗体系的存在，使得人们在不同情况下寻求健康的途径更为多样化，为疾病的治疗提供了更多的可能性。2016 年，兴仁县被认定为“中国长寿之乡”。在采访过程中可以发现，当地 80 岁以上的老人大多身体健康，热情健谈。在与 W 姓老人谈到健康问题时，他说：“之前县里面有领导下来村里，和我聊天，问我多少岁，我说 83 岁，他不相信，说我骗他，问我保养的秘诀。我说哪有啥子秘诀，不就是农村人天天干农活，吃饭睡觉比较规律，还有我们这空气也好，水质也好。”

不可否认，源远流长的传统医药和日渐完备的现代医疗服务都对改善当地村民的健康状况起到了重要作用。但在老人心目中，舒适宜居的气候条件、优质纯净的天然水源和知足常乐的生活态度才是福寿延年的真正秘诀。

第十章　教　　育

从呱呱坠地到耄耋之年，人的一生是一个不断学习、不断受教育的过程。教育的含义通常有狭义和广义之分，狭义的教育指学校教育，而广义的教育，根据场域的不同，可以分为学校教育、社区教育和家庭教育。人类学家通常从广义上来理解教育。李亦园先生认为在教育过程中，学校教育只是其中的一部分，他指出："教育是一个社会把他们的文化传统传递给下一代的过程，传递的主要目的是使他们的儿童成为社会中正常的成员，因此传递的内容包括文化传统的全部，而技术知识的传递只是其中的一部分而已。"[1] 人类在生存发展的过程中，不断地创造和积累知识、技能，形成行为习惯、制度和观念、思想、艺术，并且利用各种工具和媒介，对它们进行整理、传播和储存，这就是文化的创造、扩散和积淀，与此同时，人类为求种嗣的延续和发展，必须使文化代代相传。文化是不能"生而知之"的，只能是"学而知之"。因此老一代人总得向年轻一代人传授文化，新一代人总得经历一个从上一代人身上接受文化传授的过程。在学校出现之前，教育或文化传承是两代人直接的口手相授、言传身教。随着文明的发展、社会的进步，产生了专门的教育机构——学校，于是，学校在文化传承的过程中也扮演起重要的角色。一个社会全部的文化传统的成功传递，常常需要学校教育、家庭教育和社区教育合力完成，在少数民族地区尤甚。

第一节　学校教育

一、私塾教育

在村落早期的历史上，村民们基本上没有接受过任何正规的文化教育，只有

---

[1] 李亦园．人类的视野［M］．上海：上海文艺出版社，1996：33.

极少数人被送入私塾读书。据《兴仁县教育志》记载："咸丰初年，在人口较集中的村镇办私塾。光绪年间，五六十户的村寨办有私塾。"[1]然而，当时的私塾教育并不是人人都有机会享有的，能够去私塾上课的孩子都是家庭经济条件较好的少数人家的孩子。1935年，兴仁县旧政府对县境内少数民族受教育情况进行过调查，《苗夷民族调查表》记载道："仲家（布依族）项下：重私塾、亦受过中等教育者，白夷（彝族）项下：有受初等教育者，其他民族项下，则大多数填注未受文化教育。"[2]由此便可以推出，以苗族为主体的鲤鱼村村民当时受教育的大致情况，接受私塾教育的人数屈指可数。私塾在当地又被称为"私学"，办学形式以村中某一户人家的住房为教学场地，有意愿的人家一起出资，均摊聘请老师的资费。资费一般包括钱和一些实物，例如米、油、面粉、叶子烟等，逢年过节的时候，还会给老师送点礼物，以示尊敬和感谢。教师所授内容通常为儒家经典，如《大学》《中庸》《孟子》等。私塾教学周期一般为一年，每年正月至二月间开学，十月初放假。

二、鲤鱼小学

1971年，鲤鱼村开办了村落历史上的第一所小学——鲤鱼小学。经过40多年的发展，鲤鱼小学现已成为一所现代化的充满生机的学校。学校占地12亩，现有12个教学班，学生596人，其中少数民族学生占97%，教师18人（小学高级教师6人，一级教师5人，二级教师7人），全部教师均达到黔西南州对中小学教师普通话测试的上岗标准。

鲤鱼小学的前身是坐落于大树村的胡家庄小学。1952年，利用收缴的地主胡嘉育的房子做教室，经教育局批准，胡家庄初级小学正式建立。1960年，受三年自然灾害影响，人民生产生活艰难，许多学校被迫停办，而胡家庄小学仍然坚持办学。1970年，始建于1958年的大型蓄水工程——鲤鱼村三角坝水库基本完工，水库的修建使得许多寨子到胡家庄小学的路被淹没了，学生去上学要绕很远的路，且路况十分恶劣，家长和老师对此忧心忡忡，就此问题多次向上级反映。于是，1971年，为解决上述问题，胡家庄小学实行了搬迁，全体学生和老师从大树村搬入鲤鱼村，并改名为鲤鱼小学。搬迁至鲤鱼村后，教学条件十分艰苦，只有几间瓦房当作教室，教室的课桌都很破旧，而且数量极少，许多学生需

---

[1] 贵州省兴仁县编史修志委员会．兴仁县志［M］．贵阳：贵州人民出版社，1991：35.

[2] 王元鲲．兴仁苗族［M］．昆明：云南科技出版社，2013：50.

要自行从家中带着凳子到学校上课。谈及改革开放前艰苦的教学条件，杨 CX 的父亲说：“我们读书那儿条件差得很，不像你们现在哦。那个时候教室破破烂烂的，遇到下大雨的时候还要漏水下来。桌子板凳都没得，老师就教我们拿那种松木板板，然后找点石头，把松木板板搭在石头上，就是桌子了，然后拿一些的石头垒矮点嘛，就是板凳了嘛。那时候白天读书，下午放了学回去还要帮家里头干活路。有时候累得很了，第二天就不想去上学，我妈觉得我反正成绩又不好，肯定考不上初中的，不读就不读了。后来老师觉得我可惜了，就来屋头做思想工作，我们对老师还是很尊重的，觉得老师说的话还是有道理，都听得进去，然后就回学校上课了。”

1981 年，县教育局投资修建了新的教学楼，共计 6 个教室，并增加了教师数量。21 世纪以来，鲤鱼小学在各方面都取得了长足的发展。2000 年，学校被纳入国家贫困地区义教工程项目，省义教办拨款 36 万元给地方政府，并要求地方政府按 1 ∶ 1 比例匹配给鲤鱼小学，两笔款项总计 72 万元，主要用于学校的硬件设施建设，包括修建新教学楼、操场、球场、围墙、课桌、校园环境建设以及购置仪器设备等。由此，鲤鱼小学的发展迎来一个新的契机。现今的鲤鱼小学，图书馆、校园网络、多功能教室、计算机室、实验室、多媒体教室等设施一应俱全。在后勤方面，由专门的老师管理后勤，制订详细的工作计划并每年认真进行工作总结。学校还制定了《校产管理制度》《实验室规则》《图书管理员的职责》《实验仪器保管员的职责》等规章制度，以制度保障学校各项工作的顺利开展，使学校的运行秩序规范化。同时，狠抓教学质量不放松，开展各种各样的教学活动。每个学期（秋季学期一般安排在 11 月，春季学期一般安排在 4 月）都会开展一次为期三个星期左右的校内公开课评比活动。老师们通过参与授课和观摩别的老师上课，互相取长补短，不断反思，以提高自己的业务水平，并把自己多年的教学经验和反思撰写成文，发表于公开出版物上，如吴元国老师的《浅谈小学教育中的美育》、杨昌富老师的《试论素质教育的探讨》等。

伴随着新中国成立而发展起来的鲤鱼小学，在几十年的办学过程中经历了几多的风雨和磨难，但却始终坚持办学，为鲤鱼村少数民族的基础教育坚守着一块阵地。为加强民族团结、宣传和保护民族文化、普及少数民族地区基础教育，做出了重要贡献。许多鲤鱼村人都是从进入鲤鱼小学学习开始，逐渐培养起自己的汉语言文字修养和现代科学知识结构，通过升学的方式走出村落，许多人最后成了各级干部以及企业家等，从而实现了社会流动。

三、村民眼中的学校

在现代学校没有进入村落以前，人们从家庭和社区空间中，潜移默化地习得人与人、人与社会、人与自然的和谐相处之道。从私塾教育到正规的学校教育，鲤鱼村儿童的教育经历折射出主流文化不断渗透入乡村地区的过程，在这一过程中，村民们对学校教育的认识和态度也呈现出一个流变的过程。

在学校教育刚刚在村落中开展的时候，适龄儿童的入学率较低，许多家长不愿意送孩子去学校。因为祖祖辈辈的经验告诉他们，不用读书识字，也一样可以结婚生子，自给自足。传统的乡土社会不需要文字，就像传统苗族青年男女的恋爱方式是通过在游方场上面对面的一问一答的对歌，而不是需要常常词不达意的文字情书。所以费孝通先生认为："'文字'，一种双方约好代表一种意义的记号。如果是面对面可以直接说话时，这种被预先约好的意义所拘束的记号，不但多余，而且有时会词不达意引起误会的。"他指出："在这种社会里，语言是足够传递世代间的经验了。当一个人碰着生活上的问题时，他必然能在一个比他年长的人那里问得到解决问题的有效办法，因为大家在同一环境里，走同一道路，他先走，你后走；后走的所踏的是先走的人的脚印，口口相传，不会有遗漏。哪里用得着文字？时间里没有阻隔，拉得十分紧，全部文化可以在亲子之间传授无缺。"[1]在没有学校教育的年代，传统的家庭和社区教育以乡土物事为教材、以父母邻里为师资、以村落空间为教室，在经意不经意之间教授儿童以伦理规范、谋生手段、信仰仪式等，奠定了儿童熟悉民族文化、适应村落社会的牢固基础。[2]所以许多家长认为学校教育并不是他们的孩子长大成人过程中必不可少的一环。当时经济困难，劳动力缺乏，即使是年幼的孩子也俨然成为一个小大人，成为分担家庭责任的不可或缺的一员。他们会帮忙看孩子、做饭、播种插秧、除草、收割稻谷。再加上"读书无用论"的盛行，一些已经进入学校读书的孩子也会被家庭劝返，从学校辍学。

例 10-1：C 姓老人讲述自己的教育经历

我家里当时条件还算比较好，因为我们家人好出门嘛，就出去卖点草药啊，水獭啊这些，所以日子还算过得去，当时就送我去读小学。读了没多久，我父亲就得病了，很厉害。我大哥就劝我不要去读书了，读书会增加家庭负担，不如回

---

❶ 费孝通．乡土中国［M］．北京：人民出版社，2008：23.

❷ 陈沛照．从一个苗族村落的教育民族志反思中国边远民族地区教育［J］．西南民族大学学报：人文社科版，2010（10）．

家帮忙做点事，然后我就答应了。那时候我的那个老师，觉得我学习还可以，不读书可惜了，就来家里面喊我，我就又去上学了。但是再后来家里实在是困难，我也没得心思继续读了，我母亲当时还要每天挑起甜酒去街上卖，我就还是回家了。我过后也不怎么后悔，怎么呢，因为我回来后搞点小生意，各方面，接媳妇啊，现在有老的有小的，还是感到很高兴。后悔又有哪样办法呢，情况就是这样，至少现在一家人挺好的，就可以了。

到了20世纪80年代，随着教育工作的不断开展和教育工作者的辛勤耕耘，鲤鱼学区小学适龄儿童的入学率已达到77%。1987年，由于学龄儿童的增加，又因为鲤鱼小学是鲤鱼乡唯一一所完全小学且教育质量比较好，在办学条件有限，教室和教师资源都十分紧张的情况下，鲤鱼小学还是实行了扩招，当年的班级增加到了7个。这一时期，虽然很多家长对孩子的教育期望并不高，也没有特别重视孩子在学校里的教育情况，对于孩子的学习态度和以后升学的打算，都没有十分关心，送孩子上学的理由也仅仅因为“别人家娃娃都读书，你家娃娃肯定也要读嘛”，但是明显看出，学校教育已成功地融入当地社会。家长们的教育观念已经发生转变，“卖牛卖猪也要送孩子读书”“宁可打赤脚、饿肚子，也要送孩子上学”的思想也在村中盛行，但家庭经济困难仍然是阻碍学生进入校园的一个关键因素。“穷不丢猪，富不丢书”，教育始终与家庭的经济因素关系密切。

1991年，希望工程开始在鲤鱼村资助贫困学生。1993年，国家整顿乱收费，鲤鱼小学实行“一费制”，只在每个学期开学的时候一次性收取学杂费若干元，此后不再收取任何费用。从20世纪末21世纪初开始，学杂费稳定在80元左右。2001年，为了使孩子得到应有的受教育机会，鲤鱼小学对一些家庭困难及家庭情况特殊的孩子实行减免学费的政策。减免政策分为几个等级，从30~60元及全免。

例10–2：鲤鱼小学特困生减免条件

为了逐步提高我校的入学率，对符合下列条件之一的，将给予全免或适当减免书杂费：

（1）父母双方死亡、无依无靠的将给予全免；

（2）父亲死亡、母亲改嫁的根据其情况给予全免或适当减免；

（3）父母双方中，一方死亡，另一方抚养孩子的给予适当减免；

（4）二女结扎户和独生子女户给予适当减免；

（5）家庭特困，经查实无法支持子女读书的，给予适当减免。

鲤鱼小学

2002年8月22日

2003 年，兴仁县政府组织开展了扶助贫困地区儿童上学的“4321”工程，即县局一级国家干部必须捐助 4 名贫困儿童上学，副县级国家干部捐助 3 名，乡镇科级干部科级国家工作人员捐助 2 名，基层的一般干部捐助 1 名。所接受的捐款 60% 放在初中，40% 投入小学。鲤鱼小学作为贫困地区的小学，一部分家庭困难的学生得到了该工程的资助。从 20 世纪 90 年代开始，在学校、政府和社会各界的帮助下，鲤鱼村儿童的受教育情况逐年改善，入学率逐步提高。

20 世纪 80 年代，外出打工的人越来越多，村落和外界的联系越来越频繁，村民们生活的视野越来越开阔，人们的教育观念也随之发生了较大变化。在访谈中，绝大部分人都认为学校教育的发展对于村落的未来关系重大，知识与文化是在外求生的重要加持，是保护自己权益的有力武器，“即便是出去打工，识字的人比不识字的人都要精灵得多”“学语文学拼音，学会了，可以打字可以发短信。学会了算术，就不会被骗，去做买卖，也算得清楚”“你懂那些东西别人就骗不了你，不会欺负你什么都不懂，讲什么你就信什么”。教育成为影响社会流动的重要因素，村里人希望通过读书改变命运。年青一代向往城市的生活和主流的文化，“想读大学”“像你们一样”“想以后在大城市生活”。据了解，村中有 10 个左右于今年毕业的大学生，有的选择继续深造，有的就在就读大学所在地或附近城市工作，实现向上的社会流动。相对于少数日后即将脱离乡村文化、走入都市生活的学生来说，大部分学生依然要面临回归乡村或外出打工的选择。学校作为一种现代化的拉力，一方面加速着村落社会出离传统的进程，另一方面也带给部分个体极大的不适、约束与失落感。[1] 现代学校教育作为连接现代性与地方性的中间场所，在全球一体化造成的文化趋同化背景之下，已经成了文化碰撞和文化选择的重要场域。在现代性知识向村落强势渗透的过程中，村落社会的地方性知识正逐渐被挤压至话语空间的边缘。在此情况下，多元文化的教育理念势在必行，且正在为鲤鱼小学所实践。

第二节　家庭教育

父母是孩子的第一个老师，家庭是终其子女一生的教育基地。蔡元培先生曾

---

[1] 冯跃 . 教育的期待与实践：一个中国北方县城的人类学研究［M］. 北京：民族出版社，2009.

说过：家庭者，人生之最初学校也。一生之品性，所谓百变不离其宗者，大抵胚胎于家庭之中。鲤鱼村人民礼貌好客、俭朴恭谦、尊老爱幼、扶善治恶，得益于老一辈严于律己的身教和苦口婆心的言教。提及对年青一代的教育，村中老人会说："出门不学礼，必然乱规矩。"学校教育起步较晚，但鲤鱼村人民很早就认识到教育的重要性。当地有谚语"树不钻不空，人不教不懂""种树不管不成林，养儿不教不成人"，认为抚养孩子，一定要通过言传身教，交给他基本的生活的技能和伦理道德，孩子才能成长为一个健全的人。现代心理学认为人格的健全与否在 3 岁左右就奠定了基础。好人格的塑造就是要在幼儿头脑中形成一系列有关良好道德品质、行为习惯、行为规范等的"条件反射"联系。幼儿头脑中这方面的条件反射联系还属"空白"，所以在幼儿教育中加强良好人格的塑造就具有很重要的意义。如果在早期教育中加强了良好人格的培养，先入为主，那么就容易使幼儿形成一些深刻的优良人格特征，不容易消退，有利于幼儿的成长。相反，如果忽视良好人格的培养，或者培养方法不当，那么在幼儿身上就会形成一些顽固的不良人格，甚至病态人格，长大后也不容易改变。村民们也许对现代心理学一无所知，但对孩子的教育要从小就抓起的概念深入人心，认为孩子从小接受的教育十分重要，将奠定孩子长大后的性格和行为习惯，从而影响终身。"从小不扳，大了压弯""小时不管好，长大管不了""小时会偷针，长大会偷金""在小不学，老大无能"等，都是当地代代相传的教育理念。每个年轻的家庭成员通过长辈口传身授、榜样模仿，学习今后生存必需的生产技能、伦理道德规范及民族的优秀传统文化。

一、生产生活教育

生活、生产、自然知识与技能是少数民族家庭和社区教育的基本内容，因为它是民族成员适应自然环境、保持种族繁衍的前提，是民族求得生存、延续和发展的必要保障。费孝通先生在《江村经济——中国农民的生活》一书的第三章中专门设立了一节来研究村落中的教育问题，当谈及孩子的家庭教育时，就特别关注孩子跟随父母学习生产、生活的知识和技能方面的内容。

鲤鱼村坐落在几座小山的山脚下，在村的前面有一个坝子，这个坝子就是整个村的水田。坝子的北面是三角坝水库，三角坝水库建成以前，鲤鱼村由于降水量小，水利灌溉设施少，所以常是"逢旱成灾、逢雨成洪"，种植业基本上是"靠天吃饭"。传统的农业常常不能维持最基本的生存，村民们开始寻求其他的谋生方式，其中有一项就是打水獭。村民们可能说不出水獭所属的门、目、科、属、种，也无法用专业性的语言描述水獭的形态特征、栖息环境或分布范围等。但这是他们所属的生活环境中的一部分，潜移默化中，村民们对动植物都有直观的认识。作为一项必备的生活技能，人们自然而然地通过接收父辈经验，再加上自己的观察，在与同伴一起打水獭的实践经验中，摸清了水獭的生活习性，又根据其生活习性，掌握了捕捉技巧。且就与骑自行车一样，这样的技能一旦学会便终生掌握。村里的老人对自己年轻时打水獭的经历仍记忆犹新。

例 10–3：杨 YF 回忆打水獭

我们一般就是几个人把自家地头的活路干完了，就约起去打水獭。一般都是晚上去嘛，因为白天它不得出来，都是晚上才有，所以都是晚上才约起去。咋个打啊？就是在那种石头边边，把网放在那里等着。还有就是带起狗一起去，那个狗会闻那个味道，就可以找到洞口。有的时候就直接拿叉叉去叉，就跟叉鱼一样。我记得有一次我们去打，有个人一叉叉下去就叉到两头，运气好得很，因为一般都只能叉到一头的……打到了就杀，然后把皮剥下来，和米糠一起煮，煮了，那个皮就会胀得大点嘛，然后就拿到场上去卖。每张皮就卖个 200 元左右，看大小，是按大小来算的。还有骨头啊内脏啊这些都可以卖，都有人买的。

三角坝水库建成后，自北向南的水库水贯穿整个坝子，成为鲤鱼村农业灌溉的主要来源。鲤鱼村主要种植水稻、小麦和玉米，根据传统的二十四节气，村民们遵照自然规律耕种与收获，从祖辈就开始积累的农耕经验，转化为朗朗上口的歌谣，在田间地头，一代又一代的传唱。

清明到来把种泡，赶紧撒秧莫闲聊，
天清多撒白米种，天昏莫忘红米稻。
转眼又是四月八，家家户户把秧插，
插满山川插满坝，秋后稻谷用车拉。
山歌好唱口难开，樱桃好吃树难栽，
白米好吃田难挡，鲤鱼好吃网难抬。
满坝秧田绿油油，几棵毛稗高扬头，
扯你丢在田坎晒，看你还敢再冒头。
别人栽藕我栽秧，别人种麻我种粮，
干饭稀饭各搞干，秋后看谁谷满仓。

通过口口相传，再加上观察和实践，生产生活的知识技能就自然而然地为村里的孩子所习得。从小，他们就跟着父母兄长在家中或田地里进行学习。当他们年纪还小，不具备下地干活的力气时，就在家里帮忙做些简单的家务，用他们的话来说，

“反正不可能闲着不做事，没有人是养尊处优的”。例如，父母兄长在做饭时，他们就在旁边帮忙做一些力所能及的事，淘米、洗菜、添柴。在日复一日的实践中，厨房里的这些小学问，他们不需要专门的学习就逐渐牢牢掌握了。稍大后，田里、地里都是他们学习的场所，耕田、育秧、播种、管理、收割等一系列的知识都是学习的重要内容。由于水稻是主要的农作物，水田的管理就显得特别重要，孩子们从“冬泡”中学会了“冬天犁一犁，抵上百把担肥”“冬天水汪汪，来年多打粮”，由于化肥使用较少，一般就地取材，利用山多草盛的优势补肥，孩子们就从“打压草”中学会了哪些草容易腐烂、肥力厚，哪些草容易“复生”等。

在传统的苗族社会，孩子成长到一定年纪，男孩就开始跟随父亲学习犁田、拣种、育秧、田间管理、收割等一系列的生产知识，女孩则要学习做家务、喂养牲口、纺织刺绣等技能。苗族有“择夫看犁田，相妻看纺织”的谚语，反映了苗族传统的男耕女织、分工合作的生产习尚。随着社会的发展和计划生育的实施，村里各家各户的子女数量减少，年轻人外出打工人数增多，于是下地干活的劳动力数量减少。现在的鲤鱼村，传统的男耕女织的明显分工已发生了改变。在访谈中，许多村民都表示：“男孩女孩都一样嘛，还不是要帮忙做事，种田、割草、放牛……”文化在随着社会的变迁中，也保留下了一些稳定的成分，例如，通过刺绣，这一延续至今的民族工艺，可以看到仍保留着苗族传统社会中，“父传子，母传女”的教育传统。

在鲤鱼村流行一句话：“鲤鱼村的女孩子，会走路的就能跳舞，会说话的就能唱歌，会动手就能绣花。”在村里，有时会见到四五个或十多个十几岁的女孩在一起，坐在小板凳上，手拿针线低头刺绣，这就是她们在做民族传统工艺——拿绣。她们绣的基本上都是领带。40 岁以上的妇女围在一起做拿绣，也有一部分是在绣领带，同时也有人绣她们的衣服、背带以及小孩子的帽子。绣的东西尽管不同，但基本工艺过程相差无几。首先是在小纸片上设计好自己想要的图案，之后就在已经裁剪好的布料上，根据纸片的图案进行拿绣。女孩儿们从七八岁开始，就在母亲的教导下学习穿针引线，十一二岁时，就能自己独立绣制一些领带和帕子等，十四五岁就开始学习着给自己绣嫁衣。

例 10–4：吴 YM 谈刺绣

我们鲤鱼苗族都是黑苗，服饰比较统一，特别是妇女都穿着绚丽的服饰，从服饰多姿多彩的花纹中，可以看到蓝天白云、青山秀水、奇花异虫的影子。

刺绣是我们民族的传统文化，做工最讲究，针法也多，银饰搭配也很讲究的。在我们苗族寨子里，女儿必须学会绣花，我八九岁起，就让拿针、拿线，做些小东西，缝补衣服之类的。长到十一二岁，就能给自己绣包在头饰的小三角帕子及领带。十四五岁时，我就能绣完整的衣服。十八九岁，就绣嫁衣。我妈做出了两套盛装给我，我穿烂一套，留下一套。我们苗族的衣服，所有的妈妈做的衣服给孩子的，作嫁衣以后，也是以后的葬衣。

不同的衣服，绣花都不一样，都是按照自己想法做。我们苗族绣花，针法多。你慢慢看，会发现有很多不一样。女人们把自己的寄托、祝福放在里面了。一个姑娘要把这个花绣得好看，显示这个女人聪明一点吧，她能绣出来很多的图案，想出很多的颜色搭配，表明了她的灵气和灵感。我看一些老绣品的时候，很多图案里边，颜色搭配都很丰富，挺漂亮的，那也是一个人的灵魂。

由于刺绣前需要在纸片上先画出图案，所以村中会刺绣的女性个个都会画画。她们并没有接受过专业的训练，却都画工了得。在田野调查中，一位阿姨曾给我们做过展示。在访谈过程中，聊到这个话题时，她主动要求给我们演示一番，随后拿起纸和笔，一气呵成地画出了一个花朵图案，线条流畅，栩栩如生。我们问道："阿姨，您会画的这些图案都是母亲教的吗？"她回答："有些是妈妈教的，有些是自己想的。"刺绣水平的好坏，是衡量一个姑娘是否聪慧勤劳的重要标准，当地的说法是"不会绣花的姑娘嫁不出去"。当母亲的耐心教，做姑娘的认真学，每一件绣品都是工艺复杂的手工艺术品，都是姑娘聪明智慧的结晶和奋发努力的结果。

二、伦理道德教育

伦理道德是人类现实生活中由经济关系所决定的，用善恶标准去评价，依靠社会舆论、内心信念和传统习惯来维持的一类社会现象。少数民族的传统伦理道德融汇在各民族的生产、生活、文化、教育、宗教及传统习惯之中，支撑着民族的心理意识，它比一般的伦理道德具有更大的稳定性、广泛性、适用性和更为直接的社会功能，是各民族用于调适内部关系和外部关系的重要手段。伦理道德对一个民族的兴衰，对一个民族的素质和民族整体的社会风尚及文明程度都起到了十分重要的作用。道德规范的教育是鲤鱼村传统家庭教育的重要内容，家长通过言传身教、谚语、民间故事、传说、家训等形式灌输本民族传统的伦理道德观念。

孝顺父母、尊敬长辈是当地伦理道德观念中，十分重要的一项。"树大分桠，人大分家"，为了减轻家庭负担、避免家庭矛盾、让年轻人真正独立，在当地家庭，子女结婚后一般都会分家。

在鲤鱼村，吴 YM 和她婆婆之间的故事可谓家喻户晓。2012 年 5 月，吴 YM 未婚夫的母亲突发脑溢血导致全身瘫痪，还未过门的她毅然决然承担起了照顾婆婆的重任，为婆婆洗脸、喂饭、喂药、擦身和处理大小便，并帮婆婆进行功能锻炼，逗婆婆开心，打消婆婆轻生念头，还开办农家乐挣钱还债。在她和家人的精心照料下，婆婆的病情奇迹般康复，现在日常生活基本能够自理。她的孝行在鲤鱼苗寨广为传颂，被誉为“苗寨最美儿媳”。

三、民族历史文化教育

一个民族的传统历史文化是这个民族在千百年的生活实践中经过不断积累、沉淀下来的，是维系民族存在的重要纽带，也是让民族成员区分我族与他族、给自己族群身份进行界定、对自己民族产生认同的纽带。回溯民族的历史、探寻民族的由来是每个民族的心理需要。

苗族的历史是一部艰难的迁徙史、反抗史。相传苗族先民在远古时候曾住在黄河流域，他们勤劳勇敢，发展成为东方的大部落，谓之“九黎”，蚩尤为九黎之君，后来蚩尤与黄帝发生冲突，蚩尤大败，被迫迁徙于长江中下游，又发展成新的部落，即“三苗”“有苗”。商州时，三苗的大部分被称为荆蛮，后发展成为王霸七雄之一的楚国，春秋战国以后，被历代王朝称为南蛮、荆蛮、武陵蛮、五溪蛮等，因为“非我族类”而遭武力征伐。鲤鱼村境内的苗族也是迁徙的一支，据《兴仁县志》记载，他们是从黔东南的黄平、凯里、台江一带迁徙而来。

兴仁县陈家沟、鲤鱼、木桥、长青的苗族从黔东南黄平、凯里、台江等一带迁来。第一个移居时期距今约 300 年，雍正年间黔东南苗族人民起义遭到残酷镇压，不少人被迫逃亡来县。第二个移居时期距今约 200 年，贵州苗族乾嘉起义失败，清军强迫苗民迁徙。第三个移居时期，距今 100~140 年，张秀眉领导苗民起义，斗争持续 20 多年后失败，贵州“上下游废田不下数百万顷，流亡可复者仅十之二三……降苗所存户口较前不过十之三”，“其民则逃亡转徙，百里无烟”。苗族人民扶老携幼，翻山越岭向黔西南迁徙。[1]

鲤鱼村的苗族都是黑苗，据相关调查显示，鲤鱼村的黑苗服饰还保留着一些在黔东南苗族那里已经失去了的民族服饰的特征，其制作方式和图案都非常古老。苗族迁来时，村里已有布依族的寨子。苗寨里主要有王、杨、吴三大姓氏，三姓并不是同时迁来，且杨姓出自两个宗族，一个名为“横家杨”，另一个为“老鼠杨”。苗族村民们对本民族这一段迁徙的历史都了然于胸，但记忆的代际差别十分明显。年青一代只能说出迁出地及大致的时间，而老一辈人的记忆中

[1] 贵州省兴县县编史修志委员会．兴仁县志［M］．贵阳：贵州人民出版社，1991：106.

还保留着许多生动的细节。

四、礼仪习俗教育

“就习俗的教育特点而言，一方面是非强制性的社会力量，如参与节庆、婚礼、葬礼、祭祀、社交等社会活动；另一方面是强制力量，如禁忌、惩罚、成文或不成文的规约等。”[1] 俗话说“没有规矩，不成方圆”，礼仪在社会生活中的作用犹如秤对于衡量轻重，绳墨对于校正曲直。礼仪是一个标准，是一个尺度，是衡量一个人素质高低、学识深浅、修养及价值观的外在表现。少数民族的待客礼仪、诞生礼仪、婚姻礼仪、丧葬礼仪、建新房及迁新居礼仪等带有浓厚的民族特色，形成了丰富多彩而又复杂多重的民俗特点，并且长期地支配着人们的社会生活。在传统鲤鱼村家庭中，学习本民族的各种礼仪是孩子成长过程中的必修课。一个人在公开场合中待人接物的言行举止，礼仪风貌往往反映他的家教情况。被人们说没有“家教”对父母而言是十分没有面子的事情，故有“好田不种庄稼就荒废，人大不讲礼貌就无用”“闲时不教子，席上咬牙齿”“爹妈不懂礼，教出的娃娃不懂规矩”等谚语。因此，父母在日常生活中，要教给子女待客、做客、敬老尊贤、文明礼让等各种场合中的规矩礼仪。

例如，热情好客是苗族人民闻名遐迩的性格特征，在调查过程中，多数村民们都非常热情，在田间地头采访时，都会热情地邀请我们“去家里喝口茶”，如果采访地点是在村民家里，访谈结束后都会邀请我们在家里吃饭。凡是来到本民族寨子的人，不论是远方的宾朋，还是邻寨的友人，只要到了寨上均是座上客，全寨男女老少都热情招呼，争邀客人到家里做客。这时要教孩子如何称呼客人，不能乱了辈分长幼，客人到了家，要让孩子敬烟奉茶，盛饭斟酒。在正式唱歌，迎接客人时，要唱本民族传统的迎客歌“客来歌相迎，席上歌敬客”。就餐时，为表示对客人的欢迎，要向客人敬酒，并唱敬酒歌，桌上的每一件餐具，每一道菜都可入歌。不能给客人反手斟酒搛菜添饭，斟酒搛菜添饭要连续两次，不能单独一次等。无论菜肴多么丰富，主人都会自谦地对客人说：“没有好酒好肉来招待，粗茶淡饭莫见怪。”散席后，主人会对客人一再挽留，若客人留宿，父母一般会让孩子给客人端洗脚水。总而言之，讲礼貌，是当地苗族儿童在家庭教育中感受颇深的一点，在采访的好几个对象中，当他们回忆起父母对自己的教育时，首先谈到的都是类似的待客礼仪。

---

[1] 蒋立松，吴红荣.西南民族共化教育中的生态伦理及其价值［J］.当代教育与文化，2010(6)：49.

例 10–5：杨 N 讲述待客礼仪

杨 N 毕业于贵州民族大学，知书达理，娴静乖巧。父母不仅非常支持她的学业，而且从小就十分注重对她的家庭教育。回忆起父母从小对自己的教育，杨 N 首先提到的就是待客礼仪："父母对我的教育这方面，对我影响最深的应该是他们从小就教育我要讲礼貌，对待亲戚朋友和客人都要礼貌热情。你知道的，我们苗家人都特别的热情好客，如果有亲戚朋友和客人来家里，我们就要请他们喝东西，我们苗家人一般都是喝酒，如果没得酒，就用茶。然后通常都要留客人吃饭呀，我们条件也有限，但是都会拿出好酒好菜来招待客人。在吃饭的时候也要给客人敬酒，有时候还要唱歌，特别是对远道而来的客人。主要是表示对客人的欢迎，还有希望客人能够玩得开心，尽兴而归这样。帮客人夹菜、盛饭，都是对客人表示欢迎的意思，但是上次有个朋友告诉过我，说觉得夹菜这种行为她们不是特别理解。但我们都不介意的，大家的习惯不同嘛，比如你不能喝酒啊，不习惯别人帮忙夹菜啊，只要说一声就可以了，大家都不介意的。客人走的时候也要挽留一下啊，留宿的话就帮忙铺被子，打水什么的。我们觉得能遇到都是缘分，希望和每一个有缘的人都能成为朋友。"

少数民族的传统节日是其民族文化的集中体现，节日的仪式风俗和禁忌事项中充斥着大量民间信仰的内容。敬祖先、敬鬼神、敬自然，是当地民间信仰的主要组成部分，这种敬畏之心通过庆典、节日中严格要求的行为规范得到深化。禁忌是这种敬畏的一种具体表现方式，在特定的时间和场合中，什么行为是被允许的，什么行为是被禁止的，在村民的头脑中一清二楚。因为他们从小就受到父母长辈的引教，在庆典仪式中，孩子跟着父母的样子亦步亦趋，如果违反了什么禁忌，就会遭到严厉的呵斥。例如，当地的苗族和布依族都对自己的祖先十分虔诚，认为祖先"虽死犹生"，其灵魂与之同在。当地不论苗族还是布依族，堂屋正面的墙上都会有本家祖先的牌位。每逢节日，于吃饭前，都会先祭拜祖先然后自己再动筷，以教导后代慎终追远，不忘本。所以堂屋是家中供奉神灵的地方，是整个房屋的中心点，是十分神圣的场所。所以，人们会避免在堂屋内发生争吵、打架等行为，并且绝对不允许年轻男女在堂屋内发生性关系。"禁忌的本质是不依靠经验就先天地把某些事物说成是危险的"[1]，因此，实际上它类似于一种纪律教育，从教化中养成了一种敬畏之心。

[1] 恩斯特·卡希尔. 人论［M］. 甘阳，译. 上海：上海译文出版社，1985：134.

第三节　社区教育

一、村规民约

传统中国，国家政权只是延伸到县级，在广大乡村，国家依靠乡村的地主乡绅实现对基层社会的控制。在民族地区，很多村落都有自己的乡规民约、族规家训，它由村里的寨老等权威、智慧的人物拟定，经过祖祖辈辈沿用传承、不断完善，有的甚至将这些内容刻在石碑上，以警世人。村民的行为规范在受到法律条文约束之前，首先就受到乡规民约的规训，村民们通过乡规民约的具体条例，知善恶、辨是非、奉祖先、孝父母、睦兄弟、和夫妇、严闺阁、亲宗族、敬师长、信朋友、力耕织、勤诵读、存忠厚、尚勤俭、习礼仪、戒谣恶、戒为非、戒赌博、戒争讼等。村寨四大家族中的王氏宗谱中有一篇《万古千秋》的碑文，里面有一段对族规的记载：

“盖闻朝有律，乡党有条，宗族有规……至光绪二十九年故修筑褚约集各处合族人等，大同相商，各捐锱铢，毫无紊乱，同姓不准淫恶（约缺六字），字派勒石定规，会议各条，开列于左。再者，其有计亩寨杨姓先祖与王姓给认弟兄，日后子孙万代王杨不能开亲，二姓所有，山土随意所葬；再有牛岛岩寨杨姓自乾隆年间与‘里耶’‘新街’。二寨认成弟兄，日后老人去世，只同二寨连基相葬，不得与生马田仰巷牛岛老寨地方不准安埋，立定章程永远遵照。王家牌王满堂、王往沙，牛岛老寨王干报、王阿厚、王麻九、王斗，翁满寨王谢报，此乃七名启字拜作公。

——议我族内如有姑媳被他人掳抢，急速鸣报，众族上前商议，不同出头理论。遇着无力之家，费用银钱若干，众族相帮二股，本主出用一股，若有开出，外来别端公上二股，本主一股照派，预先事初起之时，报鸣众族来到者，一集费用事主所出。

——议我族内人等，如有田土墓茵、山林地土不清，不准那人私自兴讼，以大压小，以强欺弱。若有争论者，经凭房族地方首人理论，若不遵公论者，不鸣族长私论二比费用一人承当。

——议我族内如有子弟掳抢别人姑媳，随他各人本势，招呼费用若千不与众族相干。若不安分守己行凶挖墙割壁掳抢、纠集井匪，凭从鄙人拿获给钱五千文，众族将伊沉水。

——议我族内山林地基，如有那人出卖者，只许卖阳不准葬阴，如有别姓偷穴骑龙葬脉，众族查出，罚钱十二千文，如有伊横毫不遵公论，将伊送官。若伊兴讼者，众族出钱与伊理论。

——议我族内子孙日后分枝久远，不论老少乱淫，同姓成婚，刁拐姑媳，众族查出将伊沉水，将他本业充公。

——议我族内不准哪人与贼同情，里勾外合、黑夜入境、坐地分赃、偷盗货物，众查出以做出当贼，将伊究治。"

碑文从许多方面为族人提供了行为准则，如婚姻、丧葬、诉讼等，并明令禁止了许多不法行为，如劫掠、偷盗、集匪等。在鲤鱼村的传统社会中，若有村民行为不端的情况，通常都由村中寨老出面进行调解和教育。例如，发生偷盗行为时，寨老便聚集起来一起对被抓获的偷盗者进行审问，以了解事件的来龙去脉。然后确定事实真相，再对偷盗者进行惩罚和教育。此外，家族族长是一族之主，享有很高的权威。一般由年龄最长者，辈分和威望最高者担任。家族内外的大事或纠纷，均由族长出面交涉和解决。族长的话就是金科玉律，任何人不得违抗。特别是本家族内的事务或纠纷，族长有绝对的处理权。如果子女不孝敬父母，甚至虐待，一日被告发，就会遭到辱骂、责打，甚至丢入深不可测的地洞。凡是侵害家族或家庭中老人利益者，均严惩不贷。故族长的威信和权力对于族人有相当程度的震慑作用。

如今，随着社会的进步和法制概念的普及，传统村规民约中的某些陈旧内容已逐渐被淘汰，私刑成为过去式。寨老和族长作为村落中的权威人物，在调解村民纷争、与村民讲情说理中仍扮演重要角色，但涉及违法乱纪的行为时，村民们会直接诉诸国家权力机关，通过法律途径解决问题。但辈辈传承下的族规村训中所秉承的团结友爱、互帮互助、勤劳勤俭、遵规守矩等精神内涵仍在潜移默化中影响着村民们的道德观念，成为村民们行事的行为准则。

二、社会舆论

村寨是一个熟人社会，费孝通先生指出："乡土社会在地方性的限制下成了生于斯、死于斯的社会。常态的生活是终老是乡。假如在一个村子里的人都是这样的话，在人和人的关系上也就发生了一种特色，每个孩子都是在人家眼中看着长大的，在孩子眼里周围的人也是从小就看惯的。这是一个'熟悉'的社会，没有陌生人的社会。”[1]鲤鱼村是一个典型的熟人社会，村民以宗族、家庭和婚姻为纽带，关系密切。苗族还有给小孩子找干爹的习俗。苗族、布依族、汉族比邻而居，守望相助。村中的小孩是穿“百家衣”，吃“百家饭”长大的，孩子从小除了受到自己父母的照顾外，还会得到村里人共同的抚养。所以在这样人人互相认识且关系密切的社区中，舆论成为社区教育的有力手段。在当地人民的生活中，无论好事坏事都“传千里”，善行一定会受到社会舆论的普遍褒奖和赞扬，并把行善者奉为楷模，号召人们效仿。譬如，村中会将能人智者和好人好事张贴在村落公共空间的显眼处。反之，怪僻的行为则会受到社会舆论的指责和抨击，例如中，对于不孝者，人们鄙弃他，把他作为“下等人”看待。社会舆论直接关系到一个人在村中的风评和名声，人们会为了惜名而时刻提醒自己注意行为规范。

三、公共神圣空间

村寨中公共的祭祀场所是一块圣地，一个神圣空间，也是社区教育的重要场所。公共的祭祀活动，一方面团结、组织、巩固了群体，以唤起和统一民族整体意识；另一方面又强调、记忆了民族信仰。虽然祭祀是文化活动中的现实活动，但是它的内容却是观念性的，它不像生产活动那样直接生产物质产品，但是它客观上作用于人们的观念和意识，使群体性活动具有规范性、永久性。民间信仰的外在行为——祭祀，长期地通过耳濡目染的教育，已经形成了鲤鱼村青少年儿童自身的文化心理结构，它不是简单的行为观念，也不同于群体目的性要求的凝聚，它具有强大的心理功能，特别是民族情感和民族认同的形成。

“仙人洞”是一个位于鲤鱼村大山顶上的公共祭祀空间，据村中老人回忆，以前洞内有许多个观音菩萨像，但几乎都于“破四旧”时被破坏了。但是这里如今依旧是村中苗族人进行祭拜的神圣场所。祭拜的时间一般为每年的正月初九、初十或二十九，祭拜的内容没有固定的主题，一般为求子、求福等。据当地村民讲述：“这个地方也不是专门祭拜哪样，就是说你有啥子心愿，你就来这点给菩萨讲一讲，请求他保佑你。比如说有些人结了婚没得娃娃，想要个娃娃，就要来这点，来的时候买点鸡啊，米啊，酒啊这些。或者说今年插秧之前啊，几家人一起来求哈菩萨保佑风调雨顺，庄稼丰收这些嘛。还有就是你个人家里面有哪样大事，老人生病啊，娃娃读书啊之类的，都可以来求一哈，这个地方很灵的，周围好多人都来这点。”

---

[1] 费孝通. 乡土中国［M］. 北京：人民出版社，2008：6.

“仙人洞”的正前方有一个供人们进行祭拜仪式的地方，洞内没有神像，只有在洞的顶部有一块神似菩萨像的岩石。这里被苗人看作一块圣地，在洞内不允许吵闹、打架等冲突行为，因为这被视为对神灵的不敬。孩子们从小在父辈的带领下来到这里观看、参与祭祀活动。所有人都被纳入同一个信仰体系中，从这里汲取精神力量。在这里举行的祭拜活动，能够增强鲤鱼村苗族对于本民族的认同情感，为活着的人而祈求神灵的庇佑，从而加深相互之间的情感联系，把族人团结在了一起，民族凝聚力和民族认同都得以增强。

第四节　教育的变革与共生

一、学校教育的变革

（一）民族文化进校园

教育的一个主要功能是传承文化，纵观整个人类文化传承的过程，实际上也是人类文化教育的过程。民族文化的传承是教育活动的直接结果，文化的继承和发展不能通过生物性的遗传，必须借助代际之间的教育承袭。如今，随着现代化、全球化的席卷而来的浪潮，现代性知识和主流话语，以学校为载体，逐渐渗透于乡村社会之中。曾经维持村落协调运转的传统文化和地方性知识一度被排挤在主流话语的边缘。学校作为村落中孩子接受教育的主要场所，是孩子获得系统知识的主要渠道，也是奠定文化基础的场所。20 世纪 60 年代，要求文化平等、倡导相互容忍的西方民权运动直接催生了多元文化教育理论。从产生之日起，该理论就被视为解决不同文化之间冲突的良方和处理民族国家民族教育的有效途径。

20 世纪 90 年代初，该理论在我国得到介绍和引进。滕星教授在此基础上，提出了“多元文化整合教育的思想”。这一理论认为“一个多民族国家的教育在担负人类共同文化成果传递功能的同时，不仅要担负起传递本国主体民族优秀传统文化的功能，同时也要担负起传递本国各少数民族优秀传统文化的功能”[1]。简而言之，一方面，少数民族要学习主体民族文化，以提高少数民族年青一代适应

[1] 滕星．“多元文化整合教育”与基础教育课程改革［J］．中国教育学刊：课程与教育，2010（1）．

主流文化社会的能力，求得个人最大限度的发展。同时，学习本民族优秀传统文化，肩负起传承发扬本民族优秀文化的重任。另一方面，主体民族成员要学习和了解少数民族的优秀传统文化，以增强民族平等和民族大家庭的意识。民族文化作为民族特有的实质内核，不仅维系着民族的认同与团结，而且关乎整个民族的生存和发展，因此保护并传承民族文化意义重大。

进入 21 世纪之后，国家对各民族非物质文化遗产传承与保护越来越重视，教育政策作为指导性的工具，在贵州省，已经颁布了具有地方法律效力的民族教育政策来保护和传承优秀的少数民族文化。2002 年 7 月 30 日，贵州省第九届人民代表大会常务委员会通过了《贵州省民族民间文化保护条例》，确定了贵州省需要保护的民族民间文化并在条例中规定了省教育、民族事务部门和各级各类学校在保护民族民间文化方面的任务。近几年来，贵州省对于这一工作高度重视，陆续颁布了很多的相关文件保障该政策的具体实行。2002 年 10 月，贵州省教育厅、贵州省民族宗教事务委员会联合下发了《关于在我省各级各类学校开展民族民间文化教育的实施意见》，要求各级各类学校认真贯彻执行《贵州省民族民间文化保护条例》，因地、因校制宜，积极参与民族民间文化的保护。2005 年，《贵州省教育厅、贵州省民族宗教事务委员会关于在全省中小学进一步开展民族团结教育工作的通知》中的第三条明确指出："统筹规划、合理安排、确保民族团结教育工作课时、教师和教材的落实。" 2007 年，《省教育厅、省民族宗教委员会关于在全省各级各类学校开展民族民间文化教育项目学校评选活动的通知》，开展项目学校的评选活动。2007 年 11 月就完成了该项工作，颁布了《省教育厅省民委关于命名从江县小黄小学等单位为贵州省首批民族民间文化教育项目学校的通知》，确定了第一批文化项目学校。从颁布文件的单位、等级和文件的数量与质量上可见贵州省对于民族民间文化进校园工作的高度重视。民族民间文化进校园政策的主要实施地点是贵州省各州县的中小学。民族聚居区的中小学是民族民间文化的主要传承地。鉴于基础教育领域的升学压力相对较小，没有那么繁重的学习任务，学生有更多可充分利用的时间来学习民族民间文化，从小做起文化扎根，将对于培养民族民间文化的继承人有重要的意义。

在此基础上，兴仁县于 2006 年开始开展民族文化进校园工作。先后在包括鲤鱼小学的多个中小学中进行试点工作。利用课余时间，尝试着对学生进行布依族铜鼓、苗族刺绣等民间文化教育培训，将少数民族喜闻乐见的民族民间文化、音乐、舞蹈、体育等引进校园，走进课堂；把国家有关民族政策、民族法规、民族风情、民族节日等编入乡土教材，专门编写了苗语、布依文贯穿于地方课堂教学中；在不同年级开展抢花包、打陀螺、大象拔河等民族体育项目；铜鼓舞队、民间古乐队、狮子舞队、板凳舞等民族民间艺术文化引入课堂教学，民族民间艺术文化进校园活动的开展如火如荼，丰富了学生精神文化生活，陶冶学生道德情操，取得了较好的社会效益，形成了浓厚的校园民族文化氛围。2009 年，鲤鱼小学被黔西南州民族局、教育局、体育局联合挂牌为“黔西南州民族文化进校园示范学校”，同年荣获贵州省校园文化建设先进学校、兴仁县“两基”先进集体。

（二）学校的双语教学

早在民族文化进校园政策颁布之前，学校的教育活动中就已经隐约包含着民族文化传承和教育活动的元素。由于学校根植于村落之中，学校就坐落在村民民居的包围之中，学校的学生基本上都是本村的孩子，学校的老师也多谙熟当地的民族文化。学校就包含在民族文化氛围浓厚的村落社区之中，处处受到村落文化的辐射，所以当地的教学活动在政策提出以前，自己就已经发生了适应性的调适。比如，村中的苗族学生从诞生起就一直生活在苗语的语言环境里，除了能够通过电视接触汉语外，日常生活中都是使用苗语。所以对于苗族学生来说，进入学校学习，在学前班的课堂上，是他们第一次正式地接触汉语，开始学习一门全新的语言。针对这一问题，为了使学生在语言转换中能够平稳过渡，鲤鱼小学在学前班和一年级、二年级采取了双语教学的方式，专门配备懂得少数民族语言的少数民族教师，用汉语和苗语同时教学。到学生升入二年级，基本上学会汉语之后，才逐步取消双语教学，只用汉语教学。

例 10-6：采访 C 老师

民族民间文化进校园的政策当然是一件好事，有利于我们当地民族文化的保护和传承嘛。自从开展了这个活动以来，上面的领导都比较重视和关心，学校也搞了很多交流活动，大家都挺热心这个事情的。其实在这个问题提出来以前，我们学校里的领导和老师对民族文化这一块还是比较重视的。因为我们学校很多老师都是苗族的，多数学生也是苗族的，我们日常的课堂中涉及许多本民族的东西是非常自然而然的。比如，我们当地的娃娃刚来读学前班的时候是不会讲汉话的，因为他们从小说的都是苗话，所以如果一来就全部用汉话给他们上课的话，他们肯定就听不懂咯，听不懂肯定就不喜欢来学校咯。所以我们在学前班还有一年级、二年级的时候，都是让苗族的老师来教，上课的时候用苗语来教汉语，这样学生学起来也容易一些。老师们上课的时候也给学生讲一些关于我们苗族的节日啊，活动啊，舞蹈啊之类的内容。学生们很愿意学习的。我们这里也常常会配合一些民族节日什么的，搞一些活动啊让学生们比赛啊，或者是其他的，大家都很乐意参加。现在有了政策下来，肯定是更好啦。我们也希望可以组织多一点的老师，争取多一些资金，最好是来给学校编一套这方面的教材什么的，就更好了。

C 老师提到的双语教学问题引人深思。民族语言和其他语言是否一定是排斥的关系呢？“从语言关系来看，两种语言不应该是排斥的，而应该是相互支持、互补的。母语是基础，是和民族文化、民族心理不可分割的民族特征之一，第二语言是民族之间交往、民族自身发展的需要，任何一个民族不主动学习别的民族的语言和文化，它的发展就会受到限制。”[1] 在鲤鱼村的苗寨中，苗语和汉语就是这样一种互动共生的关系。在我们田野调查的过程中，发现许多 80 岁以上的老人都能讲一口流利的汉语。孩子们在家庭和村寨中都用苗语进行交流，而学校和大众媒介则是他们学习汉语的窗口。语言是文化的载体，语言的调适为学校与家庭和社区两个不同文化空间的互动架起了坚实的桥梁。

（三）板凳舞课间操

在民族文化进校园政策的支持下，鲤鱼小学进一步加快了在学校教育中融入民族元素的步伐。民族民间艺术文化进校园活动的开展如火如荼。自 2006 年开展民族文化进校园工作以来，学校将板凳舞、民族式摔跤、毽球、刺绣、民间民歌等民族民间艺术文化引入课堂教学。学校还成立了由音、体、美教师组成的民族民间文化进校园课题组，由学校拨付专项经费，课题组成员深入村寨挖掘、收集、整理民间文化，以丰富民族文化内容。2007 年，学校将苗族传统的板凳舞引入校园，经过重新编排后，将传统的板凳舞与现代的课间操相结合，创制出介于民族舞蹈与学生广播体操之间的板凳操。2008 年 9 月，开始在全校推广板凳舞、板凳操。并利用课间操第一遍做广播体操，第二遍做板凳操进行推广。富有民族特色的板凳舞、板凳操深受学生的喜爱。

例 10–7：Z 老师讲述广播操

板凳舞是我们寨子里的传统舞蹈，一般在正月或其他节日里，有亲戚朋友来耍，大家一起喝酒，喝尽兴了之后，就会跳板凳舞。板凳舞的动作很简单，但是人多了跳起来，那个声音很大，场面很壮观。因为它很有节奏，也比较好学，所以大人跳的时候，娃娃们也就跟着学就学会了。有时候娃娃也会在学校里跳。我

---

[1] 王鉴. 当前民族教育领域需要重新理解的几个主要理论问题［J］. 当代教育与文化，2011（1）：3.

们在2007年的时候开始有这个想法，既然它简单易学，大家都喜欢，可不可以把它拿到学校里来大家一起跳呢？所以板凳操这个想法就被提了出来。为了编这个板凳操，负责的那些老师经常去寨子头搞调查，学校还专门邀请一些民间艺人、专家来学校指导。最后我们编排出了板凳操，然后就教学生们跳，现在就成了我们的课间操了嘛。

关于苗族板凳舞的起源传说有多种版本，据当地人讲述，相传，苗族祖先从外地迁徙而来时，沿途会穿过一些深山老林，其间常有野兽出没伤人。苗族祖先为了恐吓野兽并互相联系，便以敲击板凳为号，一路上不断击凳。经过长途跋涉，历经艰险，终于到了目的地。祖先们为了庆祝成功迁徙，欢聚一堂，食佳肴饮美酒，席间击凳伴奏，跳起了欢乐的舞蹈。从此，韵律和节奏感极强的板凳舞就成为苗族人民自娱自乐的一种舞蹈形式。如今一般在小孩满月回娘家、正月间节日和亲戚好友拜访时，酒后大家会跳起板凳舞以助兴。这种酒后随兴拿起板凳而起的舞蹈，场地不限，或在某人家里，或在寨坝空地上。场面壮观，动作大方，节奏热烈。

鲤鱼小学将板凳舞引入学校课间操的举动，得到了学生、家长、老师和社会各界的一致好评。在校的学生们认为其极富娱乐性："很有意思啊，比广播体操好耍。"家长们把它看作加强民族传统文化教育的重要手段："挺好的方式，能让小孩学习我们民族的传统舞蹈，还能让其他民族的小朋友都体验一下。"老师们认为板凳舞有娱有乐："学生边唱、边跳，既可以松弛神经，放松身心，调节紧张的学习生活，也可以锻炼脊柱和手脚的关节，达到强身健体的功效，还能增强对身体及动作的审美能力，使其形体更加端正、挺拔，姿态更加潇洒自然，充满活力和魅力。"板凳操介于民族舞蹈与学生广播体操之间，有韵律，有民族特色，但不完全同于民族舞蹈。板凳操根据学生的年龄特征创编，活动范围虽小，但能让学生发现美、鉴赏美、创造美，培养他们的高尚情操，能引导学生对美的事物由"喜欢"进而"好学"，最终达到"乐学"的境界。

教育人类学研究表明，学校教育中的文化适应基本上是不连续的或间断的。其中一种情况即为少数民族学校受到外来文化的影响与本族文化的冲突造成的文化非连续。[1]少数民族地区学校教育中存在的低学业成就、高辍学率以及"读书无用论"等问题，不仅仅是经济欠发达、教育经费投入不足的问题，还有学生作为独立的个体，文化在其身上的连续性问题。鲤鱼小学在"民族文化进校园"的

[1] 冯增俊．教育人类学［M］．南京：江苏教育出版社，2001.

活动中不断实践探索，使民族文化传承场域逐渐由家庭、社区延伸到学校，民族文化式微现状得到一定缓释。“民族文化进校园”的意义绝非仅仅在于帮助学生掌握一门专业技巧以使其生计化。其意义更在于改善文化疏离，以使学生实现文化适应，获得更大的发展空间。

二、家庭教育的变革

（一）教育主体观念的变化

近年来，随着社会的发展与外出务工人员的增多，传统的家庭教育也在悄然地发生着变化。教育主体的缺失和教育主体观念的转变，使得长久以来附着于家庭与社区教育的一般内涵发生了变化。一种情况是鲤鱼村中绝大多数的年轻父母都有过外出打工的经历，有的由于种种原因，外出几年后回到家乡，而有的仍旧在外。父母作为孩子的第一个老师，其在家庭教育中的长期缺席，给孩子带来了直接且深刻的影响。在隔代监护的情况下，由于年龄差距较大，祖父母与孩子在沟通上困难较多，祖父母在家庭生活中更多地注重孩子日常的饮食起居方面。另一种情况是孩子自己留守在家，无人监管，兄弟姐妹间互相照顾，因而也谈不上家庭教育。而年轻一代在外打工的父母，对于传统的家庭教育的认识，也在逐步发生着改变。

例 10-8：吴 GF 谈自己的家庭教育观

访谈对象：吴 GF，女，苗族，27 岁，已婚，育有一子。我们村里和我情况差不多的有很多，去外面打工的一般就是去浙江或者广东那边。我是在宁波的一个服装厂里面做，我们厂里面苗族人多得很。我老公和我一起也在那边，在一个工地上。我们的娃儿在宁波出生的，娃儿的开销太大了，而且我们上班也没有那么多时间，没得办法，就把娃儿送回家来了。如果家里没得啥子严重的事，我们两个就一般春节的时候才回来。娃儿和我们亲还是亲，但是平时的教育我们就没得办法了，一般就在打电话的时候问些他在学校的学习情况。对于传统的东西我知道的也不多，可能他爷爷奶奶还能和他讲比较多，他会讲苗话的，也会讲汉话。我肯定希望他能好好学习，多学点东西，不要像我们这样，没得哪样文化，在外面会很吃亏。如果负担得起的话，我们也想把他接出来读书，外面的学校还是要好些，希望他能考上个好的学校，然后才好找工作。我们那些传统的东西，如果他想学我肯定会教他，但是不学我觉得也没关系嘛，以后可能也没得哪样用。

明显可以看出，这一代的父母在教育观念上已经发生了明显的变化。以往的

"读书无用论"逐渐转变为"读书有用论"。在他们看来，在外打工能比在家耕种带来更好的经济收入，从而更能够改善自己家庭的生活情况。而通过读书、升学的方式走出家乡，无疑是一种最好的选择。他们不像上一辈的父母对孩子的学校教育保持一种听之任之的态度，而是积极地希望孩子能顺应学校教育，逐步融入外界的社会。对于自己独特的民族文化显得并不是很在意。主流文化开始在鲤鱼村年青一代的头脑中占据一席之地，许多青少年受父母的影响，虽然身处在传统的苗寨之中，却更为向往的是外面繁华的都市生活。

（二）教育客体观念的变化

就被教育者来说，孩子们在接受家庭教育时的态度、思想、观念都发生了转变。现在的鲤鱼村道路通畅，许多家庭都有小汽车，村民们的出行日益便捷，与外界的沟通日渐加强。随着打工人口走出村寨，其文化行为和观念通过交往互动得到改造，城市地区的文化随着他们返乡探亲的活动，被带入村寨中，改变着家乡人的传统生活方式和观念。来自主流文化的新思想、新观念、新知识等通过年青一代渗入当地家庭。孩子们喜爱返乡人员带回来的新鲜事物，喜欢听他们讲述在外面的有趣见闻。加之电视作为一种强大的现代媒介，在传播文化中起到了关键作用。它源源不断地将外界的新信息、新观念传入村寨，改变着人们的思想和休闲娱乐方式。鲤鱼小学的围墙上写着"穷不读书穷根难除，富不兴教富不长久"的大字标语，读书就能走出去，走出去就能挣钱改善生活的观念在年青一代中蔚然成风。民族教育容易受到经济原则的牵制，从国家政策层面的定位来看，教育往往被视为经济发展的动力，教育的合理性以及推进原则往往是根据经济原则确定的。其次，从家庭对教育的需求上来看，教育被视为改变贫苦生活境遇的手段。经济与教育建立起紧密的关联，这已经成为一种惯常性的思维。年青一代希望通过读书改变命运，往往对一些"实用性"强的知识更感兴趣，而对传统民族文化中"没什么用"的东西兴趣锐减。

在田野调查中有一个典型例子：有一次笔者看到几个年轻女孩在一起做刺绣，就去与她们攀谈起来，从和她们的聊天中得知，她们现在绣的领带是用来卖的。图案是发料来的老板已经做好的，不用她们自己画图。只需要把发下来的，已经定好了各种长、宽、花纹等规格的材料拿过来绣就好了。她们并不清楚图案的含义，她们说除了自己的嫁衣以外，平时也不会给自己做衣服。民族服装也只在重大节庆的时候才穿，因为"平时穿起来不方便，而且大家都不穿"。对她们来说，刺绣，从一种传统的民族技艺已转变为一种谋生方式，"绣一条这种大的80元，这种小的50元"。传统文化的传承主要依靠家庭教育，但上述这种变化使得家庭教育在传承民族文化方面面临挑战，年青一代在家庭中接受本民族文化的同时，又受到主流文化的强烈吸引，他们“功利性”的观念和选择对接受家庭教育和传承本民族文化产生了影响。经济原则无疑是民族教育的重要目标，但不应是唯一的目标，尤其不能以经济的原则取代文化在民族教育上的重要性。民族教育不仅应当有助于提升经济发展的水平和状况，还应当具有保存和传递地方文化的作用。

（三）教育内容的变化

村寨家庭教育原有的内容部分已经淡化或失传。在生活、生产、自然知识与技能方面，虽然那些有关节令历法、耕作经验等现在仍然适用的内容沿袭至今，许多谚语和歌谣仍被传唱，但过时的知识被抛弃。取而代之的是如牲畜、家禽的饲养、烤烟的栽培与烘烤、化肥的使用、农药的调配、现代生产工具使用的知识及发展养殖业成为下一代学习的热点。民族历史文化教育虽然一直是家庭教育的重要内容，但随着主流文化借助大众传媒的介入，加之民族文化在代际之间传承度的锐减，部分年轻人对本民族历史知之甚少，只了解一些模糊的概念，对于细节一概不知，也并不上心。年龄越小所占比例越大，他们表示自己很少会问，家长也不太会讲，有时想起来就简单讲几句，在生活中并不是很在意这个问题。“火塘”边的摆古已经被电视所取代，年青一代也无法再从学习刺绣、纺织等传统手工艺的学习过程中了解本民族的发展历史，无法理解那些图案、色彩等所包含的特定历史意义。习俗方面，部分已经消失或淡化，如以往男女青年恋爱的“游方”如“对歌”习俗已经失宠。新建的公园内的“游方”场已变为一个纯粹的人文景观，不具备任何实际用途，现在的青年男女的恋爱方式与父辈早已大相径庭。连最具特色的“不落夫家”婚俗在所调查的地区也早已改变，对于习俗形成的原因也无法阐释清楚其中的文化内涵。由于现在提倡俭办红白喜事，婚丧习俗简化后，其中的教育内容也在减少。信仰方面，年青一代对自然、鬼神的崇拜不再如祖、父辈那样虔诚，许多禁忌消失或不具有威慑力，如祭祀山神、树神的活动几乎已经消失。

三、社区教育的变革

乡规民约通过详细的条文规定，为村民提供了一个明确的行为模式和标准，明确告诉人们什么可以做，什么不可以做，正确的价值取向是怎样的。对于行为的失范，依据具体的条例做出处罚和制裁，对村民有着教育与威慑的作用。随着社会的发展，村规民约曾一度被完全否定。新形式的村规民约正式获得国家法律的承认是在 1987 年《村民委员会组织法（试行）》颁布以后。于 1998 年 11 月通过的《中华人民共和国村民委员会组织法》第二十条规定村规民约由村民会议制定和修改，并报乡、民族乡、镇的人民政府备案。

例 10–9：鲤鱼村村规民约（节选）（2016 年）

（1）公民必须自觉遵守计划生育法律法规政策，实行计划生育。

（2）男满 22 周岁，女满 20 周岁方能依法登记结婚，未到达法定结婚年龄同居的男女双方，应主动采取服避孕药、用避孕套、上环等避孕措施，并按季度参加妇检，直到双方达到法定结婚年龄方能生育。严禁早婚早育，造成早婚早育的，该家庭不得享受优先优惠政策待遇，同时对生育夫妇依法征收社会抚养费。

（3）生育两个及两个以内孩子的夫妇，在计划怀孕前必须到乡镇计生办或村委会进行生育登记服务管理，符合《条例》规定再生育的夫妇，必须申请办理《生育证》，同时夫妇双方要到乡镇卫生院进行孕前优生健康检查，并签订《“两非”承诺书》和“双诚信双承诺”协议书方能生育。未进行生育服务登记和孕前优生健康检查生育小孩的，不得报销住院生育相关费用和其他优惠补助。

（4）村民之间应团结友爱，和睦相处，不打架斗殴，不酗酒滋事，严禁侮辱、诽谤他人，严禁造谣惑众、拨弄是非；违者罚 200 元。

（5）严禁野外用火，严防山火发生。每户要加强少年儿童和老人安全用火用电知识宣传教育，提高全体村民消防安全知识水平和意识；造成山火发生的，处罚 500 元。

（6）红白喜事邻里邻居座谈商量，喜事新办，丧事从俭，破除陈规旧俗，反对铺张浪费、反对大操大办。

（7）邻里纠纷，应本着团结友爱的原则平等协商解决，协商不成的可申请村调解委调解，也可依法向人民法院起诉，树立依法维权意识，不得以牙还牙，以暴制暴。

（8）父母应尽抚养、教育未成年子女的义务，禁止歧视、虐待、遗弃女婴，破除生男才能传宗接代的陋习。子女应尽赡养老人的义务，不得歧视老人、虐待老人。

这一村规民约悬挂在村委会办公室，共计 28 个条目，从计划生育、社会治安、消防安全、村风民俗、邻里关系、婚姻家庭几个方面做出了相关规定，是村民自治的规定。当代乡规民约衍生于新的时代背景之中，深深扎有时代的烙印，体现着国家意识和国家权力的渗透，与传统乡规民约相比，当代的村规民约延续了传统的许多的具体内容和道德观念。例如，强调对农作物的保护，严禁损害他人庄稼、瓜果及作物的行为，这是从古至今以土地为生的世代农民的共同诉求，以及特别重视保护民众的私有财产，认为私有财产神圣不可侵犯，对偷盗、抢劫等行为给予严厉处罚。期望用安定的社会秩序以保障正常的生产与生活。另外，强调尊老爱幼、邻里和睦、团结友爱、互惠互利等也是一直以来贯穿于各个时期的村规民约中的核心精神，是淳朴民风的必然要求。

不同的是，当代的村规民约的内容中，不仅仅包含传统的风俗习惯和道德伦理，还包括许多与国家相关法律相适应的内容。根据不同时期国家的重大政策，还会单独制定相应的村规民约与之配合。例如，2004 年 5 月 25 日在鲤鱼村村民代表大会上通过了《鲤鱼村计划生育村规民约》，共制定了 10 条规定来推进全村的计划生育工作。其中，第一条："为进一步加强我村人口与计划生育工作，使人口增长与经济发展相适应，根据《中华人民共和国婚姻法》《贵州省人口与计划生育条例》及《贵州省计划生育管理办法》等规定，制定本村规民约。"就鲜明地体现出当代村规民约有法可依的特征，其内容的制定以国家相关法律法规为依据。这种将国家法律法规直接引入村规民约的方式，使当代乡规民约有法可依、有理有据而且增加了其权威性。法律具有强制性与权威性，法律代表着国家意志，其权威性深入群众人心。其次，当代村规民约的制定不再沿用传统以族长和村中权威人物为核心的方式。取而代之的是村党支部与村委会发挥了核心的作用。所有的条约均需在村民代表大会上讨论通过，条约的修改也需要村民代表大会的同意。在实现方式上，传统村规民约中针对人身体的处罚如"肉刑""沉水"等，中华人民共和国的成立后，各项法律制度逐步建立，这些惩罚措施被国家法律条文所禁止。对案情重大的违犯者必须移交国家司法机关进行处理。由此可以看出乡规民约也有一定的调整范围与一定的调整效力，超出了乡规民约的调整范围就需要国家法律的支持。鲤鱼村村民除了有很强的遵法守法意识之外，还懂得适时运用法律武器及时地进行自我保护，维护合法权益，国家法律也为村民们提供了有效的保护与救济。

可见，从传统乡规民约变革而来的当代乡规民约，既反映传统，又体现了现行法律、法规的精神；既能与宏观的国家政策相适应，又能体现村落的特点。无论是传统乡规民约还是当代乡规民约，都通过明确的条文和严明的惩罚措施在村落中树立威信，达到教育、警示、告诫的效果，帮助村民养成良好的行为规范，形成正确的思想观念，以维持村落中日常生产、生活、社会交往秩序的正常进行。

后 记

本书写作历经两年，有初到田野时的好奇和欣喜，也有收集资料时的无奈和窘迫，迷茫与反思充斥于整个田野期间，资料的残缺与完善使笔者多次地奔走于田野与住处。为寻求一手资料，笔者常在清晨步行于乡间的田野上；中午流连于当地人休息聊天的风雨桥；傍晚于乡间的小路上游荡，期望与休息的村民偶遇，晚上则到约好的村民家访谈，与村民的关系经历了对方的处处提防到彼此间的畅所欲言。为获取翔实的二手资料，村委会、镇政府、县图书馆及文体局成为调查者常去的地方，有委婉的拒绝，也有热情的招待和无私的帮助。总的来说，田野调查如人饮水，冷暖自知，有值得追忆和怀恋的，也有不想提及的。仍记得那段调查组成员白天互不相见，而晚上相聚而谈，一直忙到深夜的时光，村庄的农家、土地、学校、公共场所、山山水水留下了大家的脚印。而今，离家多年故乡的山水已些许模糊，而鲤鱼村的面貌仍是如此的清晰与生动。

在写作上，从研究主题、选点到专著框架，皆由何茂莉指导，并与张光红带领相关人员多次到田野点进行实地调查，田野期间多次召开调研工作会，最终确定研究内容。该书研究涉及村落生计、生存空间、社会结构、民间习俗、节日仪式、地方管理、疾病治理、知识习得等内容，执笔者有张光红、赵欢、何磊、吕博文、赵月。执笔之人在撰写过程中虽其心可诚、其志可坚，然终因学识有限，浅薄谬论在所难免，书中观点及相应内容皆由各章节撰写人文责自负。

2018 年 10 月 7 日